U0043256

兩宋史研究彙編

劉子健 著

引言

這引言不是自序，只是說明。

彙集了一些短篇的寫作，都是課餘筆耕。更何況海外孤陋，難免偏差謬誤。借此機會，可以請各方學人，賜覽指正。

平日教課，多半是通史和導論之類。偶然有個研究班，而學生的興趣各異，中文程度也高低不齊，無從深入專題。

最初在的學校，原來沒有中文書，慢慢才籌措一點基本書籍。十年後轉到規模較大的學校，有中日文收藏，可是絕大部分屬於近代範圍，個人用書還是很不够。近年來任教的大學，才具備研究的條件。所以有很長一段時間都是利用假期長途跋涉，到名列前茅的圖書館去借讀。來往忽迫，彷彿走馬看花。因此，除了有一本中文書，兩三本英文書之外，寫的都是短篇，疏略急就。

在海外教研，更大的缺憾，是獨學無侶，無從就正。這本集子，聊當筆談。

個人治學，略有所信，也應當說明一下。

治學，非問不可。常覺得中文的學問二字，涵義絕佳。學是先學過去已有的知識，接著就應當試提問題，最好是提新的問題。有了問題之後，就可以學胡適先生的口號：「大膽假設，小心求證」，努力去發掘新學識，試求新解釋。然後再學再問，川流不息。英文裏也有類似的名詞，例如 Enquiry，意思是鑽進去研討。可是遠不如學問二字緊密呼應，賅括全盤。

因爲有的學生，只會學，不善問，所以常套用〈論語〉裏兩句話，去提醒他們：「學而不問則罔，問而不學則殆」。

說起〈論語〉，它許多節都是討論問題，甚至有「大哉問」。佛教語錄，問答不斷。宋代理學受這影響甚大，也有很多語錄。就以朱熹本人而論，他著有〈四書或問〉。而〈朱子語類〉，更是收集了許多學侶門人的問題。

西方科學，很重視問。例如數學有一定程序，先有命題，也就是問。然後假設，也就是找途徑去解答問題，然後才求證。再如蘋果掉在牛頓鼻子上，他如果認定理所當然，不去問爲什麼東西全都往下掉，就不會發現地心引力的原理。近年的理論物理學，主要還在研討「大哉問」——這宇宙到底是什麼囘事？他們已經從相對論四度時空的量綱，從數學上問問題，假設到有十種時空的量綱，有不同的吸力斥力交織，這種大的發展，都是從「問」出發的。

大學裏近年逐漸添設新式的學系。這些新學系，不再按照學科去分。相反的，他們以課題爲學系的中心，把有關學科集合起來輔助。舉兩個最顯著的例子。計算機學系是以電機、物理、數學等學科，串連配合的。環境學系是以氣候學、地質學、地理、化學、植物學、水利工程等，搭配組成的。預測未來這類新學系一定增多，主要的意義是以問題爲對象。

學是離不開問的。學術訓練的重點有兩層，第一步是訓練用有條有理的構思來問有意義的問題。或是進一步的分析或是從另一線索去看關係，或是從其他角度來綜合。第二步是訓練如何看待問題。可能用什麼樣的架構，怎樣的假說，需要找那種資料訊息才能尋求解答。

現在從「問」，轉而論「測」。也是從科學轉到史學。

史學不算是科學，它可以也應當儘量運用所有合用的科學態度、科學方法和科學知識。但史學本身並不是科學。有的人因爲科技時代科學的地位響亮，就說史學也很科學，這是含糊其辭，自高身價。

歷史是過去的陳述，隨時縱逝，無從重演，無法反覆觀察。歷史的因素繁複，過程駁雜，無從隔離起來，做個別片段的試驗，怎能和科學等量齊觀？

那末，史實呢？信史呢？

所謂史實，只是一部分的軌跡，既非事物本身，更絕不是全貌。所謂信史，也只是說這是比較可信的一種紀錄。這些名詞都是相對的觀念，並不是絕對的事實。

史學所用的史料只是紀錄，現代社會科學所掌握的現場調查，各種統計，也都不過是紀錄。甚至紀錄片也還只是片面的，所有紀錄都是依據觀點、角度加以選擇。當然紀錄都有價值，必須參考，善加利用。可是既不能以爲歷史僅此而已，也不能限於局部所知，據爲定論。

個人看法，以爲歷史只是近乎情理的測度。它的實用是有助於思考，使思想活潑起來，從多方面的關係去看，貴於周詳細密，使人不致於陷入盲從、輕信、過簡化、教條式的武斷與誤斷。所謂「測」，卽測候、探測、推測的意思。不一定能達到勘測、測量的準確性，但至少遠勝於不加思考的妄測、臆測，以致造成錯誤觀念，一誤再誤的誤盡蒼生。

因爲史學不過是測度，本人是傾向於多元論的。也就是贊成多次研究，從各方面去推論，再進行比較綜合，並不一定「定於一」。

用簡單的譬喩說吧，怎樣看一顆鑽石？沒有人會只從唯一的觀點，絕不改變的角度去看，都是把鑽石轉來轉去，左看右看，再拿到强光底下，又看個沒完。小小的鑽石尙且如此，龐大無比的歷史，淵源深長，錯綜複雜，變化不息的潮流，誰敢說一目瞭然？多幾個人來看，多看幾次，多用些不同的看法，不多點見識嗎？

伊索寓言早有四個瞎子摸象的故事，一般只覺得這故事可笑，未必了解他的深意。這些瞎子的嚴重錯誤，是囿於己「摸」，各執一是。如果同意多元論，就可能把這四種測度，截長補短，調整綜合，以取得較近事物的印「象」。可能像水牛，可能像駱駝，但總不至於「瞎」鬧半天，莫衷一是。

主張多元論，也就是贊成研究歷史的學人，各抒己見。其中有明眼人，但也不必唯我獨尊，天長日久，自見分明。這也是既合乎科學精神，民主作風，又合乎儒家原有謙虛態度的過程。

以下再說明這些篇目的內容。當初寫作，隨寫隨刊，並沒有系統。可是自己的想法，自然形成若干的思路，繼續往前摸索。現在按些大類別，編排一下，比較容易說明。

第一部分是君主與政情。各種文化或各種時代，重心不同。中國在二十世紀以前，重心不見得在經濟，而極可能在政治，而君主國家當然以君權爲先。雖然如此，君權並不能任意提高，爲所欲爲，還是須要憑藉制度。卽使君權在制度上、習慣上已經很高，還要看它如何運用，來駕馭一般官僚，來統率整個社會，才能達成安定。否則縱然大權獨攬，君位早晚會發生動搖。所以測度君權，要注意政情的各方面。

第一篇討論封禪。用的是多科方法，借助於民族學、人類學和史學的結合。別的文化，也有類似的信仰和儀式，現代人看來也許是迷信，但在當時確有它的功能，可能鼓舞人心，可能維繫民情。而分析到這裏，就可以推論君權的提高，並且士大夫無從異議。

如眾周知，宋代君權，高於前代，同時，士大夫的力量也在生長。這兩者之間，是怎樣的關係呢？筆者曾有一篇英文，介紹范仲淹和慶曆變法，後來又寫了一本英文書，分析王安石的新法改革。因爲感覺到兩段史跡，並沒銜接，於是寫歐陽修，也有中文書，也有英文本。從北宋中期來看，高級士大夫的言論，時可左右朝政。君權的運用，無非是採納和推卻的裁決。

但是後來政潮迭起，演變迥異。前是新法，繼而舊黨，終於出現變質的新黨，公然禁錮舊黨。前後越來越仰仗君主信任，因此君權大增。這是熟知的概況，不必多說。可是北宋顚覆了，南宋是什麼情形？一般都不大提，倒是有興趣的問題。

第二篇討論南宋君主和言官的關係，就是針對這問題出發的。南宋經逃難而勉强守住，當然要士大夫的支持。但實際上，君主並不歡迎士大夫的言論。在這矛盾下，便產生了敷衍的作風。表面上要取得聽言的名聲，暗地裏不加採用。言官如果說得太厲害，就設法讓他和緩一些。言官如果追得緊，不肯妥協，那也不必懲戒他，還不如表面上誇獎他，調陞他更高的官位。他既不任言職，也就不能再多話。這都是釜底抽薪、調虎離山的計策。久而久之，大家都明白這種手腕，做言官的也就只說無關緊要的話。言官的效用低落，一般士大夫的發言權，也就隨著江河日下。

儒家、理學家、史家、以及有理想的士大夫，從來不滿意南宋朝廷的作風。但是就整個歷史來看，絕不能忽視、輕視、或鄙視南宋。以維持而論，它相當成功。第三篇論南宋半壁江山，而居然長期穩定，就是從這角度去看。財政軍費，是日益困難，但還不到崩潰的危機，也沒有大的叛亂。雖然終於敵不住蒙古兵，可是也對峙了四十多年之久。在歐亞大陸上，蒙古兵無往不利，能抗拒他們如此之久，也只有南宋。

說到這裏，新問題又來了。敷衍式的政情這樣差，南宋是靠什麼站住的呢？第四篇建議一項概念，叫包容政治。敷衍只是手段，這種手段遠較暴政溫和，而其目的也不算太壞，它是設法穩住。對付言官是這辦法，對於其他官僚，所有士大夫，也莫不如此。換言之，南宋是包容統治層裏的各種分子，當然不會各得其所，但大致上讓他們勉安其分。再進一步，是希望他們對於在統治層以外的平民，也要不為已甚，這樣，就可以大體上維持安定。假定沒有蒙古來進攻，南宋可能還會延續得很長久。

包容政治之說，決非替南宋粉飾。君主自第二位孝宗以後，多半庸弱。權相擅政，一般官吏萎靡。重文輕武，衰風積重難返。弊端叢生，極少講求改革。尤其是胥吏盤踞，竟成不治之症。包容政治之所以能維持，還依靠其他若干有利的條件。物產續增，經濟繁榮，是絕大的因素。一些理學家，對官場失望，轉而致力於家族和社區的公益事業，有助於社會秩序，這是最基本的安定。一般平民，也有貢獻，三教歸一，與善惡果報的信仰，互相結合。換言之，這文化的價值觀，普遍的種下深根，人心不致輕易動搖。

以上在第五篇裏大略提到，但從這些論點，又產生一個更大，也是更有意義的問題。從各方面來看，南宋是否可以稱爲東南型的文化？而在二十世紀以前，中國八百年的文化，是否就是東南型領導，甚至可以用東南型作代表？

如果這途徑値得探討，那末研究南宋，就大有意義，且超出南宋的本身範圍。當然這大問題，決非筆者或任何一個人，所能勝任。一定需要研究元明清史的學人，協力比較，究竟南宋的模式在後代存續到什麼程度？而後代又有什麼新起模式？

前面提過科學或史學，都應該以問題爲中心，這裏提出的問題，就是一個例證。

本書第二部分是討論文武官的形象，主要是士大夫。

士大夫統治層是中國制度的特色，世界史上的異彩。用讀書人，經過科舉選拔的文官，無論有多少缺點，畢竟勝於世襲貴族，割據武人、干政僧侶、或其他任何方式的統治分子。因此在近代，這文官制度，經過印度，傳播到歐洲以及其他地方。但這絕不是恭維這種制度盡善盡美，而是說非常值得從各種角度去測量短長，可以供全世界社會科學的參考。茲事體大，這裏幾篇，不過浮光掠影而已。

第六篇提出宋代大臣曉契丹語的問題，指出優越文化往往作繭自縛，過度的優越感，導致自我中心，旁若無人的心理。契丹是強隣壓境，理應知彼知己，事實恰巧相反，朝廷怕大臣通外語，會通外敵，而大臣們居然也無人指出了解敵情的必要。

北宋如此，南宋尤甚。出使親歷金國，無從考察，眼看金國用通漢語的人，也無動於衷。開禧年間，貿然作戰，就出於誤聽不確的片段情報。蒙古幾次進攻，竟也不知虛實。

宋代不重外語的習慣？一直傳到近代。清末一羣名爲講洋務的大臣，有幾個通曉外語？在抗戰前後，知識分子很少學日文，好像學日文，就有想作漢奸的嫌疑。抗戰既不知彼，戰後清查日本刼奪的資產，照樣胡塗。

第七篇是討論文官制度執行事務的實際問題。正史的職官志，和〔文獻通考〕等類的資料，都只講體制。上有某官，下有何職，簡略提示各掌何事。所謂官制，並不注重行政。再進一步看士大夫所讀的書，經史典籍，儒道哲理，詩賦策論，也沒給他們行政學的訓練，這是否是中國文官制基本上的大缺陷？士人做官，其實未必會做。坐而論道，未必是能立而行之的道路。

文官雖然出身儒學，而文官的行政機構出於法家和實際需要，凡事須按照敕令格式，按規定程序辦。而明文條款，如何適用，非熟悉例案不可。比照援例，又別開生面，眞正做起來，何等繁複。而指導這樣的行政機構，要貫徹指令，要分層辦事，要避免只做些形式，要防備各種弊端，要對於上下左右都照顧周到，豈是易事？第七篇中舉出若干實際難題，不但宋代沒有找到解答的方案，而且明清兩代也還無從改善，甚至今日，都未必容易處理。

實際行政不僅是中國歷史上的大課題，還和現實有關。

從第八篇起，討論士大夫個人和類型。

北宋中葉，慶曆年間，有學問的士大夫開始抬頭。他們是在文臣中的儒臣，守原則，重理想，一般說來，當時的士風可以算最好的。但縱使好，也出現敗類。范仲淹既是先驅的儒將，又倡導慶曆的精簡行政，失意之後，毫不氣餒。在岳陽樓，提出士人信條的口號：「先天下之憂而憂，後天下之樂而樂」，千古背誦。另一方面，他又退一步籌劃，創設范氏義莊，同族互助。這樣的偉人，也還有人誣衊他，而且也不是普通人，倒也是有相當學問的士大夫。這人自己不出面，假託梅堯臣的名義，寫了一卷筆記。爲什麼假借梅堯臣呢？梅范原是老友，不過人知道，梅後來對范有些失望，用梅的名義造謠，較易取信。何況梅是詩人，名氣很大。這類很無聊而又很惡毒的行徑，在士大夫圈子裏常有。指出這件小案子來，無非點明，在士風好的時候都有壞事。反過來說，士風好，主要靠正面倡導，這種敗類，並不礙大事。

第九篇所討論的，重要得多。傳統觀念，都以爲王安石新法所任用的人，都是小人。司馬光等，在元祐時代恢復舊法的一些人，都是君子。這是機械式的褒貶，過簡化的籠統看法，以往有的史家，早就提到曾布。他初無劣蹟，在舊黨失勢之後，他又上臺，而力主中立，用建中靖國的年號。其實，像這樣作風的人，也不止曾布一人。反過來說，舊黨之中，也未必盡是正人君子。

官僚分類，不可能只分好壞。〔史記〕就分循吏酷吏，〔太平御覽〕以至〔圖書集成〕，還有別的分法。除了道德之外，要看他們的政治行爲。用政治行爲去分類，遠比褒貶客觀，並且更重要的，把他們和政治情況聯結起來，更可以看出當時的變化起伏。

第九篇中的內容，恕不多重複。主要是提出類型會起變化，這是動態的看法，以往分類都是靜態。有才幹的士大夫，在有作爲的領導之下，表現的是行政型。同一類士大夫，在爭權奪利的局面下，很可能一變而爲手腕型。至於既無理想，又少才幹的士大夫，那就是看風轉舵，不妨名之曰隨勢型，一般作風好，他們也表現得不錯，如果江河日下，他們也就隨波逐流。換言之，高峯倡風氣之先，領導得好，像君子的人就多，振作不了，近乎小人的不免增多。

論人物，論類型，一定要從環境裏的動態來着眼。

第十篇解釋千古被人咒罵的秦檜。從方法學上說，有關他本人的史料不够，可能在他生前故意銷毀，但還可以從他周圍的親友去分析，果然發現若干官僚型的劣蹟，遠不像北宋末以前一般士大夫原有的面貌。

這還是極次要的。主要問題是秦檜是否通敵？當時，就有人懷疑，秦檜是金人故意放回來的奸細。自從元代以來的劇本小說，無不肯定他是賣國賊。可是很奇怪的，南宋人貶秦檜，包括岳飛的孫子收集各種資料在內，始終沒抓到秦檜通敵的把柄。難道他通敵，竟一無人知嗎？

從他親友去找線索，這千古疑案，迎刃而解。他並沒有直接通金人，而是通過北方的漢奸，獲悉金人的動靜意向。這漢奸就是他雙層親戚的表弟鄭億年，被俘後，在劉豫的僞政權任尚書開封府尹的高位。僞政權取消，鄭億年逃回南宋，高宗立刻簡任原階，臺諫大爲不平，高宗堅持原命，可也說不出理由來。金人來公文，要把原在北方的逃人一起送回他們。高宗特別向金人求情，單獨留下鄭億年，免予北遣，高宗何愛於鄭？又何畏其北去？高宗始終不言，眞是盡在不言中了。

君權獨運，權相密贊，其他所有的大臣，竟不知底蘊。一般士大夫，更不能聞問，如前所述，都已落在朝廷包容政治的籠絡之中。

第十一篇，從文官制度轉到武官，宋太祖鑒於唐末藩鎭動輒割據，因此釋大將兵權。此後更擴大文官系統，自然造成重文輕武。像狄青，以行伍出身而任樞密使；像范仲淹等傑出儒臣，兼任儒將，都是有名的例外。一般來說，武人因爲政治地位低落，社會地位也跟著下降。最多是從經濟方面補償，例如侵呑軍費，利用士兵經營製作，假冒軍需，做運輸和貿易，可以逃稅，這類弊病，終使軍紀鬆弛，軍備衰弱。

最要緊的是價值觀念的改變。不但統治層輕武，武人自輕，不覺得軍職有何重要？有何光榮？時常請求把子弟的武階，換成文資。連一般平民，也同樣看法，於是有「好男不當兵」的俗語，這豈不是舉國若「文」嗎？那又怎能長久守土呢？統治層多數的士大夫，囿於他們固有的主觀看法，竟不感覺這危機，還以爲「文」風四播，是可喜的進步。下面還會說到，南宋文化顯然的趨於文弱，這是堂堂大國相當奇怪的發展，在世界史上，也極有興趣。

第十二篇是第二部分最後的一題，討論非常突出的武將岳飛，他是盡人皆知的悲壯英雄，有透視，新的興趣。

無數人寫過他，又何煩贅語？前面提過，史學研究是多元的，從新觀點去摸索，又可能發現新的

以往寫岳飛，集中在他本人，忽略了當時一般士大夫。岳飛被誣，在獄中被暗殺，這是駭人聽聞的大案，何以滿朝坐視不救？何以熟讀聖賢書的士大夫，不羣起抗議？唯一敢挺身而出，直接去找秦檜責問的，不是儒臣，而是認字不多的武將韓世忠。

殺岳飛的罪魁是秦檜嗎？秦檜一死，高宗立刻過橋拆橋，把秦家子孫一起趕回原籍。那末，該給岳飛昭雪了吧？還是沒人出頭說話。一直到孝宗卽位以後，才正式平反。平反之後，終南宋一代，又有誰敢追究岳飛，批評號稱中興聖主的高宗？

可怪的是明代，人人稱頌岳飛，無不痛駡秦檜。中葉以後，還在岳廟前擺設了秦檜夫婦的醜像，憑人侮辱，甚至溲溺，這在禮義之邦，是獨一無二的怪現象。而大家不以爲怪，絕大多數的知識分子，仍舊不深斥高宗。彷彿講性理之學的人，是不大情願批評皇帝的。彷彿責備前代的帝王，也恐怕犯嫌似的。

忠的觀念關係絕大，大家說岳飛精忠報國，這話另有涵義，好像要絕對忠君，才能報國，易言之，絕對以君主個人爲轉移，並非以國家利害爲前提。從南宋以來，都是這樣的觀念，宋明理學也並沒加以修正，也並沒堅決主張合乎道德，合乎法制的。以忠報國，那就是說，士以事君爲己任。根本不合北宋的理想，以天下爲己任，依據自己的學識見解，不爲君權相權所屈。

階層偏見，也有關係。士大夫著書立說，以忠爲重，却沒有出一位像岳飛這樣的烈士。有的

士大夫無恥，反而倒過來說，岳飛不過是個武夫，這彷彿說，武夫中間的英雄，也還不及儒臣高超。朱熹是誇獎岳飛的，但是他也說岳飛太粗。宋代有個傳統，不殺大臣，士大夫都認爲這傳統很聖明。岳飛在解除兵權以後，是樞密副使，等於軍政部次長，論階職，確是大臣之一。但他被朝廷殺了，豈非違背祖宗成法？但是南宋人論史，論官制，照樣誇不殺大臣，而不提岳飛。因爲士大夫根本不跟岳飛認同，把他看作武將粗人，不算大臣。

士大夫的形象，錯綜變幻，還有待於來日的研究，這裏姑且打住。

這裏收集的第三部分是教育與道學，比較簡單些。

第十三篇所注意的是地方官學和私學的消長。宋初四大書院是後來追崇的傳說，有名無實。多數人讀書就在家裏或寺廟裏，即使從師，也不過請求指點，並非正式學校。一直到中葉慶曆年間，范仲淹他們推行改進，才詔令各州興學。但這只是政綱的目標，並非全面的實施，各州自籌經費，能辦才辦。又過了快三十年，王安石推行新法，才各地設立官學，但他的理想，要「一道德」，官學要注重他所編注、政府頒行的書籍，如〈周官新義〉等。徽宗時，財政充裕，官學更盛，然而學風壞了，不是掛名在學，有待遇，並且可以免役，就是一心想得功名去做官，心不在學。後來徽宗爲了搬運太湖區的花木和異石——名叫花石綱（運）——把官學經費，移作此用，士人自然怨聲載道，〈水滸傳〉裏都有反映。

南宋已經覺悟，地方的官學，不容易辦好，經費和學風都是問題。這時受過高層教育的人，已經相當多，考進士的動輒數千（後來竟過萬人）。官職雖然冗，還是粥少僧多，於是一些有理想而一時無官的學者，從事教育，辦書院。有的得到地方官吏們的贊助，有的靠其他朋友幫助，或自籌經費，地方私立書院的風氣，從此開始。

書院的意義深遠。政府是集權在中央，學術的領導在地方，政府控制考試，但是不能約束思想。

說起考試，世界史上以中國爲先。講中國考試制度，很少人提到，像第十四篇所說的，考場弊端，考前通關節，考場內外要把戲，考後謄錄看卷，還可以做手脚。在這篇短文發表之後，轉任普林斯頓大學，才看見館藏珍品，有一件長袖短衫，穿在長衫內，一點不顯，而短衫上密密的寫滿了蠅頭小楷，經史參考，赫然具在。想來南宋還沒這類珍品，可是不難推測制度史的通則，凡是制度愈形式化，競爭愈厲害，弊端的技巧也隨而愈發達。

考試就舞弊，考中了做官，能奉公守法嗎？

考試又短促，又擁擠，又只見卷子，不見本人，是甄別人才的好辦法嗎？王安石的三舍法，就主張在學校裏，用長時間，經過多次測驗，加上平時教員的觀察，這就比較接近現代用的方式。當然這類方式，費事得多，終於復舊。南宋政府從頭就墨守舊規，後代沿用，也很少改進。

南宋有理想的士大夫，也覺悟到許多制度上困難重重，既看見弊端百出，又無法推動改善，怎樣辦呢？他們不再像王安石那樣，從制度上着想，以爲制度改來改去，都有毛病。基本的毛病在人性，這是北宋，一般說來，不够留意的。經過亡國之痛，退到南方，認爲別出心裁，必須在基本上重建。士大夫必須有自覺，充分理解儒家的精神，切實遵行道德的行爲。人人守道，制度自成餘事，全國載道，天下何患不平？

這就是第十五篇所討論的道學。可是道學的命運，還是受到政權的干擾和利用，只能做到用行舍藏，各行其是的地步。道學初起，相當突出，爲執政權相所嫉，遭受黨禁。但這壓迫是失策的，性理之學，何罪之有？打擊這些書生，反倒使他們成名，得到同情，反倒顯得當權的一般人氣量小，違背包容政治的作風。不久這權相因敗戰而身死名裂，風潮就算過去了，道學也還沒大盛。

又過了一段時間，另一位擅長包容，久踞相位的權臣，深覺需要重新收拾人心，鞏固勢力。一則是道學方面，不少學術名流。二則因爲承繼皇位，處置不公，權相幾成眾矢之的。三則國防情勢緊張，而道學有道統的理論。南宋與中原遠隔，好像不算正統，但擁有道統，就儼然正統，與暫時失去土地無關，大可鼓舞人心。於是由皇帝出面，崇尚理學，因爲曾經排斥道學，所以換個名稱。同時起用理學名流，但給他們的是淸高職位，並沒多少實權，也沒有眞採用他們的政綱，也沒有多聽他們的主張。總之，政權把理學包容進去了，換湯不換藥。

儒家與宋代國家，從積極方面來說，有相輔相成的關係；但從消極方面看來，也是相依相違的。所謂相違，是指儒家理想和現實政治始終間隔着距離，甚至互不合轍。

可是政治既不能擺脫儒家，而從南宋晚期公然崇尚理學，形同國教，從此再也不能動它。政治只能在政治範圍內包容操縱，至於學術思想、社會禮教，那就由理學支配了。可惜理學也和政治一樣，發展的模式都是「定於一」。定於一未必錯，但久於一，就無從多，不多卽缺乏新生，這文化就隨着停滯。從保守到固守，等到强大的外力侵入，終於守不住。

最後的第四部分，涉及一般文化和社會之中，較爲突出的一些情況，文化有各方面，有的進，有的守，有的衰退。重文輕武的影響，不但軍事差，連體育都忽視。第十六篇是個很生疏的題目。原來在唐代，從西域引進來的馬球競賽，北宋已經不再盛行，到南宋，就消失了，只有軍隊裏留下一點。不僅是馬球，各縣衙門向來有射圃，可是儒家式的記載中，大約手無縛鷄之力的書生比較多，極少提到賽射。體育的功能，何止娛樂？健身之外，還能培養分隊競爭，隊員齊心協力的精神。中國傳統文化從宋代起缺乏體育比賽，直到二十世紀，才從外國重新發現。

領導中國文化，自南宋以理學爲主流，除了哲理、思想以及價値觀之外，它最大的力量，並不在政治方面，而是在深入民間。正因爲如此，它才會根深蒂固，那怕外族入主，還是歷久不衰。其中一個大關鍵是啓蒙教本。南宋中期就有理學家編抄教本，把經史大意，編成簡短三個字的句子，易懂，易讀，易背，幼童或初受教育的，很快留下深刻印象，時時引用，終生不忘。這種教本，再改進，就出現了通行全國的三字經。

在傳統中國影響最多人的書，不是〈四書〉，是〈三字經〉。各地翻印，到處教人，有各種方言注明發音的本子，有滿文蒙文的譯本。因爲兒童，不論貧富，都在背誦，連文盲的成人，包括婦女，儘管不認字，聽來聽去，也能引用幾句。以〈三字經〉和歐洲中古教會的主禱文比較，立刻覺到中國文化的社會教育更深更廣。事至今日，多數人已經不知〈三字經〉爲何物，但是三字經這三個字，早變成概念式的通用名詞，大家都懂得這名詞，等於基本口訣，簡易要義，便於經常引用的。足證它當初的功能，何等切要！

有的理學人物，在政界學界之外，另以熱心社會事業著名。關於族規、義倉之類，早有許多人研究過。第十八篇所詳敍的是一位曾經有名，而被埋沒了的大慈善家。他以自己有限的田產收入，幾次開辦粥廠，獨力救濟成千甚至上萬的饑民，在收容饑民時，還注意衞生，以防傳染病。把他認作世界上在近代以前最大的私人賑災者，決非過言！

他的偉大表現，從反面來看，也反映許多社會上的嚴重缺陷。按說有荒災，地方官吏應該負責，但他們却束手旁觀，靦不知恥。社區上戶，也應當有動於衷，組織經常的團體，以應付當時以及日後類似的需要，然而並沒有這種民間團體出現。在唐代救濟的事多半由寺院擔當。在宋代，宗教團體也漸就衰微，雖說是禮義之邦，太缺少社會組織了。不僅如此，連這樣絕無僅有的大慈善家，中央政府也只在形式上褒獎他一下，並沒有表揚他的榜樣，讓全國效法義舉。

收集短篇寫作本想到此爲止。因爲提到宗教，又加上第十九篇。嚴格說，這篇不在宋史範圍之內，是談整個中國式的信仰。它和西方不同，不以一元的信仰爲主，相反的，中國式是複合的多元信仰。而多元信仰並存的基礎，是行爲規則的禮教，這模式在宋代已經確立。理學家其實已經放棄反佛，不再引用北宋歐陽修的「本論」。而在金代統治的北方，全眞教就大張旗鼓的實行三教歸一，禮教和宗教正式複合。

傳統文化，因停滯而退化。因此五四運動時，有人痛斥吃人的禮教，禮教不合理的種種，應當痛改，而並不應當因噎廢食，採取激烈主張，打倒禮教。試問破壞禮教之後，是否社會秩序混亂？又用什麼制度，去培養社會道德？筆者身受日本侵略之苦，並非親日，但眼看日本維新，也修改舊式禮教，而始終不放棄傳統中好的禮教，包括當初從中國傳過去的風尚。它是堅守複合式的途徑的，很值得中國人反省。

說明了本書各篇，再贅上結語，大膽的假設，把一與多看做概念化的公式，以為理想的文化，端在一與多，謀求平衡。

君主集權是一，最好有多種士大夫來平衡。除了行政官，另有言事官，除了言官，其他士大夫也准許言事。國家是一，但士以天下為己任，當然看法不是一，要它多。除了士大夫，還得有武官參預。在傳統中國，言事論政，類多限於高層，那還是一，談不到多方面，較合理的制度是多層討論，以求平衡。

思想學術亦復如此。王安石想「一道德」，是走不通的。理學高舉道統，何嘗不是一？自宋以後，這一統的大套子，又有多少新發展？應該在一尊之外，也重視多說，經過競爭重新綜合。這樣才能生生不已。學校更是如此，官學之外，應該多些私立的。〔四書〕、〔五經〕、詩、賦之外，還要多些書，不錯，有啓蒙的〔三字經〕，可是中級讀物呢？不錯，也有〔千家詩〕之類的，但是眞不多。

社會組織，上面已經說過，太少了。政府高高在上，不願老百姓結社，這是一個大原因。儒家思想是另一個大原因。從齊家一跳就跳到治國，在家與國之間，空了一大段。其實職業行會、業餘結社、宗教團體、私人為公益的組織，愈多愈好，否則，只是一個大政府，壓在社會上。

這種多元社會的想法，一半是因爲現代化已經顯示這大方向，一半也是筆者，用多元的觀點，從宋代的史料裏，得到的概念。至於是否言之成理，那倒並不「一」定，總希望大家「多」研究才好。

目錄

文武的形象

教育與道學

文化與社會

君主與政情

封禪文化與宋代明堂祭天

凌純聲先生最近有篇很值得重視的論文，指出露天壇祭的封禪文化，傳播久遠，源自西亞，而東及中美南美，在中國從新石器時代到二十世紀初，一直都有①。文中也提到中國祭天原有兩種禮節。一種是封禪，另一種是比較少受注意的明堂，用屋內祭天的方式②。本文補充一下在宋代這兩種方式的演變，特別是明堂的發展，兼以推論中國宗教的揉合性和近千年來君權的提高。

① 凌純聲，「北平的封禪文化」，「民族學研究所集刊」，十六期（一九六三），頁一－一〇〇；「中國古代社之源流」，同上，一七期（一九六四），頁一－四四。

② 同上，頁一六－一七，引秦蕙田，「五禮通考」，卷一九：「先儒謂爲壇而祭，冬至圜丘之祭也。祭于屋下，而以宗廟之禮事之，秋季明堂之享也。祭天有此二禮。明太祖以齋屋陰雨，改分祭爲合祭，止是省煩勞，趨便安耳。」嘉靖九年（一五三〇）才又恢復分祭，冬至祭天，仍舊是壇而不屋。

北宋初年祭天的壇，好像相當簡樸。「占國南（即都城南面）之七里，得高丘之崛然」③。在附近地方，「每行郊禮，皆營構青城幄殿……設更衣殿」④。南宋初到杭州，因陋就簡，「以幕屋絞縛爲之」⑤。這和淩先生所引，金國君主祭天以後，「至幄次更衣，行射柳擊毬之戲」⑥，相去不遠。可是在安定繁盛的農業社會裏，君主的儀式和其他瑣節，都有逐漸奢侈的趨勢。在露天的壇傍，不久就增建房屋。臨時的帷宮和幄殿，變爲「齋宮」，再加蓋一所「望祭殿」⑦。

奢侈的趨勢並不重要，重要的是致祭的對象。最初只是天，等到君權鞏固以後，往往演變爲天地和祖宗。這類糅合的例證很多，不必贅舉。這裏所要着重的是在北宋早年，還沒糅合，對象只是天。詔書上只提上帝，上穹，上天。到太平興國三年（九七八），詔書才說：「王者昭事天地，嚴配祖宗……宜親潔豆籩，恭陳柴燎，祇見九廟，昭謝上元。」⑧從這文字看來，天子對於上天的祭祀，還要自己做些事。慢慢的天子就比較「省煩勞，趨便安」⑨了。至道二年（九九六），太宗和呂端宋白等大臣討論祭天儀式，太宗自己雖說，「雖百次登降，亦不以爲勞」，但

③ 宋祁，「圜丘賦」，〔宋文鑑〕（世界書局影印本），卷三，頁六。
④ 〔宋會要稿〕，「禮」，卷二，頁一。
⑤ 〔文獻通考〕（萬有文庫本），卷七一，頁六四三；又卷七二，頁六五五。
⑥ 見註①，頁五，引〔金史〕，卷三五。
⑦ 〔通考〕，卷七二，頁六五五；又卷七四，頁六七八。
⑧ 〔宋大詔令集〕（一九六二版），卷一一八，頁四〇〇—四〇一。
⑨ 見註②。

是討論結果，從禮官所議，「止一次升壇」⑩。

以上所說還是封禪文化的壇祭，只是把地和祖宗配上去。基本的改變是另外加定明堂的典禮，不但把天地祖宗擺在一起，而且是充分糅合起來，把天也祖宗化了，和祖宗一樣，都在屋子裏面祭祀。換言之，皇帝既然是天子，天就是他的祖宗之一。這一個改變，起於皇祐二年（一〇五〇）。其中經過，值得分析一下。

當時仁宗重用儒臣，但並沒有眞正授權儒臣。主要的目的是用一些儒臣來加强君主的權勢。而有些儒臣，理想不同。他們希望以儒學來規勸君主，約束君主，推動君主，而事實上往往不被君主所接受。例如慶曆三年到四年（一〇四三——一〇四四）范仲淹所領導的改革，爲時很短，不久就恢復原狀⑪。在改革派失勢以後的幾年，執政的大臣多半是迎合君主的意旨。在這種空氣之下，宋庠就建議恢復明堂古禮，以祖宗配天，與壇祭上天同等重要，並且應該代替祭天。他的理由是巧借的，並沒有充分的理論根據。在太祖時曾有一次冬至郊天，碰巧冬至是月晦的前一天，因此改在十一月十六日舉行⑫。宋庠以官吏的慣技，抓住這無關緊要的小前例，索性轉移重點。他說：「以今年當郊，而日至（冬至）在晦。用建隆故事，宜有所避。因請季秋大饗於明堂。」於是「詔罷今年冬至親祠南郊之禮。以九月擇日，有事於明堂」⑬。

⑩〔宋會要稿〕，「禮」，卷一，頁二八。
⑪參見拙著〔歐陽修的治學與從政〕（一九六三），頁一六一—二〇三；又「儒家國家の雙重性格」，〔東方學〕（一九六一），卷二〇，頁一一九—一二五。
⑫李燾，〔續資治通鑑長編〕（世界書局影印本，以下簡稱〔續長編〕），卷四，頁一六—一七。
⑬〔續長編〕，卷一八六，頁三。又〔宋會要稿〕，禮，卷二四，頁二。

明堂古禮，據說源自黃帝，商周都有，但實際上記載不詳。從漢代到唐代，所採用的儀式，也不太清楚。問題的關鍵是一面有郊祀祭天的禮節，另一面有太廟祭祖的禮節，而明堂以祖宗配天，夾在中間，究竟應該如何安排，不好決定⑭。「帝謂輔臣曰：明堂之禮，自漢以來，諸儒議論不同，將安適從？文彥博對：此禮廢文矣，俟退而講求，其當自聖朝行之」⑮。換言之，只好「自我作古」，創一套儀式。

改革派的領袖范仲淹，這時在杭州，對這古禮也有興趣，寫了一篇「明堂賦」，並且建議採用漢制，明堂有守祀的三老五更，以年老舊臣充任。但這建議沒被採納⑯。此外，范仲淹還兩次推薦李覯，因爲李撰有「明堂圖議……上契聖作。謹具錄以進，庶討論之際，有所補助」⑰。李覯因此得官。但他關於明堂的理論，力主與太廟不同，應該推崇上天，却也沒被接受⑱。最初建議恢復明堂的是宋庠。他的弟弟宋祁對於明堂很有主張，上了五篇議論之多⑲。他批評李覯他們說：「今議者引祭法周頌孝經之文，雖近古之詞，殊失聖旨。」⑳

⑭ 參見〔通志〕（萬有文庫本），頁五六四—五六五；又〔通典〕（同本），頁二五一—二五四。
⑮ 〔續長編〕，卷一八六，頁三。又〔宋會要稿〕，禮，卷二四，頁一。
⑯ 范仲淹，〔范文正公集〕（掃葉山房本），卷五，頁一—三；又卷四，頁一五—一六。
⑰ 同上，年譜，頁二一；又卷二，頁一三。
⑱ 李覯，〔李直講文集〕（四部叢刊本），卷一五，頁一—一一。又〔宋史〕，卷四三二，本傳。
⑲ 宋祁，〔景文集〕（叢書集成本），卷四二，頁五二一—五三二；又卷四三，頁五三三—五三六。又〔宋會要稿〕，「禮」，卷二四，頁五。
⑳ 同上，卷四三，頁五三六。

這些儒臣，各據其儒學，明爭暗鬥，都不能使君主滿意。仁宗的詔書說：「明堂之禮，前代……兼祭昊天上帝，已爲變禮。國朝……三歲一親郊，即……皆合祭天也，以祖宗並配，而百神從祀。今祀明堂，正當三歲親郊之期。而禮官所定，止祭昊天五帝，不及地祇，又配坐不及祖宗，未合三朝之制。……今移郊爲大享，蓋亦爲民祈福。若祭天而不祭地，又祖宗不得徧配，於禮未安。……宜……悉如圜丘從祀之數，以稱朕恭事天地祖宗神靈之意。」㉑詔書之外，還面諭大臣說：「禮非天降地出，緣人情耳。今禮官習拘儒之舊傳，捨三朝之成法，非朕所以昭孝息民也。」㉒於是饗祭明堂的禮樂細節，不由禮官決定，都陸續用手詔頒行㉓。

從這段經過裏，可以看出幾點。第一，封禪文化的祭天早已糅合了。其中，君主的祖先，其地位僅次於天地，而高於百神。第二，同樣的祭法，却從壇上搬進屋內：「大饗天地於明堂，以太祖太宗眞宗配，從祀如圜丘。」㉔第三，君主在明堂裏面主祭，比在露天的壇上向天而祭其聲勢更大。換言之，天子對於上天的相對地位是提高了。馬端臨的〔文獻通考〕有句按語說：「圜丘南郊之儀，蓋當郊祀之歲，而移其禮用之於明堂，故不容不重其事也。」㉕換言之，是借用封

㉑〔宋大詔令集〕，卷一二四，頁四二六。參見〔宋史〕，卷一一二。
㉒〔通考〕，卷七四，頁六七五。又〔宋會要稿〕，禮，卷二四，頁七。「捨」字〔通考〕作「昧」字，從後者改正。
㉓〔續長編〕，卷一六八，頁四，至卷一六九，頁六。參見〔宋會要稿〕，禮，卷二四，頁一三—一七；又〔宋史〕，卷一〇一，頁一—三。
㉔〔續長編〕，卷一六九，頁七。
㉕〔通考〕，卷七四，頁六七五。

禪文化的儀式來提高天子的相對地位。第四，儒臣的議論，並沒多大力量。有關天子的聲勢和地位，還是天子自己主動決定的。不但如此，還得恭維君主一句，說他「破諸儒異同之說」㉖。第五，這種做法，就官僚而言，倒有便宜可佔。按照郊祭的慣例，大家加賞爵祿。「高若訥謂文彥博曰：官濫久矣，未有以節止，今又啓之，何也？」㉗這是官僚依附君主的基本弱點，和儒家原有的理想脫了節了。

明堂的儀式從此決定以後，還繼續去分佔原來郊壇祭天的威嚴。每逢「有事於明堂，更不行南郊之禮」㉘。而君主自己不主祭明堂的時候，派官員代行，却可以去借用南郊齋官的望祭殿㉙。元符元年（一〇九八），「新作南郊齋官端誠殿」，是採用明堂的圖式來建築的㉚。一方面是明堂之禮，依「南郊例施行」，兩者並重㉛。一方面是明堂用殿，又建新殿，而近傍的壇，則相形見拙。

關於明堂的安排，後來儒臣還常有不同的議論。但大體上說，「皇祐以來，始講明堂之禮」，南宋時還是「遵行」㉜。而最要緊的是關於天的定義。仁宗已經定了屋內祭天，怎樣解釋呢？英

㉖同上，卷七五，頁六八三。
㉗〔續長編〕，卷一六九，頁九—一〇。
㉘〔宋會要稿〕，禮，卷二四，頁四二—四四。
㉙〔通考〕，卷七四，頁六七八。
㉚〔宋史〕，卷一〇一，頁九。參〔續長編〕，卷五〇四，頁七—八；又〔宋史〕，卷一〇一，頁九。
㉛見註㉘。
㉜〔宋史〕，卷一〇一，頁一六。

宗治平元年（一〇六四）討論祭仁宗，提到明堂。司馬光、呂誨等說：「禘謂祀昊天於圜丘也。祭上帝於南郊曰郊。祭五帝五神於明堂曰祖宗」㉝。在明堂裏，天已經祖宗化了！神宗的時候，說得更進一步：「祀帝南郊，明天道事之。……享帝明堂，以人道事之。」㉞天不但祖宗化，而且人格化了。其實，這定義是君權提高必有的結果。天雖然是主宰宇宙的天，也就是天子自己的祖宗之一！把祭天和祭祖宗這樣糅合起來，天是祖宗，皇帝才眞是天子！

南宋時更確定了「明堂當從屋祭」㉟。不是露天的。〔文獻通考〕連引朱熹兩段話。頭一條是接受上述北宋的解釋：「爲壇而祭，故謂之天。祭於屋下，以神祇祭之，故謂之帝。」下一條却說：「明堂想只是一個三間九架屋子。」㊱天的地位相對的低了，天子的聲勢相對的提高了。講古禮的儒者並不受重視。有多少士大夫能悟到這悲哀？

原載〔中央研究院民族學研究所集刊〕第十八期（民國五十三年秋季號）

㉝〔宋會要稿〕，禮，卷二四，頁三六。
㉞〔宋史〕，卷一〇一，頁一四。
㉟王應麟，〔玉海〕（華文書局影印本），卷九三，頁五。參〔通考〕，卷七三，頁六八三。
㊱〔通考〕，卷七三，頁六六七。

南宋君主和言官

言官力量的大小，從北宋到南宋，變化相當大。北宋初期，朝廷上並沒有多少議論。經過考試制度的發展和儒學新見解的生長，若干新興的士大夫才開始發揮他們的政治主張。一方面君主對他們相當優容，一方面其他官僚也承認他們的領導作用。言官力量最大是在北宋中期，仁宗英宗兩朝。同時，也有流弊。仁宗時「宰執與臺諫，分爲敵壘，以交戰於庭。臺諫持宰執之短長，以鷙擊爲風采。……宰執亦持臺諫之短長，植根於內廷」①。英宗時，更藉口追崇生父的禮節問題，引起所謂「濮議」。主要的弱點是士大夫之間，意見和意氣的衝突；制度上沒找到一種更好

---

① 王夫之，〔宋論〕（影印一九六二），卷四，頁七七。請參閱拙著〔歐陽修的治學與從政〕（新亞書院，一九六三），或改編英文本 *Ou-yang Hsiu, An Eleventh-Century Neo-Confucianist* (Stanford, 1969).

的議事程序和容納反對意見的處置。北宋晚期，神宗和王安石的銳意改革，接着舊法黨推翻新法，最後再行新法，設立「元祐黨禁」，不許舊法黨留在政府裏，只是鞏固權位，而早已失去了改革的精神。經過這幾十年的演變，言官力量大爲減削。

南宋教育比北宋更發達，儒學影響也更爲龐大。但言官始終沒有力量。雖然有少數士大夫反對和議，有好幾次太學生掀動政潮，發表政治主張，但這都反證旁人起來說話，而言官本身反倒是「在其位，不謀其政」。一般解釋都歸咎於權相箝制言官，甚至利用附和的言官來排除異己。最初，秦檜「力主和議……而外論羣起，計雖定而未敢畢行。（龍）如淵言於檜曰：『相公爲天下大計，而羣說橫起。何不擇人爲臺官，使盡擊去？則相公之事遂矣。』檜大悟，遂擢如淵中司，人皆駭愕。」②這種手段，「習以成俗」③。韓侂胄當權時，有「慶元黨禁」。史彌遠長期執政，諫官的稿本，要先經他看過④。賈似道也同樣：「臺諫言事，悉用庸儒易制者爲之。……惟取遠小州太守及州縣小官，毛舉細故，應故事而已」⑤。總之，「權臣所用臺諫，必其私人。約言已堅，而後出命。其所彈擊，悉承風旨。」⑥這些都是事實，但決不是唯一的解釋。縱容權相把持是君主自己願意。至少君主可以另選旁人，不用宰相所推薦的人做臺諫。南宋官私記載，

② 畢沅，〔續資治通鑑〕（一九五七校印本），卷一二一，頁三一九三。
③ 袁燮，〔絜齋集〕（武英殿聚珍版），卷二，頁一六。
④ 丁傳靖（輯），〔宋人軼事彙編〕（一九三五），卷一八，頁九〇二。
⑤ 劉一清，〔錢塘遺事〕（武林掌故叢編），卷五，頁九。
⑥ 黃震，〔戊辰修史傳〕（四明叢書），頁二。

往往歸罪權臣，避免批評天子。元代修〔宋史〕，也是如此。無形中留下一個印象，好像南宋皇帝都不錯。事實上，南宋雖然沒有暴君，而從孝宗以下，多半昏庸。最大的例證是理宗。因爲他表面上崇尚道學，一度任用道學派的大臣，所以得此美謚；而宋元時代的記載，總是替他隱惡揚善。其實，理宗是常常溺於酒色，並未改善當時的政局⑦。這篇短文，不能去討論南宋君主整個的問題，只是提出他們除了任用權相之外，同時自己也用各種手段來應付和控制言官。南宋言官力量之所以薄弱，君主要負絕大的責任。

第一、南宋君主對於言官，常用拖延敷衍的手段。例如徐經孫劾近習董宋臣，「一日之間，兩被聖旨。既諭之曰：『雖未盡行，已示意向。』，又諭之曰：『儘有商量，豈待促迫？』」⑧理宗時，不但這些太監逍遙得意，宮內還常有方士、女冠、娼妓進出。外戚子弟，則任畿輔地方的監司郡守。言官論奏，就「宣諭節貼」，好像接受勸告，其實一點不改⑨。有時，僅只是當時口頭敷衍；下面一段記載，頗爲生動，是理宗之前，寧宗時代的情形⑩：

臣聞自古人主患不容受。陛下每於臣僚奏對，言雖訐直，必務優容。可謂有容受之量。然受言之名甚美，用言之效蔑聞。毋乃聽納雖廣，誠意不加。始悅而終違，面從而心

⑦〔宋人軼事彙編〕，卷三，頁九一—九三；又，卷一八，頁九〇七。〔戊辰修史傳〕，頁一一。
⑧徐經孫，〔徐文惠公存稿〕（宋人集），卷一，頁二四。
⑨〔錢塘遺事〕，卷五，頁六。
⑩衛涇，〔後樂集〕（四庫珍本），卷一〇，頁一六。

拒。軒陛之間，應和酬酢，密若有契於淵衷。進對之臣，亦自以為得上意。退朝之暇，寂不見於施行。蓋有宣泄於小人，而遂罹中傷者矣。濳沮士氣，陰長諛習，莫甚於此。

照常理說，君主不採納言官的主張，儘可明說。歷朝沿用的辦法是「留中」，把奏摺擺在一邊，不置可否。而南宋君主不同，要格外的一日兩諭，假裝個宣諭節貼的形式，或是當面酬酢，很客氣的樣子。這是什麼？當然，只有一個目的，表面上崇尚儒家理論，避免拒諫的壞名聲，怕引起官僚們之間擴大的宣傳。理宗曾經很坦白的說過：「納忠不妨，但勿散副本。」⑪換言之，言官多批評幾句，沒關係，反正聽過就算了。只要不傳到外面去，讓許多人都知道。這種用心，從高宗起，早就這樣。胡銓反對屈辱講和，是紹興八年（一一三八）的大事。高宗特別下詔，嚴加戒諭，指摘胡銓的態度失當，是這樣說的：「初投匭而未出，已謄稿而四傳。導倡陵犯之風，陰懷刼持之計。倘誠心於體國，但合輸忠（卽只向皇帝說，外面不講）。惟專意于取名，故茲眩衆。」⑫從這些例證可以看出南宋君主，除非不得已，才公然責備言者。沒有必要時，總希望敷衍過去，不願意人言藉藉。

第二種手段是「調護」，就是調解一下，叫被批評的從此謹愼一點，叫言官不必再多說，而實際上是庇護。杜範曾屢次指摘理宗不該如此：「首用洪咨夔、王遂爲臺諫……蒸蒸有向治之意。然……廟堂之上，牽制尚多。言及貴近，或委曲囘護……或彼此調停。」又說：「終歸於調護…

⑪〔宋人軼事彙編〕，卷三，頁九一。

⑫〔續資治通鑑〕，卷一二一，頁三一九八。

……又復聞上命而輒止。」⑬林希逸撰「劉後村行狀」，明說君主對於言官「雖擇其人，而不授其柄，但見調護，使之勿言」⑭。不願意聽諫，而還是要用比較有名望的人做言官，無非是借他們的幌子，欺矇一般官僚的耳目。

第三種手段更妙，「抑言獎身」。上面提過的杜範不留餘地的指出：「抑其言而獎其身，則是陛下外有好諫之名，內有拒諫之實。」⑮抑言的方式也妙。不是完全抹殺，而是把言官原來的奏議刪改一下，再行發表，並且說已經聽了這言官的好意見。「但有報可之虛文，曾無施行之實事……每加節略，而文理不全。或至易寫，而臺印無有，中書不敢執奏。」何以如此費事假裝這一套呢？只是爲了「畏其去臺諫之名，而曰姑留之而已」⑯。這種手段，其實也是創自高宗。紹興五年（一一三五），派使向金求和，胡寅反對。下詔說：「中書舍人胡寅論使事，辭旨剴切詳明，深得論思之體。令學士院賜詔獎諭。」⑰但派使求和的方針，並未絲毫改變。

除了上述三種虛僞應付的手段之外，還有控制，或是指示言官故意提出，或是命令言官不要說話。這種手段，也從高宗開始就有。「紹興末，臺諫奉行天子風旨，有宣諭使言者，有宣諭不得言者。」⑱這時秦檜已死，絕不能諉過於權相，明明是皇帝自己的作風。寧宗時照樣：「間者

⑬杜範，「杜清獻公集」（靜嘉堂文庫藏明刊本）卷五，頁一一；又卷六，頁一四。
⑭林希逸，「竹溪鬳齋十一稿續集」（靜嘉堂文庫藏鈔本），卷二三，頁八。
⑮「戊辰修史傳」，頁六。
⑯「杜清獻公集」，卷八，頁二；又卷七，頁五。
⑰「續資治通鑑」，卷一一五，頁三〇六五。
⑱高斯得，「恥堂存稿」（武英殿聚珍版書），卷一，頁七—八。

大臣去位，一章而罷，如棄土梗。借曰臺諫之言，不得不從。則前日之抗言極論，列名奏疏，何迫之以宣諭，而果於拒人也？」⑲足見南宋君主對於言官，只是利用——利用他們的名望，用得著的時候叫他們來出頭說話，此外却不太聽從他們的主張。

不許言官說某些事情，例證很多。高宗用秦檜執行求和政策，就「詔臺諫爲國愛人，勿復再言，出榜朝堂。」⑳又信用一個醫生，叫王繼先。此人還主編過一本醫書，有日本版㉑。在當時很有權勢。「臺諫有論列二人者，上曰：『檜國之司命。繼先，朕之司命。』自此言者遂沮。」㉒孝宗時比較好，禁止言官論列的事少得多。光宗時又壞起來了。彭龜年是寧宗做皇子時的老師，在光宗時，就說光宗：「雖聽用固亦不少，然或不行，或訓飭，或宣諭。」在寧宗時，又力言不該不聽言官的話，反倒相信特務的小報告。他論「邏者之弊」說：「今日言一事，實也，而明日則虛矣。明日言一事，虛也，而後日則實矣。……千變萬化，而……權已在其股掌之中。以術御之者，又不過取其所畏惡者，隨而察之。」㉓不許言官說話，再舉豪門史家前後兩個例證就够了。史嵩之當權，臺諫批評。「上以御劄付臺諫……自今勿復羣摭，以全大體。」㉔史彌遠死

---

⑲〔後樂集〕，卷一〇，頁一九。

⑳劉一止，〔苕溪集〕（靜嘉堂文庫藏鈔本），卷三〇，頁八。

㉑王繼先（等），〔紹興校定經始正類備急本草畫〕（日本一九三三影印）。王繼先被言官攻擊具體事極多，見〔三朝北盟會編〕卷二三〇頁七—一六。

㉒葉紹翁，〔四朝聞見錄〕（浦城遺書），卷二，頁一二。又〔宋人軼事彙編〕，卷三，頁六九—七〇。

㉓彭龜年，〔止堂集〕（武英殿聚珍版書），卷一，頁一〇；又卷一一，頁四。

㉔佚名，〔京口耆舊傳〕（守山閣叢書），卷七，頁六—七。實是劉宰的作品，見粵雅堂叢書本，附余嘉錫，〔四庫提要辨證〕。

後，言官乘機追論他的子姪們。「御筆謂朕欲全功臣之世，而人言不已。戒飭史宅之等安分畏法。……仍令自今中外臣僚……毋得羣摭，務存大體。」㉕

君主雙管齊下——又利用，又控制——言官的處境是相當不容易的。周必大親受孝宗賞識，而孝宗又的確是南宋君主之中最好的一個，可是周就兩次因爲言事，離開中央政府。隆興元年（一一六三）是攻擊近習曾覿、龍大淵，無效而去。乾道八年（一一七二）又因爲反對外戚張說，稱疾而歸㉖。一般說來，凡是做過言官的人，很少被君主喜歡，陞爲侍從，多半是另任閑職或外調㉗。往往言官因拒諫而去，還可以受到若干其他官僚的稱譽，雖然失去地位，聲望更高。因此南宋君主有的時候既不聽言官的話，又不許辭職，弄得言官上不上，下不下。「給舍駁正，臺諫論列，固其職也。而連章累疏，則沮格不行。備禮請去，則眷留甚力。」㉘

但對於君主這種態度，這些手段，一般官僚們的反應自然是推諉責任，說是沒有辦法，錯處全在皇帝自己。徐經孫說㉙：

而切觀時事，深有疑焉。數月以來，惟內批之煩，僥倖得志。而名器之褻，中外隱憂。問之大臣。固常執奏矣，或謂上意之難回，是陛下爲大臣分過也。問之給事，固常繳駁

㉕ 袁甫，〔蒙齋集〕（武英殿聚珍版書），卷五，頁一〇。
㉖ 周必大，〔周益國文忠公集〕（一八四八版），卷首。
㉗ 袁說友，〔東塘集〕（四庫珍本）卷八，頁一〇，又〔杜清獻公集〕，卷六，頁四－六；又卷九，頁六。
㉘ 〔後樂集〕，卷一〇，頁一八。
㉙ 〔徐文惠公存稿〕，卷一，頁一〇。

矣，或謂宣諭之狎至，是陛下為給事分過也。問之侍從，非不論奏也，或謂不見於施行，是陛下為侍從分過也。問之臺諫，非不抨彈也，或謂尚聞於節貼，是陛下為臺諫分過也。夫上而輔弼，下而有司，本為救過之地，而今也下有所議，上未必從，反未免有分過之疑。

南宋君主，自以為善用手段，使言官以及百官，都在掌握之中，「跳不出如來佛掌心」。結果，官僚也是一片虛偽，上下相矇，人心早已渙散。所以等到蒙古兵攻破襄陽，從長江上游往東攻進，官吏紛紛投降或逃走。像文天祥、陸秀夫，以及其他數百人，見於〔昭忠錄〕一類書的，只不過百分之一二。南宋亡國時的節義，雖然勝於北宋之末，也並不像史冊給人印象那樣高，實際上也許不如明末。

這篇短文，就此打住。可是想借這機會，提出四點推論來請教各方面的學人。第一是思想史上的問題。南宋道學興起，特重「正心誠意」。在當時，在後世，常常覺得這不免迂濶。果眞如此嗎？當時儒者看透皇帝和官僚的虛偽，深深覺悟不從道德風氣上來倡導精神改革，還有什麼出路？至於這種倡導，是否收效，是另一個問題，也是儒教史上一個最基本的問題。是不是在許多限制之下，它還是有相當影響的？政治上的功效也許少些，對社會道德是不是頗有貢獻？第二是制度史上的問題。政治制度或制度的規定是一回事，例如北宋南宋改變不大。政治作風或制度的運用，又是一回事，南宋風氣，大不相同。是不是研究制度史必須兼顧這兩方面？第三，想應用這看法，提出一個假設，供大家討論。從北宋起到近代，都是君主專制或君主極權。可是任用大批受高等教育的職業官僚，是一個特色，與世界史上其他的君主極權不同。因爲用了許多官僚，君主也就慢慢學會——像這篇短文所描述的——用些老奸巨滑的官僚手段，來應付和控制官僚。假定如此，我們是不是可以說中國近千年來是一種特殊的「官僚化的君主極權」？而這也就是儒家最大的矛盾？第四，是中國史分期的問題。分期該從各種角度來看。從經濟，從君主極權，從科舉官僚來看，唐末五代到宋初，是一個大變化。假定再從次要一方面來看，看官僚的政治作風，南宋也許是定型的關鍵期。以後各朝，始終沒改變這形態。這裏面也許還有地理區域的關係。

一九六八年四月脫稿於日本東京原載〔清華學報〕，新八卷，一——二期（一九七〇）

背海立國與半壁山河的長期穩定

一　前言

各種學術都在躍進，歷史的研究是怎樣往前推動？除了偶然有新史料的發現之外，我們只能在現存的書籍的範圍以內去做工作。有一種工作是考訂和整理。另外一種工作就是從多方面去看，提出新的分析，新的綜合。這種新觀點一定對嗎？已經有了幾百年相傳的史學，尤其乾隆嘉慶年間深厚的造詣，再加上近幾十年來中國日本和西方史學家的成就，為什麼還需要另闢門徑呢？事實上前人的看法，並不一定錯。可是也有從前時代的限制。從多方面去看，基本上不是對錯的問題，而是說看法愈多，對歷史的了解累積起來也愈廣愈深。古語所謂「苟日新，又日新」。既不是新陳代謝，也不是推陳出新。而是說由舊生新，自强不息。這種態度很適用於史學。對於以往的成果，章學誠說得對，「臨史必敬」。可是我們自己更有責任在已經建立的基礎上，再增加一些新的方面。

歷史多麼龐雜。不要說一部二十四史從何說起，無論那個時代，都是錯綜繁複，說來話長。因此從多方面去做新分析工作，又可以分爲兩類。一類是確定很具體的範圍，做窄而深的研究。這類研究做得好，可以由小見大，幫助對於整個時代的了解。萬一範圍太小，或者忽略了當時的大勢，却又難免窄而瑣。功力雖久，成果有限。彷彿數清了幾棵樹木，却無從看到森林的形勢。另一類的工作是從大方面來看，作廣泛的分析。這樣做法，很容易有缺陷。一則籠統，難免錯誤。更糟的是掛一漏萬，大而無當。雖然如此，廣泛的分析還是有用處的。因爲它有刺激作用，可以推動其他的研究，再去仔細審查，這些方面究竟是怎麼囘事。所以這類的分析，一定要謹守兩個限制。第一，它是建議性的看法，不是定論。第二，從大處着眼，希望提出一些新刺激。並不需要寫太多，簡論就够了。在不久的將來，一定會被修正充實。歷史的研究，就可以不斷的生長。

二　地理形勢的轉移

把北宋算做一代，這是沿襲西漢東漢西晉東晉的先例。這種分法，在基本上說，是以一姓王朝做單位。放寬一點說，也太偏重政治，尤其是偏重中央政府。而因此忽略了其他方面，特別是地理軍事和經濟。再進一步說，地理軍事和經濟又必然影響到政治。所以南宋儘管是中興，可是它的政治另有它的特色，和北宋不同。

在經濟方面，許多學者已經提出充分的證明。五代時期，長江流域已經繁盛。經過北宋，全國的經濟重心，已經從黃河流域逐漸轉移到江南①，北宋末，南宋初，已經有話。一說是「蘇湖熟，天下足」。另一說是「蘇杭熟，天下足」②。後代又以常州代替湖州或杭州的地位。總之是太湖區域。這一區域，不但是因爲水利灌溉農種農具的改善，因此食物產量特別高，而且還有絲麻茶竹等各類的農產品。在物產豐富的基礎上，工藝生產也是全國第一。內陸的水路，沿江，沿海的運輸，更促進貿易的躍進和城市的擴展③。從這方面看來，南宋是退守到最強的經濟基地。金人兩次進攻太湖區域，都沒成功。

不過光從經濟地理的轉移來看，南宋也還不算太特別。南北朝的南朝，五代時期的南唐，也是靠太湖區域做基地。其實在南宋的時候，政治地理的轉移，比經濟還重要。它不僅是太湖基地，而是以整個東南靠海地區做根本，來控制從長江北岸以南，一直到廣東廣西，這樣大的一個帝國。這一點——用靠海地區做根本——是中國歷史上，在近代以前，所絕無僅有的。同時，對

① 張家駒，〔南宋經濟重心的南移〕（一九五七）。

② 葉紹翁，〔四朝聞見錄〕（浦城宋元明遺書），卷二，頁廿六——七。曹勛，〔松隱文集〕（嘉業堂叢書），卷廿六，頁四。

③ 斯波義信，〔宋代商業史〕（一九六八），頁四九——一三二。

於南宋當時若干政治上的措施，有決定性的影響。

北宋亡國，南宋還沒確實建立的時候，許多有志的士大夫，都主張建都南京。一則是根據南北朝的先例，二則表示注重淮河流域，徐圖整頓，恢復中原。甚至有人主張建都武昌，也是面臨長江，又恰在版圖的正中央。這說法看來好像合理④。那末，宋高宗爲什麼要選擇杭州做國都呢？難道是他喜歡仿效五代時期的吳越王國嗎？

在北宋快完的時候，宋徽宗以太上皇的身分，逃出開封，沿河南下，就已經是往蘇州走。他的兒子高宗，屢次兵敗，退到揚州。沒想到金兵很快的追來，臨時半夜倉皇逃過長江。這就是「泥馬渡康王」的傳說。來不及逃的，在江岸上被亂兵殺的，在江上翻船死的大小官員，數目不少。經過這次驚險，高宗是不敢確信能守住南京的。他怎麼會選南京做國都？

當時江航的技術已經發達，和南北朝，甚至南唐的時候，大不相同。所以金兵也不難找到漢人，幫他們渡江，繼續追趕高宗從蘇州追到杭州以南。在最危急的時候，高宗從寧波逃到海上。在寧波和溫州之間的海面，躲了四十天。這也是中國歷史上從來沒有的。又一次驚險的經驗，使高宗相信，最安全的辦法就是背海建都。

南宋不但是背海建都，實在是背海立國。從南宋亡國來看，也是如此。杭州失守，逐漸退到廣州。最後，陸秀夫負帝死於海。大臣像陳宜中，帶了幾百人航海移民到泰國。這都可見海對於南宋的重要。

④ 參見李心傳，〔建炎以來繫年要錄〕（國學基本叢書），其中建炎元年的部分。這書以下簡稱〔要錄〕。

背海立國，也就是說背海面陸。我們印象中的地圖，都是居南望北。討論南宋，需要把地圖，往右扭轉九十度，從海上往內陸看。杭州是中心。一面有海上的退路，一面有長江下流和太湖區域的富庶，還有一面是浙東山區的屏障，它的確具備最優越的條件。從國都杭州看來，南宋的基本地帶是現代的江蘇和安徽的南部，浙江和福建。當時人就說：「兩浙畿內，福建江東爲近畿」。而官吏則「唯欲官於東南」⑤。

在這背海面陸的基本地帶的外面，有一圈輔助地區。這些地區的性質，各有不同。第一是靠北的淮河地區。雖然經濟上不發達，有些縣始終沒有完整的城牆，不容易防禦敵兵侵入。可是幸好地勢起伏，河流交錯，湖沼縱橫，對騎兵作戰不利。在南北朝時，淝水一戰，就決定了北方民族無從南進。北宋初年，修復漕運，溝通汴河，直抵長江。北宋亡國，淮河地區有不少散兵游勇，起義的隊伍，和匪賊的集團，時出時沒。運河的交通網，早經破壞，無可收拾。金兵打南宋，雖然一鼓作氣，長驅直入，東掃錢塘，西指江西中部。但不久就發現，淮河地區很難肅清。因此後方補給，也就難以爲繼，不得不撤兵北退。金宋之間，一共是兩攻而和，後來南宋又兩次反攻，還是再和，始終是在淮河一帶劃定國界。就南宋而言這是前衞地區。

另一個輔助地區，是襄陽一帶。它最大的軍事作用是策應。一方面和淮河成犄角之勢，可以從側面牽制北敵的攻勢。另一方面，又可以西連陝西四川的外衞。所以襄陽可以叫做聯衞地區。

⑤ 吳潛，〈許國公奏議〉（十萬卷樓叢書），卷一，頁卅三。又，卷二，頁一。張守，〈毘陵集〉（常州先哲遺書），卷一，頁五。

國防形勢，暫且按住一下，下文會再提到。這聯衞地區另外還有一個更大的重要性，就是掩護了另一片廣大的領土。

從湖北經過江西和湖南，一直到廣東沿海和廣西山地，在面積上講來，好像是南宋的腹區。但它不是南宋的基本地帶，只能算是內陸地區。這一區的物產雖然也很多，可是遠不如江浙福建一帶富庶，運輸也沒有那樣便利。不用講其他地方，單就江西而言，就可以說明這情形。江西離國都杭州並不太遠，可是不屬於基本地帶，只是輔助內陸。江西產茶，可是茶商常需要武裝自衞。局面混亂，這種武力又一變而爲茶寇⑥。比茶更有名的出產，就是景德的陶磁，當時就遠銷海外。但是茶也罷，窯業也罷，像開鑛一樣，同時是反映那一帶土地不太肥沃，食糧的生產有限。在文化方面來說，從北宋以來，就出了很多有名的士大夫。但到了南宋，畢竟敵不過江浙福建的人才濟濟。朱熹重興白鹿洞，在那裏講學，也可以說是把江浙福建的新學風，往內陸推行，在江西建立一個新的中心⑦。從朝廷來看，江西人往往講不好標準的官話。有一次周必大推薦有名的楊萬里做讀册官，負責宣讀任命的文件，孝宗說不好：「楊，江西人，聲音不淸。」⑧

從襄陽聯衞地區再往西，就是陝川邊衞地區⑨。所謂陝，只是陝南。一面有路通襄陽，一面

---

⑥ 佐伯富，「宋代の茶商軍について」，〔東洋史研究〕，四卷，二期（一九三八），頁五一——九。

⑦ 劉子健，「畧論宋代地方官學和私學的消長」，〔歷史語言研究所集刊〕，第卅六期（一九六五），頁二三八——九。

⑧ 張端義，〔貴耳集〕（叢書集成），卷下，頁四五。又丁傳靖，〔宋人軼事彙編〕（一九三六），卷十七，頁八四六——七。此書以下簡稱〔軼彙〕。

⑨ 劉祁，〔歸潛志〕（武英殿聚珍本），卷七，頁五。

是四川的前衞。最要緊的還是四川盆地的本身⑩。四川從南北朝，經過唐朝五代，都沒遭受大亂。在宋代有農業和江航技術的發展，更爲繁盛。但是南宋背海立國，四川離開那麼遠，無法把它作爲一個基本地區。相反的，朝廷對於四川，需要格外控制，變爲一個特殊行政區。從國防講，最早就派張浚，保住陝南。繼而用四川本地的大將吳玠兄弟，長期鎭守。然而吳家後人吳曦，終於叛變。從此以後，中央的控制，不得不更加嚴格。從小處來看，四川人有嚴格規定，不許在本地或陝南做知州或通判。因爲四川太遠，許本地另行舉辦考試。但四川人考中以後，到其他地方去做官，又另有限制。東南的基本地區，凡是有萬戶的縣分，最多只許用兩個四川人。就是用四川人，也不許擔任負責治安的縣尉⑪。換言之，南宋對於四川籍的官吏是歧視提防，始終不放心的。

以上所說各輔助地區的性質，又可以從蒙古攻打南宋來證明。蒙古根本不從淮河前衞地區進攻，先打襄陽聯衞地區。第一次沒有得手，於是改用弧形大迂廻戰略⑫。一面進攻四川邊衞地區，一面從它背後由雲南突入湖南湖北的內陸地區。這些地區的動搖，也就是說襄陽的後方已經

⑩ 劉子健，「重印小引」，見〔宋代蜀文輯存〕。此書已由香港龍門書店發行。

⑪ 吏部條法。這材料在〔永樂大典〕內。這裏的例證是卷一四六二〇，頁一——四。又卷一四六二一，頁二——四。又卷一四六二二，頁二〇。又袁說友，〔東塘集〕，（四庫珍本），卷八，頁四。參閱藤本光，「南宋四川の漕運」，〔社會經濟史學〕，卷十，第二期（一九四〇），頁七〇——八九。

⑫ 宮崎市定，〔アジア史研究〕，第二集（一九五九），頁一九一——一九二，二〇三——二〇四，又二一三——二一六。舒焚，「賈似道的援鄂」，〔史學〕雙週刊（光明日報，一九六三年一月十六）。又同人，「張順與張貴」，〔歷史教學〕（一九六三年六月），頁二——五。

不穩。然後蒙古二次再打襄陽，圍城五年。襄陽一降，長江水師接著投降。順流東下，很快就佔領了南宋江浙福建的基本地區。剩下廣東一帶，自然支持不久。這是第一次中國全地完全被游牧民族佔領。應該指出來的是這次征服戰爭，最初雖然是由北往南，但到了靠近長江的階段，就改爲由西往東。也就是說，由長江上流往海岸線打，因爲南宋是背海立國的。

講完軍事地理，再回到政治地理的轉移。南宋政治的領導，多半是江浙福建基本地區的人。先從皇帝說起。高宗雖然生長在開封，但一般記載忽略了，沒有提到他母親是浙江人。而且他小時候，他父親徽宗就說他長的是「浙臉」⑬。這個背景，和高宗選定杭州做國都，也有關係。高宗沒有子女，又就近選擇太祖後裔散居在浙東的做繼承人。從孝宗起，南宋皇帝都是在杭州和紹興兩個地方長大的。

紹興離國都近，順河即達。何況山明水秀，土地豐美。許多大官都在那一帶置產安家，教養子孫。所以紹興一帶文風極盛。後來有所謂紹興師爺，聞名於世。本人不能做官，就幫出任地方首長的做非正式的幕府。足見這一帶歷世相傳，滙集了多量有關行政手續，辦事技巧，和官場應付的知識。除了紹興是最顯著的代表之外，太湖周圍的一些城市，情形也大致相似⑭。以物質享受，生活趣味而言，可能是蘇州第一。以環境享受，書畫藝術而言，可能要算湖州第一。換言

⑬ 劉一清，〔錢唐遺事〕（武林掌故叢編），卷一，頁一。李心傳，〔建炎以來朝野雜記〕（適園叢書），甲編，卷一，頁六，說高宗母親是開封人。想來她原籍是浙江，而在京都長大的。此書下文簡稱〔朝野〕。

⑭ 〔朝野〕，甲編，卷十三，頁八。青山定雄，「宋元の地方誌に見える社會經濟史料」，〔東洋學報〕，卷廿五，第二期（一九三八），頁二八——三七六。周藤吉之，〔宋代官僚制之大土地所有〕（一九六〇），頁九——七六。

之，太湖周圍和紹興一帶是南宋官僚文化最高的區域。對照而言，講學重於做官，理想重於享受的區域，却在浙江南部的山區。例如金華學派，永嘉學派，便是很好的例證。

在官僚文化最高的區域中，它的人物往往有比較顯著的特殊作風，這句話，粗看來，未免武斷。其實不然。第一，在整個文化之中，各個不同的地區自然有若干的差異。第二，這種差異一部份是受到自然地理的影響，例如地形的寬曠或是山川的曲折，人口的疏密，物產的多寡。但是更重要的是受到人文地理的影響，例如政治經濟或軍事的關係。第三，這種地區的特點，不是說這地區所有人，都是同一類的性格。而是說，雖然有很多例外，而這地區的人，一般而論，比較其他地區的人，有不同的作風。第四，這種作風常會給其他地區的人，某種固定的印象。由於以上幾點，可以確定地區作風這個概念，不是偏見，而是有客觀根據的。所以從左傳史記起，中間經過無數史籍和很多地方誌的記載，一直到今天一般人的心目中，都有這個概念⑮。所要注意的，只是用語言文字描述這種地區作風的時候，不但籠統，而且誇張。不但武斷，而且偏激。所以應用在研究的時候，只能限於論述當時的人，對於某一地區的作風，有些什麼泛論的印象。

南宋當時，對於江浙福建基本地帶的人，特別是太湖周圍和杭州紹興附近的人，認爲是有些特徵的。在政治上，他們比較溫和，不願意冒險。其中的優秀分子，多半善於辭令，巧於應付。而這些表現，並不僅只是表面的敷衍。背後還有很周詳的考慮。其中更善於思慮的人，常還有深遠的計謀。這些特徵，正適合於南宋的政局。當時的文官制度，員多缺少，時常發生明爭暗鬥，

⑮ W. Eberhard, "Chinese Regional Stereotypes," *Asian Survey*, 5 (1965), 604-6.

傾軋排擠。但在表面上，還要彼此顧全體面，不爲已甚。雖然有茶餘酒後的笑談，小報詩文的譏評，可是在正式公文上，還要無礙觀瞻。當時的行政制度，條例繁雜。無論是徇私也罷，報怨也罷，公文還是需要寫得「圓通」、「圓到」。同時要考慮到留個退步。

這種做法，是地區特徵所伸展而成的呢？還是因爲當時政治風氣已經如此，所以離都城不遠的一帶，就慢慢養成這種特徵呢？這問題，在表面上看來，是鷄生蛋，蛋生鷄，相輔相成的。但比較兩者之間，還是政治風氣在先。北宋末年的情形，和北宋初年不同，已經走向這方面。到了南宋，配合了太湖杭州紹興一帶的地區特徵，就更變本加厲，牢不可破。南宋一代，從不施行改革。到了末年，賈似道權傾一時，在基本地帶，實行「公田法」，强迫收買大地主所擁有過多的土地。再以這些土地的收入，支持軍事費用。不但當時就遭受猛烈的反對，而且以後還被指爲禍國的罪狀。平心而論，「公田法」的實行，容有可議。而它的目的，却未可厚非⑯。罵賈似道的士大夫，縱有理由，可是竟沒人提出更好的辦法，如何來處理土地集中，如何來應付軍費。這就說明這地區的政治風氣，是決不容許大規模或很極端的改革的。

三　中興是怎樣完成的？

普通看法，以爲南宋無非是退保南方。而君懦臣弱，馬少兵怯，所以只能屈辱求和。到最

⑯ H. Franke 一文，見 A. F. Wright and D. Twitchett, *Confuican Personalities*, (1962), 217-234.

後，蒙古入侵，連守都守不住。其實，中興不是易事。北宋亡國時，長江一帶，已經有土崩瓦解之勢。怎樣去重整這半壁山河，又豈是「退保」二字所能概括？上文提到，高宗曾連連敗退，直到海上，可見幾乎不保。其實在逃亡海上以前，已看出情勢危急，曾向金人表示，自願取銷皇帝的尊號，降格做金人的藩王⑰。只要金人不再進攻，願意稱臣。幸好金人當時野心比這條件大。否則根本不會有南宋，更談不到中興。從這觀點看應該分析一下，中興是怎樣穩住這殘局的？

統治中國，需要士大夫的支持。而士大夫的心目中，確有忠君和正統的觀念。金人佔領開封，雖然以身殉國，像李若水這樣的人，並不多。可是甘心投效金人如吳莫儔的，也不多。而投效金人的，更不會有力量來號召其他的士大夫。金人因此逼迫張邦昌，成立國號大楚的傀儡政權。張邦昌明知他自己也沒有辦法，所以聽從呂好問的畫策，不居正殿，不坐寶座。把從前貶出宮外的元祐太后迎來，住在皇宮裏，然後暗中和高宗通消息。最後自己逃出開封，到高宗那裏請罪。

高宗也知道他自己的號召力未必足够。所以他也學張邦昌的辦法，正式尊崇元祐太后。這位太后本人無關重要。而元祐兩字在政治上頗有力量。它象徵司馬光等舊法黨的精神。它可以被用來做工具，把北宋亡國的責任，推在仿行新法像蔡京等人的身上。它可以傳布，做一種口號，喚起在野士人的擁護，樹立重生的希望，相信安定的好日子又會再來的。

可是政治並不這樣簡單。高宗在地位還站不穩的時候，絕不肯單純的傾向任何一條路線。在

⑰〔要錄〕，卷廿三，頁四八四。

勢力薄弱的時候，他必要「兼收並蓄」。所以一方面尊崇元祐，另一方面絕不排斥舊日蔡京手下的官僚⑱。相反的，蔡京手下曾有不少熟悉財政的人，是不可缺少的。當軍事力量還不够的時候，在宣傳上政治號召固然需要，在實際上財政來源尤其迫不可待。何況金人又用了劉豫，成立了第二個傀儡政權。這時和張邦昌那時，又已經不同了。留在開封，河南山東一帶的士大夫，時過境遷，已經看出高宗沒有力量收復京師，不免接受被金人佔領的現實。因此對他們參加劉豫號稱大齊的政權，誘惑性相當大。只有「兼收並蓄」的方針，才能勸誘北方的士大夫南來效忠，阻擋他們不要跟劉豫走。

理財對於中興的重要，例證很多。高宗最初在濟州起兵，繼而在歸德卽位，任用的大臣是汪伯彥和黃潛善。有好些官僚，都批評這任用的錯誤。但高宗絕不改變，主要是因爲汪黃二人，熟悉淮河一帶的漕運。等到退到江南，他又罷斥汪黃，把敗戰的責任推在他們身上。這固然是因爲反對他們的人越來越多，證明他們不能收攬士大夫的擁護。但同時也因爲汪黃對江南財政，並不熟悉，可以另用更合適的人。不獨高宗重視理財，安撫陝川的張浚也是如此。張浚最要緊的措施，就是整理四川的財政。試問沒有四川的財力，又怎能維持陝南的前線？

理財的重要性在南宋一代，從中興起，始終沒變⑲。在高宗死後，士大夫批評他「無休養之

⑱〔要錄〕，卷六，頁一五三。又卷十一，頁二五九——六〇。〔軼彙〕，卷十四，頁七〇七——八。山内正博，關於兩宋交替期官僚的分析，文見於〔世界史の研究〕，卷卅三（一九六二），頁一——九。

⑲〔朝野〕，甲編，卷十一，頁八——十。山内正博，關於總領所一文，見〔史學雜誌〕，卷六十四，第十二期（一九五五），頁八一——三。井手達郎，關於發運使及轉運使一文，見〔東洋史論集〕，卷三（一九六四），頁五三——六四。

功。」孝宗死後，也有類似的評論，說是「無富庶之政」⑳。廿世紀的學人研究南宋財政，結論說是「重稅政策」㉑。這些論點，就其本身來說，並沒有錯。但是差了一點：應當進一步再問，爲什麼要重稅？如果稅不重，政府的收入就不够，就無法維持一長期穩定的局面。

理財還有一方面，就是用財力來養著好些士大夫。光是用忠君等等的政治口號是不够的。幾百年來，以至今日的史評都說，南宋有個大缺點——官多，士多。事實上的確如此。南宋官僚，不做現任官職，多半還給宮觀祠祿㉒。等於現代的掛名差使，拿一份退休的待遇。太學的學生，州學的學生，都有供養㉓。這是不是浪費呢？從行政的觀點說，當然是等於無功受祿，吃飯不做事。可是就統治的觀點來說，這是施小惠以防大亂，把這些統治階級的分子，全部維繫住。試想印刷越發達，讀書人越多，越來越多的游士，覺得他們沒有出路，沒有希望，豈不會造反嗎？何況現任官的官俸、退任官的祠祿、各種學生的供養，整個加起來，還是比軍費所用的少㉔。總而言之，還是上算的。更何況飲水思源，這「重稅」也是靠官僚去執行才收來的。用這稅收的一部分，來維繫官僚羣，包括所有官僚，和候補官僚在內，對於統治王朝而論，並不算是失策。

再說回中興，財源是絕不可少的。南宋最初兵少，後來慢慢多了。徵兵並沒多大成績。徵來

---

⑳ 袁燮，〔絜齋集〕（武英殿聚珍本），卷十三，頁五——六。又頁十八。

㉑ 曾我部靜雄，〔宋代財政史〕（一九六六再版）。

㉒ 梁天錫，「宋代之祠祿制度」，〔大陸雜誌〕，廿九卷，二期（一九六四）頁一四——一六。

㉓ 筆者一九六五一文，見上註③。又王建秋，〔宋代太學與太學生〕（一九六五）。

㉔ 〔攻媿集〕，卷十五，頁七四一。又卷十六，頁七九七。陳傅良，〔止齋先生集〕（四部叢刊），卷十九，頁三。

的兵，往往逃走。甚至於黥面，也不能完全防止㉕。軍士主要的來源，不是平民，而是盜賊。南宋人就承認，忠義軍往往就是盜賊。清代王夫之有名的〔宋論〕說得好：「紹興諸大帥所用之兵，皆羣盜之降者也。」因爲這些人能打仗。「不然，舉江南廂軍配囚弱之衆，惡足當巨寇哉。」㉖而且舉出先例，東漢光武中興，用的就是降盜。但是這些盜賊爲什麼要降呢？這答案就是召安政策。而召安政策非有財力來支持不可。

召安政策是安內攘外，一箭雙雕的辦法。既可以消弭盜賊，逐漸統一，又可以吸收武力，加強國防。對這些盜賊集團威脅利誘。他們有兩條路子，一條是抵抗，另一條是接受改編，成爲正式軍隊，既有官職，又有軍餉，可以算是名利雙收。如果不接受這樣的好條件，就用離間分化，使盜賊中一部分歸順，幫着打頑強抵抗的那部分。在這種情勢下，多數的武裝集團，就逐漸歸順。其他的少數，不是北逃，就是消滅。投降過來的隊伍，當然並不可靠。第一是用賈誼的故智，化整爲零，把他們安排在不同的防地。第二是釜底抽薪。王夫之又講過：「紹興諸帥，用羣盜而廢其長。張用、曹成、黃佐，僅得生全。范汝爲、楊么，皆從斬馘。李成、劉忠寧，使之北降劉豫。……宋之撫有江淮，貽數世之安，在此也。」㉗我們也可以加一句說，這是用財源和政

㉕ 曾我部靜雄兩文。一見〔歷史公論〕，六卷，三期。一見〔東洋學報〕，廿四卷，三期。

㉖ 王夫之，〔宋論〕（國學基本叢書），卷十，頁一九九。趙儷生，「建康建炎間……各種民間武裝勢力性質的分析……」，〔文史哲〕（一九五六年十一月），頁五五——六二。華山，「南宋初的范汝南起義〔文史哲〕（一九五五五五年四月），頁五七——六〇。

㉗ 〔宋論〕，卷十，頁一六一。參閱趙鼎，〔忠正德文集〕（乾坤正氣集），卷五二，頁十一——一二。曹約彥。〔昌谷集〕（四庫珍本）卷六，頁六。薛季宣，〔浪語集〕（永嘉叢書），卷十七，頁五。又卷十八，頁九。張守，〔毘陵集〕，見上註⑤，卷二，頁一。

治謀略來鞏固。約束軍隊紀律，鞏固形勢。

召安政策成功以後，朝廷還是不能放心。因爲韓世忠、張俊、岳飛三大將的勢力大了。他們和久爲大將的劉光世，大致說來，各有五萬軍隊。而且這些隊伍都稱爲韓家軍、岳家軍之類，和朝廷沒有直轄的關係㉘。而朝廷直接指揮的御前軍馬，只有三萬人㉙。從南宋初起，朝廷對於這些大將，都不得不採取寬容的態度。一方面是「容其割據」，許他們就地抽稅，販貨賣酒㉚。另一方面「使不爲過」㉛，不要超出使中央政府太難堪的範圍㉜。這種辦法，當時稱爲「御將有術」㉝。其實也沒有更好的辦法。強敵壓境，非靠這些大將不可。例如在采石戰前，高宗還深慮兵財兩事，都沒把握。采石之勝，也只是戰術上的勝利，限於這一役。南宋的力量根本不够乘勝反攻，長驅北伐㉞。

㉘〔軼彙〕，卷一五，頁七二三。

㉙〔要錄〕，卷一一〇，頁二九一八。山內正博兩文。一見〔歷史教育〕，二卷，七期，一見〔東洋學報〕，卷卅八，第三期。

㉚參閱以下前引各書。袁說友，〔東塘集〕，卷九，頁十三。吳潛，〔許國公奏議〕，卷二，頁廿四。薛季宣，〔浪語集〕，卷十七，頁五。張守，〔毘陵集〕，卷十一，頁五。曹彥約，〔昌谷集〕，卷十，頁十一。

㉛張浚，〔中興備覽〕（涉聞梓舊），卷一，頁六。

㉜張守，〔毘陵集〕，卷一，頁十一。又卷二，頁三——四。張綱，〔華陽集〕（四部叢刊），卷四十，頁九——十。

㉝佚名，〔中興政要〕（振綺堂叢書二集），卷十六，頁二〇——四。

㉞陳登原，〔國史舊聞〕（一九六二重印），冊二，頁四一三——五。鄧之誠，〔中華二千年史〕（一九六四重印），冊四，頁二八一。參閱陶晉生〔金海陵帝的伐宋與采石戰役的考實〕（一九六三）。沈起煒，〔宋金戰爭史畧〕（一九五八）。西岳，「從采石之戰到隆興和議」，〔史學月刊〕（一九五八年六月），頁二〇——五。關履權，「談紹興和議後宋金和平局面」，〔歷史教學〕（一九六四年十二月），頁二七——八。華山，「開禧北伐」，〔史學月刊〕（一九五七年五月），頁七——十四。

高宗何嘗不願控制這幾員擁有重兵的大將，在他地位沒穩固的時候，就有過苗劉兩將的兵變，他被迫宣布退位。這種經驗，早就讓他對武將猜懼。而向他進言，應該收取兵權的文臣也屢見不鮮㉟。可是他不能學宋太祖，杯酒釋兵權。宋太祖自己老於軍事，深知手下的大將，否則他是不能「自壞長城」的。所以他一直等到講和有了眉目，才決心下手，剪除這些大將的兵權，所有軍隊完全隸屬中央。換言之，先是用大將收盜賊以抗金，再進一步才能和金而奪大將兵權。先是用大魚吃小魚，然後一網打盡大魚。

太祖杯酒釋兵權是用錢財補償將官。高宗奪兵權，亦復相似。也可以說，和召安羣盜一樣。借行賞的掩護，把韓世忠、張俊、岳飛，都召來杭州。忽然下令，韓、張任樞密使，岳任副使。當晚，立刻四處傳令，所有各軍單位原來的將領，都可以有權力直接稟達中央。這就是上文王夫之所謂「去其長」。因此，大多數的舊屬，自己地位因而提高，也並不要求韓、張回來統率。只有岳飛軍中，有表示不滿的。這就種下岳飛被殺的禍根。韓、張、岳三人在京任職，也得著賞賜。可是張俊審度政情，看出一個機會。他倒過來贊成和議，而暗中要求政府，給他經營商業的權利。在他舊屬退役時，給他們地方政府與稅收和貿易有關的位置。換言之，他甘願放棄軍權，換取經濟利益㊱。這個例證，更可以說明財政力量對於軍事統一的重要。

㉟ 張守，〔毘陵集〕卷一，頁四，呂頤浩，〔忠穆集〕（四庫珍本），卷三，頁十——十一。鄭剛中，〔北山文集〕（續金華叢書），卷一，頁三七——三九。汪藻，〔浮溪集〕（四部叢刊），卷一，頁一——九。

㊱ 畢沅，〔續資治通鑑〕（一九五九標點本），卷一二四，頁三二八一——四，頁三二九五。又卷一三〇，頁三四四五。〔軼彙〕，卷十五，頁七四一。

討論中興，最後不能不提一下南宋對金的屈和。這問題已經被討論的很多㊲。簡單的說，南宋軍事實力，的確不够反攻。岳飛一軍，向朱仙鎮的挺進，已經是孤軍突出。兩傍沒有掩護，很可能受到金人的包抄。最大的希望，是太行山一帶忠義遺民，乘機起事。敵後動搖，才可以大舉進攻。可是事實上，忠義的武裝團體，既不多，也不大。同時在黃河一帶的漢人，許多已經服從金人。金人也已經懂得，如何利用漢人幫助他們作戰，不過，金人也承認南宋雖然沒有反攻的實力，却足够抗拒。所以只要條件滿足，也願意講和。就南宋說，是屈和。這雖然是秦檜的建策，畢竟還是高宗的決策，而且還有若干官僚的附和。自從金人覺得劉豫無用，把他廢立，就有流言，何不把被俘的欽宗立爲第三個傀儡。而用欽宗本來的名義，下詔南征。這種可能，對於高宗的皇位，確是莫大威脅。他屢次脫險，用盡心思，重整的半壁山河，可能眞會瓦解。不但如此，在朝廷的高官，何嘗不感受威脅，一朝天子一朝臣。如果局面驟變，他們的地位也就難保。所以秦檜出面「了事」，高宗借口對母親的孝思，不得不講和，才能接她南歸。而「羣臣色厲內荏，多爲傍觀之論」㊳。在這樣的政局中，屈和的條件才能實現。

有兼收並蓄，大多數士大夫的擁護，有充分的稅收財源，有辦法把盜賊編入軍隊，再從大將手裏把兵權一起拿過來，同時也讓敵國知道，不是容易征服的——具備這些條件，經過這些過程，這半壁江山才算中興。其實也不太興旺，只是穩定而已。

㊲ 參閱拙著「岳飛」，〔中國學人〕，第二期（一九七〇），頁四三——五八。

㊳ 俞正燮，〔癸巳存稿〕（連筠簃叢書），卷八。又黃幹，〔黃勉齋先生集〕（正誼堂全書），卷八，頁二。

四　從中興說到長期穩定

普通談宋史，難免頭重脚輕。詳於北宋，畧於南宋。這原因很多。第一是南宋史料，不如北宋完整。例如有關北宋，像〔續資治通鑑長編〕那樣詳備的書，南宋只有一部，〔建炎以來繫年要錄〕，限於早期。其他類似的編纂，不是簡畧，就是殘缺。連〔宋會要輯稿〕裏的材料，也是北宋勝於南宋。但第二個原因，更爲重要。幾百年來的史家，對於南宋，往往惋惜，而不願意深究。因此主要的用積弱的觀念來解釋。因爲積弱，所以屈和於金。因爲積弱，所以韓侂胄開戰失敗。因爲積弱，所以亡於蒙古。至於爲什麼積弱呢？無非是沿襲北宋，弊端日深，君主昏庸，賈似道誤國，其他大臣儒弱無能，官多而貪，兵多而弱，縱有道學的理論，而不能採用——這一些平淡無奇的因素。暗含的影響，就是南宋不太值得研究。要研究，不如研究南宋的哲理，南宋的山水畫。

其實這種解釋，是傳統史家在感情上躲避一個大問題。蒙古滅宋，漢文化的領域，全部淪陷。這是曠古未有的奇變，怎能不研究？更何況南宋的財富，世界第一。以科學知識和工藝技術而論，也是第一[39]。至於教育的傳布，深入民間，更是好些世紀後其他國家都還不能想像的。論

[39] 京都大學人文研究所，〔宋元時代の科學技術史〕（一九六七）。又英國劍橋大學 Joseph Needham，即李約瑟，所著〔中國科學與文明〕各書。

中國文化的精髓，儒學經過朱熹等人的努力，進入一個更高深更廣大的階段。南宋的文化，可以算是人類史上，在工業革命以前，一個華麗的奇蹟。但是，忽然來了戈壁沙漠旋風式的摧殘！這究竟是怎麼囘事？怎能不研究？

如果從歐洲史上看，蒙古人攻無不克。而南宋對抗蒙古，前後有四十多年。和波斯印度等各國來比較，南宋絕不能算弱。不但是軍事力不弱，而且政治的黏着力相當强，一直抵抗到最後，不用說別的，這團結力比北宋就强㊵。以往史家，實在沒有理由來忽畧這「雖敗猶榮」的事實。

幾乎完全被忽視的，是沒有內亂。自從中興穩定之後，一百多年，從來沒有大規模的叛變和起義㊶。儘管是官吏貪汚，大地主剝削，不免有兵士叛亂，農民反抗，盜賊蜂起。可是人數都不多，時間也不久，而且都是就地解決㊷。或是用兵平定，或是召安，或是剿撫兼用，剛柔並濟。這一點，絕不可以輕視。漢末，唐末，明末都做不到。這是值得大書特書的。普通說法，都一口咬定，是因爲蒙古來攻，所以一致對外。事實上，內部政治的黏着力，可能是最重要的因素。

南宋政治的黏着力是從那裏來的呢？從中興的過程，就可以看出一些線索。對官僚兼收並

㊵ 南宋末年，許多士大夫有自信，以爲不至於亡國。參閱劉時擧，〔續通鑑〕（學津討原），卷十五，頁十三。劉祁，〔歸潛志〕，卷十三，頁三。趙順孫，〔格庵奏稿〕（〔指海〕），卷首補傳。吳潛，〔許國公奏議〕，卷一，頁十八。

㊶ 參閱蘇金源，李春圃，〔宋代三次農民起義彙編〕（一九六三）。關履權，「論兩宋農民戰爭」，〔歷史研究〕（一九六二年二月），頁七九——八六。

㊷ 華山，「南宋紹定端平間的江閩廣農民大起義」，〔文史哲〕（一九五六），第三期，頁四一——八。曾我部靜雄，「南宋の隅と隅官」，〔法制史研究〕，卷十（一九六一），頁一八五——二〇一。

蓄，就是促進他們普遍的依附。用召安政策，收編羣盜，又何嘗不如此？不用道學當政掌權，可是贊成他們在地方上去倡導道德，提高文風，同樣可以收到穩定的效果。那怕是性理自守，林泉自安，詩畫自娛，也可能間接的有助於穩定。總之，南宋從中興起就有一種政治作風。凡是現存勢力，儘量收容，儘量安排。就是不肯被利用的，最好也暫時忍耐，將來再說。這樣做，政權才會有廣泛深厚的社會基礎。

這種作風，筆者叫做包容政治。這是一個試論的概念。如何應用它來分析南宋的政治，還需要分題的討論。假定這概念可以成立，在政治學上，也會有點用處。可以用來比較其他時代和其他各國政體上相類似的情形。

原載〔中國學人〕第四期（一九七二）

包容政治的特點

討論歷史而用社會科學式的概念，有兩種用處。第一，是從這角度來對於史實做個系統的分析。目的並不在詳敍事實，細加描寫，只是分析這些史實裏，有些什麼特性，可以幫助現代的人，更了解過去。第二，是用這樣的分析，去充實社會科學。到目前爲止，社會科學多半是根據西方的材料。許多內容可以適用於中國的情形，而有些說法，就顯然不合。處理中國的史實，常需要另行試用新的分析。這樣去做，在方法上，內容上，和理論上，都可以補充社會科學。同時還可以提高興趣，引起其他學人的注意，把中國歷史前前後後，和古今其他國家的歷史，在可以連起來的角度上，比較研究。

話歸本題，什麼叫包容？字面上講，是採用一句成語，大度包容。用白話解釋，就是都包在一起，容納在一起，彼此相容，彼此相忍。這種包容式的妥協並不模糊。相反的，它有具體的相對條件。這方面如此這般的讓步，那方面就那樣的維持。從此依照這樣的安排辦事，彼此都過得去。例如南宋中興，對於官僚兼收並蓄。除了絕少數，像張邦昌、蔡京、童貫的後人之外，無論是否失節貪汚，概不追問①。可是這些罪狀，還是記下來做把柄。假定不服從絕對的君權，朝廷的命令，那就有舊案復發的危險。更要緊的是不許投靠僞齊的劉豫，因爲那是勢不兩立的威脅②。南宋收拾殘局，召安羣盜，也是如此。殺人放火，蟠踞地方之後，搖身一變，就可取得官階職名，公然耀武揚威③。至於以往，概不追究。只求保衞政權，維持治安。就是收韓張岳三大將的兵權，也一樣。當初宋太祖收兵權，是給條件的。把兵權交給皇帝，皇帝就給高官厚祿，賜錢、賜宅、賜田④。還有希望和帝室通婚。宋高宗罷三大將，另加優待，仍任高官，有樞密使的

---

① 宋高宗不肯多罰貪官，云「性仁厚，但行之數人而止。」見李心傳，〔朝野雜記〕（國學基本叢書），甲編，卷九，頁四。後來赦岳飛的後人，同一道命令也赦了蔡京童貫等的後人，見畢沅，〔續資治通鑑〕（一九五七標點本），卷一三五，頁三五八五，參拙著「岳飛」，〔中國學人〕，二期（一九七〇），頁四三——四四。

② 失節，在劉豫的楚國做官，後來又投南宋的，照樣做官，最多稍貶官階，見張守，〔毘陵集〕（常州先哲遺書），卷一，頁十一。參丁傳靖〔宋人軼事彙編〕（一九三五，以下簡稱軼彙），卷十四，頁七〇八。參註(69)。

③ 高宗自云當時統治所及不過淮浙數郡而已。乃用議者言——卽官僚的建議——盡封羣盜，〔軼彙〕，卷十五，頁七四六。又時人語「要高官，受召安。欲得富，先胡做」。同書，頁七五〇。其實，漢光武中興，確是先例。

④ 早在秦檜之前，許多人都主張收大將兵權。例如張浚，〔中興備覽〕（涉聞梓舊），卷十六，頁二〇——二四。張守，〔毘陵集〕卷一，頁四。鄭剛中，〔北山文集〕（續金華叢書），卷一，頁三七——三九。呂頤浩，〔忠穆集〕（四庫珍本），卷三，頁十——十一。汪藻，〔浮溪集〕（四庫珍本），卷一，頁一——九。

名義⑤。只有岳飛被殺，是唯一的大例外⑥。他不但不甘心接受這種陽寵陰奪的相對條件，而且不肯像韓世忠那樣的沉默，却公然批評，反對和議。他不受包容，政府也就不能再容他。

政治是永遠含有妥協性的，只是妥協的大小輕重不同。所以，可以說一切政體之下，都有包容。但包容政治是個特定的概念。這一種政治，有它確定的特點。大政方針是用最緩和或最不費事的安排，以鞏固政權⑦。所以採用包容的手段和方式，保守謹慎的作風，以達成內外上下安定的目的。近年政治學上有所謂高壓政治，反動政治，大衆參與政治，長期革命政治等等的概念，都是指不同的方針、方式、作風，和目的等特點而言。

概念不是空泛的，還要進一步說明它的涵義。包容政治，說起來好像容易做到，其實也煞費心機。例如對於既成勢力，如何應付？對於新興勢力，如何籠絡？對於無數形同怠職的官僚，如何督促？對於言官清議的批評，怎樣平息？對於越來越多的士大夫，怎樣安插位置？對於各地的胥吏，明知弊端百出，怎樣讓他們的做作，不超出無法容忍的範圍？對於生活眞過不去的農民，怎樣救濟，以免造反？如果發生起義的暴動，怎樣解決？這些，都需要運用高度的政治眼光和措

---

⑤ 張俊尤其歛財，見〔鞅囊〕，卷十五，頁七四一。實際是政府容其有財，參曹彥約，〔昌谷集〕（四庫珍本），卷十，頁十一。

⑥ 參拙著「岳飛」，頁四三——五八。岳飛被殺時，「羣臣色厲內荏，多爲傍觀之論。」此晚清學人俞正燮之高見，見其〔癸巳存稿〕（連筠簃叢書）卷八，「岳武穆獄論」。

⑦ 高宗說：「欲以柔道馭之焉」。見李心傳，〔建炎以來繫年要錄〕（國學基本叢書，一九五六重印），卷一五九，頁二五八三。柔道也是漢光武所用的先例。高宗知史，是有意仿效的。

置。

包容政治至少必須具備四項條件，才能運用。第一要名實兼顧。名義上說得過去，事實上在政府裏上下也都辦得通。例如絕對君權的皇帝，表面上他不能不顧忌到言官的意見和一般官僚的公論⑧。而在言官方面呢，也不可不再三斟酌，考慮到各方面。說話時更得多留餘地。這種關係，並非「敷衍」二字所能說盡的，因爲在事實上一定要拿出辦法來。再舉個對照的例子——地方官和胥吏。地方官要清除弊端，對於胥吏非約束不可。還要選幾個最不守法的懲誡一番，以儆效尤。但是也不能太徹底，弄得多數胥吏無路可走，羣起而攻之，讓他無法辦事。在胥吏方面呢，陋規也有一定分寸的，不能過分。如果弄得風聲太大，上面派員調查，甚至撤職查辦，那地方官倒霉不說，就是那些壞胥吏也要吃苦。換言之，包容政治，必須站在某種限度之內，利害一致的立場，才穩定得住⑨。否則就難保持平衡。露骨的說，整個政權，上自皇帝，下至小衙吏卒，甚至鄉村裏的甲頭戶長，都在分贓。而且大家還都覺得這分贓的大體和細節，在他們自己說來，並不太不公平。雖然有時還在抱怨，常常爭吵。

---

⑧ 高宗教孝宗，君主需要敷衍言官。見佚名，「京口耆舊錄」（守山閣叢書），卷八，頁十二。參拙著「南宋君主與言官」，「清華學報」，新八卷，一期二合刊（一九七〇），頁三四〇——三四九。而言官往往也附和宰相，見下文註㊿。有的言官，甚至不知朝政，見陳淵，「默堂先生文集」（四部叢刊），卷十二，頁十七——十八。吳潛，「許國公奏議」（十萬卷樓叢書），卷四，頁五一。

⑨ 南宋初期張浚的話，最扼要：「使不太過」。見「中興備覽」，卷一，頁六。參程泌，「程端明公洺水集」（靜嘉堂藏明本），卷二，頁十。高登，「高東溪集」（乾坤正氣集），卷六二，頁八。杜範，「杜清獻公集」（靜嘉堂藏明本），卷五，頁四——五。

假定政治上看法不一致，作風不同，另有理想，或標準較高，那就包容不住了。岳飛的被殺，和多少淸官的自嘆不合時宜，只好急流勇退，若干好官的不肯同流合汚，還反倒被排擠下來，都是這種原因⑩。北宋的士大夫絕大多數做官，可是南宋不同。許多士大夫無意仕進，吟詩，畫畫，講道學，辦書院，提倡鄉約族譜，這都是不接受政治包容的表現。但只要這些人散居各地，不構成政治勢力，政府也就不感到有去籠絡他們的必要，聽他們風雅去好了。

第二個條件是統治方法。近年西方政治學上有三分法的，就是以名，以利，以武力來統治⑪。以名的統治包括思想與制度，例如正統，天命，社稷宗廟，聖旨，朝命，律令條敕。從忠君的信條起，到整個社會上尊下卑身分與名分的禮教約束，這一切都是。以利的統治，就是收買的報酬。以武力的統治就是威嚇，刑禁，與殺戮。包容政治是糅合這些統治方法的，以名動之，以利誘之，以力脅之。名和利，在包容政治的體制內，都較易安排。不到不得已，最好不要動武。能召安，則又何必討賊？最好是大事化小，小事化無。而化的要訣，就是名利二字。大而化之，最能抓着官僚羣的弱點。

附帶說一點，這種統治方法是富有彈性的⑫。除了以名利相誘之外，包容政治在行政上處理實際問題，也同樣的富有彈性。不拘泥於敎條式的辦法。這是無可厚非的。最大的例證就是收稅

---

⑩ 韓侂胄當政，若干有志的和有操守的「士大夫絕念，無意於政矣」。見曹彥約，〔昌谷集〕，卷五，頁十一。

⑪ 目前最通用的是 Amitai Etzioni 的方法。著作在一九六〇年代甚多，不列。

⑫ 每名曰從權，見徐元杰，〔乾坤正氣集〕，卷七五，頁十五。

和保甲。從北宋到南宋，變來又變去。王安石的新法，由保甲兼管收稅。舊法重行，仍分兩事。不久又恢復新法，却不能做到整齊劃一。南宋的包容政治把新舊兩法一起包容進去。究竟用那一種法子，却要因地制宜而定。一般說來，邊遠的地區，多半分為兩事，保甲只管保甲。近地較易統治，保甲就兼辦稅收。這是運用包容政治來穩定制度，提高行政效率。

包容政治第三個條件是充裕的財力⑬。官銜，軍職，甚至於掛名的祠觀空銜，一切的賞賜豁免，不論大小多少，歸根結蒂是需要費用的。政府怎樣會有這樣多的錢，分配給這些官吏和將士呢？南宋幸虧經濟繁榮，盛況空前。用水利和旱稻種子收成在百日之內。其他農產的技術和產量，不斷增進。在西南各州的山區，推廣耕地，包括山坡上的梯田。鹽產礦產，也均增加。各種的製造業，遠勝前代。陶瓷尤其是聞名海外。沿江沿海和遠洋航業的技術隨著各地商業的興旺，大為發展。不但大城熱鬧，連許多小城和市鎭也跟著繁華。在異常優越的經濟條件下，南宋政府所採取的重稅政策，自然不會有太大的困難。大體上說，加稅多半側重商稅以及城市裏的雜稅⑭。最大的例證是世界上最早的法定紙幣。每到一定年限，因為紙張不能再耐久，就收回舊鈔，另發新鈔，名曰一界（卽現代語一屆的意思）。當然經過多年，有失落的，有損壞的。政府無形之中已經賺了錢了。側重商稅，一則因為城市經濟有負擔的能力。二則由於政府明白，如果多加農稅，不是地主反對，就是官逼民變，引起農民起義。南宋一直到晚年，才採用賈似道公田的辦

---

⑬ 斯波義信，〔宋代商業史〕（一九六八），甚詳。
⑭ 曹彥約，〔昌谷集〕，卷十，頁一。

法，強迫收買大地主超出定額的土地。以公田的收入，直接補助軍費，以救國運。結果，大地主，也就是官僚層，紛紛反對，做不成功⑮。南宋時農民的納稅的負擔，比較起來說，不算過重。恐怕地主的剝削，還要重些。這也是一個主因，說明了爲什麼南宋末年農民起義並不多⑯。比起明末先有流寇的內憂，才引起外患的征服，是個顯著的對照。

包容政治的第四個條件是思想上的信念。各種妥協，彼此容忍，必須有很深的認識，了解利害一致。說得好聽些，就是同舟共濟。用俗話講，就是有飯大家吃。但這種認識，在政治上，必須把權力的中心，提高爲崇敬的對象⑰。所以南宋對於忠君特別強調。可是單靠忠君的觀念，畢

---

⑮ 宮崎市定，「賈似道畧傳」，原刊〔東洋史研究〕，六卷三期，收入其自集，〔アジア史研究〕，第二册（一九五九）。Herbert Franke, "Chia Ssu-tao..," *Confucian Personalities*, ed. A.F. Wright and D. C. Twitchett (1962), 217-234. 又參下文註㊷和㊸。

⑯ 南宋起義的多少和大小，是個大問題。並且金朝統治下也有起義的問題。短的論著，散見各刊物。最值得參考的有華山的兩文。「兩宋……紹定、端平間的江、閩、廣農民大起義」，〔文史哲〕（一九五六）三期，頁四一——四八。「金世宗一代的政治和漢民族人民起義問題」，〔文史哲〕（一九五六）十一期，頁六三——六七。需要分析的情形還很多。例如佐伯富討論茶商軍，見〔東洋史研究〕，四卷，二期（一九三八），頁五一——五九。但茶商軍有時又變爲茶寇，參趙善括，〔應齋雜著〕（豫章叢書），卷一，頁十五——十六。薛季宣，〔浪語集〕（永嘉叢書），卷二十，頁六，又卷廿六，頁一。其他有武裝或戰鬬能力的集團，也有類似的情形。參黃榦，〔黃勉齋文集〕（正誼堂叢書），卷十五，頁十七。南宋末期，也有降附蒙古人的，參杜範，〔杜清獻公集〕，卷六，頁一。此外還有漢族侵壓山區少數民族的衝突。如李榮村，「黑風峒變亂始末」，〔歷史語言研究所集刊〕，四十一本（一九六九），頁四九七——五三三。

⑰ 例如理宗時標榜「更化」。參杜範，〔杜清獻公集〕，卷五至卷七。高斯得，〔恥堂存稿〕（武英殿聚珍版）卷一，頁二〇——廿二。呂午，〔左史諫草〕（四庫珍本），內方回所撰「家傳」，頁四。

竟力量不够。所以還需要許多別的倫理綱常，構成有系統的一套理論，來支持忠君觀念。南宋的理學，或名道學，在許多方面，是批評政府的，不滿現狀的，另有他們的理想的。同時，更深深的感覺到像北宋那樣的政治改革，假定能實現，也不能治本。根本的希望，還在改正人心，改良社會。要建立良好的社會秩序，他們認爲必須嚴格遵守倫理綱常的道德。這個大原則，就政府而言，却是正合孤意。百善孝爲先，所以做老百姓要先孝敬地方的父母官。做臣子當然要孝順做民之父母的皇帝，那就是忠。

包容政治在運用的時候，很注意培養忠君的信念。例如官僚有過失，只要忠君屬實，便可從寬發落。正如同嚴父不必重罰孝子一般。那臣子還不感恩嗎？南宋對於多數罷官或自動致仕的總好像戀戀不捨，給他們管寺觀的空銜和祠祿的收入。眞有點像家長對於不良或不愛的子弟，多少還有點照顧。天恩浩蕩，並非空話，正是籠絡的妙用，維繫官僚們死心塌地的忠君。不過等到亡國，他們積習已深，又會去向新朝效忠的。

說過了包容政治成立的條件，再申論一下它的弱點。第一，它缺乏新希望。循規蹈矩，也等於墨守成規。惰性越來越大之後，連包容政治原來應該有的彈性也逐漸喪失了。第二個弱點是退步，因爲水準逐漸在降低。原先已經是包容了許多小毛病，後來這些弊端不免過分。但也還是姑息，再包容下去，久而久之，陋規倒變成了正常的則例。如果想恢復原定的標準，反倒被認爲不通世故，不達時務。甚至於還要被斥爲滋生事端。所謂多一事不如少一事，就是只許退步。連維持原狀都不容易，不要說進步了。既沒有新希望，又常退步，必然產生第三個弱點：上下欺矇，得過且過⑱。道學家雖然大聲疾呼，君子自重，但多數官僚是君子自肥。就是較好的官僚，不肯這樣做，也管不了傍人，只好君子自娛。於是把許多時間精神寄託在琴棋書畫的雅興上。當然這些雅興，自有它本身藝術造詣和文化價值，這是不能抹殺的。可是就政治而言，從政而不專心，也反映整個統治階級的退化。就是那些道學家，對於哲理，經學，治家格言，讀書課程，有很多貢獻，加惠無窮的後學。但對於當時的政治，也並不能挽救多少。這不能怪道學家。包容政治本身的幾項弱點，雖然是慢性病，却都是致命傷。不過，反過來說，這帶病延年的政體，在末期，面臨橫掃歐亞大陸的蒙古大敵，居然也撐了四十年之久。最後一片一片的被征服，却沒有土崩瓦解。這又不得不說是包容政治的團結性和凝聚力是相當强靱的。

二　從君權到相權

北宋君主多半親自裁決軍政大事。一則是制度上君權擴大，不肯分權給丞相。廷臣等於是皇帝的幕僚，連正式宰相的名義都不給。二則是開國的經歷。太祖太宗是自己打天下的，不必說。而在太祖時，就任太宗爲開封府尹，掌理民政。太宗同樣的叫他的兒子眞宗先做開封府尹，多得些經驗。這個好辦法雖然沒有繼續下去，但後來皇帝都自己施行大權，不輕易委託傍人。王安石

⑱ 拙著短文：James T.C. Liu, "Sung Roots of Chinese Conservatism," *Journal of Asian Studies*, 26 (1967), 457-463.

行新法好像權很大，其實都經過神宗決定的。直到北宋末期，徽宗喜歡書畫游娛，才有權臣代他處決，可以算是權相。

南宋情形不同。按說高宗辛苦經營，應當恢復北宋原有的制度，不會有權相。而人事的演變，結果却正相反。高宗自己很勤於政事，又有定見。他所用的參知政事，或是和他意見不同，常起摩擦，或是他不滿意。前後竟換了四十多個人⑲。高宗最大的需要是有一個人幫他決策，同時負責去執行，能鎮壓其他的臣僚，擔當不利的批評。這人便是秦檜。所以那四十多個參知政事不能久安其位，而秦檜却能掌權十餘年，一直到他病死。

當時高宗面臨最難的問題是對金議和。他對金作戰，只是守勢的防禦，最大的目標是不讓劉豫的傀儡政權站穩來威脅南宋。至於對金反攻，規復中原，迎還二聖（徽宗欽宗），掃祭八陵（祖宗在洛陽附近的墓），那都是少數士大夫慷慨陳辭的高調⑳。高宗因爲他們出於忠誠，表面上獎勉鼓勵人心。但他深知兵力不够，從不採納這些迂濶之論。可是講和有兩層絕大的困難。卑辭納幣，喪權辱國，這怎樣講得過去呢？高宗稱帝，以中興爲號召。這樣求和，能算中興嗎？如果這樣做，官僚之中，一定有人堅決反對，高宗能背信忘義，翻過來懲罰這些抗議的忠臣嗎㉑？其

---

⑲ 李心傳，〔朝野雜記〕，甲編，卷九，頁四。

⑳ 清初王夫之有名的〔宋論〕，常有暗指明代得失的問題。因此，有些地方不免偏袒所謂淸議。傳統史學，到乾嘉年代才成熟，而且有前人所無，與衆不同的看法。參錢大昕，〔十駕齋養新錄〕（國學基本叢書），卷八，有專節「宋季恥言和」。內云士大夫的淸議，多「迂濶之論」。

㉑ 其實南宋局勢粗定以後，許多官僚是贊成和議的，只是不願公開表示。參甯可，「有關岳飛評價的幾個問題」，〔文史哲〕（一九五七），五期，頁四〇——四五。又拙著「岳飛」，見註⑥。

次，是誰做皇帝？假定金人自動把徽宗欽宗送回宋朝，一個是父親，一個是大哥，都是皇帝，高宗能不遜位嗎㉒？這並非是高宗太自私，太過慮。後世明英宗被擄得歸，便從代他維持的弟弟景泰帝的病榻上，用兵變的武力，把寶座又搶回去的。

高宗的苦悶，用秦檜去畫策執行，全都解決了。徽宗死後，高宗生母韋氏還在金人手中。爲人子者，當然應該設法迎梓宮，養太后，此天下之至孝也㉓。誰敢說不對？和議款項，是一時權宜。至於中興大計，徐當後圖。這雖然不合理想，但也還言之成理。因爲恐怕內部反對；所以一面議和，一面鎮壓。收三大將的兵權，這是宋太祖君主集權的老辦法，有什麼錯？至於殺岳飛，却由秦檜代辦，高宗在幕後不出面。文臣反對和議的，不是外放，就是遠貶，一概讓秦檜做壞人，高宗只做孝子。

秦檜替高宗解決這些重大問題，當然有他的代價，就是權勢。王夫之在〔宋論〕卷十描述秦檜的權傾一時，連用了五句「可畏也」。其實，這不太正確。第一，南宋權相和前代的丞相不同。宋代的社會變了，和漢唐差別很大。已經沒有貴族大族豪族這種社會背景和地方勢力，也沒有地區性的軍隊。換言之，權儘管大，而仍舊在絕對君權的控制之下，沒有篡位或割據的可能

㉒ 高宗怕劉豫的偽政權，已見註②。但他最怕的是金人讓欽宗在北方復位，參錢穆，〔國史大綱〕（一九四七），下冊，頁四三六——七。按苗劉內變時，早有人主張重立欽宗，參陳登原，〔國史舊聞〕（一九六三年重印）第二分冊，頁三八五——六，引全祖望，〔鮚埼亭集〕（四部叢刊），外編，卷四十二。又陳著，頁三九九。

㉓ 「大國行仁，遂子道事親之孝」，見李心傳，〔建炎以來繫年要錄〕，卷一四六，頁二三五五。

性。秦檜是懂得的，他對高宗非常謹愼，就怕高宗疑心他㉔。連他夫人在皇后面前偶然提到家裏有的珍品，是皇宮裏沒有的，他都嚇了一跳，趕緊彌補。把點次等的珍品，送進宮去。果然皇后笑道：「秦家有的，並不是什麼最好的珍寶。」㉕第二，宋代在絕對君權之下，用了大批職業官僚幫助統治——專制和官僚的合成體。所以南宋權相，無論多大權勢，也不可能一手掩盡天下人耳目。這天下人三字，作天下士大夫解。秦檜除了排除政敵和反對和議的人之外，對於多數官僚，還是用包容政治的作風，儘量籠絡。因此當時許多大小官員，也同樣報答。贊成和議，歌功頌德。中興元勳，當之無愧㉖。

秦檜老謀深算，很少人比得上。但畢竟還有失算之處。用兒子同掌國事，怎不令人側目？難道眞想篡位，再傳位給兒子嗎？孫子也考中狀元，難道榮華富貴，都要歸秦家獨佔嗎？這樣弄久了，官僚羣中，積怨日深㉗。這都不合包容政治大家分沾的原則。其次，秦檜遠貶政敵，其中雖有老病而死的，也還有人苦忍待時，重新上臺的可能。就是那些死去的，又還有已經成名的子孫。在包容政治之下，秦檜既然無法將這些政敵斬草除根。倒不如改變作風，將這些人及早赦還

㉔ 錢穆，〔國史大綱〕，下冊，頁四三七。鄧之誠，〔中華二千年史〕（一九六四影印），冊四，頁二九二。參胡銓，〔胡澹庵先生文集〕（靜嘉堂藏本），卷廿三，頁廿四。

㉕ 〔軼彙〕，卷十五，頁七六二。

㉖ 張嵲，〔紫微集〕（湖北先正遺書），卷一，頁七——十八。其實高宗乞和，穩固政權之後，也並「無休養之功」，見袁燮，〔絜齋集〕（武英殿聚珍版），卷十三，頁五——六。

㉗ 主要是不依附權要的陞官太慢。參張綱，〔華陽集〕（四庫珍本），卷十九，頁五。張守，〔毘陵集〕，卷五，頁三。

解仇。假定這樣做，可能還能抵消秦檜以往的過錯。而秦檜最大的失算，是沒看透高宗。這皇帝才眞是老謀深算呢！

秦檜當權時，高宗雖然言聽計從，恩寵備至，可是始終在提防。狡兎盡，走狗烹，這原是功臣的悲運。但包容政治絕不如此單純的殘酷。它的辦法是狡兎遠竄，留待後用。走狗儘量用，等他死後再烹。豈不名利雙收？秦檜病重，高宗親臨探視，確定他活不了幾天了，便立刻下詔，當卽罷免秦氏父子。秦檜死後，又下令秦氏子弟回籍，不許再來都城。將以往政策的錯誤，都推在秦檜身上。被秦檜遠貶的政敵，也逐漸赦還起用。足見聖明天子，計算得又準又狠。高宗還講出一件秘密來。他說：「秦檜死了，我的靴子裏，不用藏刀自衞了。」這話的重點，倒不在懷疑秦檜有弑君篡位的可能。主要的目的是給人一個强烈的印象，彷彿以往的錯事都是秦檜威脅高宗決定的。萬方有罪，豈在朕躬？這話其實傍無佐證，根本不足信㉘。但一傳出去，千百年來跪在岳飛墳前受萬人辱駡的，自然是秦檜。連史家都上了當，一直到王夫之的〔宋論〕，還說秦檜「睥睨宗社，使不死，烏可制哉？」並沒有人歸咎高宗利用秦檜。當時就有人恭維高宗飛龍在天，神機妙算，天下第一。

秦檜死後，參知政事又換來換去。高宗自覺年老，不如享福。表面上是援他父親徽宗的前例，禪位做太上皇，實際上是等於他用孝宗做丞相。秉承他的大政方針，去處理朝政㉙。例如孝

㉘〔軼彙〕，卷十五，頁七六六，引〔南宋雜事詩〕。

㉙甚至小事，孝宗也受高宗管。〔軼彙〕，卷三，頁七一——七八，又七七——七八。孝宗用近習曾覿龍大淵二人，最初也是高宗的意思，見徐經孫，〔徐文惠公存稿〕（宋人集），頁廿六。

宗有志北伐，高宗說，等我老頭子不在了以後再說罷㉚。輕輕一句話，孝宗皇帝還敢再提嗎？孝宗本人平庸，自己既沒有堅決主張，又不信任某一個大臣㉛。例如史浩，是他的藩邸舊師，因反對貿然北伐而去。晚年又被召任。但除薦用賢良以外，也無從建樹㉜。又例如朱熹，孝宗聽說他有名，請了來，反倒受到左右倖臣的中傷，立朝僅四十日。二三倖臣，爲言官評擊，就先罷黜。過些時候，風潮平息，又被召回。所以孝宗時，此起彼落，沒有權相㉝。

孝宗之後，兩個權相之起，都與皇位問題有關。孝宗也學高宗，禪位給光宗。那知不但兩宮

㉚ 朱熹承認，不北伐，「自是高宗不肯」。見黎靖德編，〔朱子語類〕（一九六二影印），卷一三一。還可以看出名臣趙鼎知道軍事實力不夠，也並不主戰。同時朱熹也承認：「如不肯和……也未必成功。」見同書，卷一三〇。先有采石之戰，不過挫鋒小勝，而後來北伐，符離大敗，是軍紀太壞，見鄧之誠，〔中華二千年史〕，冊四，頁二八一，又頁二八四。參陶晉生，〔金海陵帝的伐宋與采石戰役的考實〕（一九六三）。關於宋金戰和的整個問題，參沈起煒，〔宋金戰爭史畧〕（一九五八），和鄧廣銘，「南宋對金鬪爭中的幾個問題」，〔歷史研究〕（一九六三），二期，頁廿一——三二。需要新研究，再討論的情節還很多。

㉛ 有人以爲孝宗的個性陰柔，也是因素之一。參〔軼彙〕，卷十七，頁八三一。

㉜ 孝宗朝「無富庶之政」，見袁燮，〔絜齋集〕，卷十三，頁五——六。罷名臣如史浩，周必大，范成大等，除〔宋史〕及〔宋史新編〕，〔宋史翼〕等史書中本傳外，〔軼彙〕卷三，卷十七，卷十八是很方便的參考。查宋人傳記，附帶提一下，以前都用哈佛燕京社，〔四十七種宋代傳記綜合引得〕（一九三九）。近年又有東洋文庫，〔宋人傳記索引〕（一九六八）。這索引有一個大特點，是青山定雄設計的，不但有籍貫，而且有從曾祖起的父系三代。也有美中不足的小錯誤。中國的學人，如昌彼得，王德毅幾位有意再改進，另編更詳盡的索引。

㉝ 曹彥約，〔昌谷集〕，卷五，頁廿一云：「始謂權臣專制」，今去之，「比前日何如也。」參徐鹿卿，〔宋徐清正公存稿〕（豫章叢書），卷三，頁十六。又彭龜年，〔止堂集〕（武英殿聚珍版）。兩書皆指摘君主罷免大臣「手滑」，而且「少禮」。

失和，而且光宗精神失常。孝宗薨，不能成喪，因爲光宗不肯出場。弄得舉朝惶惶，不知怎樣辦好？幸虧這時，宮中和朝廷都久已穩定，而且懂得同舟共濟，才能穩定㉞。精神失常的皇帝，是不能主持包容政治的。只能倒過來另想辦法安頓他。於是，太后太監外戚和大臣，聯合起來，用太后的命令，宣布光宗自願禪位，由寧宗繼立㉟。奔走聯絡的主角是外戚韓侂胄。不久他就去掉宰相趙汝愚，擴充他自己的政治勢力，成爲權相。

韓侂胄既沒學問，又缺資歷。一般士大夫當然不能心服。韓也想籠絡當時聲望已高的道學名士，來鞏固他自己的地位㊱。無奈這些人敬佩趙汝愚，看不起他，拒絕他的包容。按照包容政治的原則，在這種情形下，有兩種辦法。一是讓步，分出一部分實權來給政敵，取得妥協。要不然，就虛予禮遇，由他們去做學問講道，並不會影響到實際政治。但是韓侂胄不但沒這樣做，竟然違背包容政治的原則，而攻擊道學是僞學。不但把領頭的幾十個人罷官貶放，而且規定從此參加考試的士人，要具結聲明，並非僞學。韓以爲學而優則仕，無非爲了名利。這樣一禁僞學，過不了多少年，就不會有人講道學了。其實大錯。南宋政府不但沒有具備統治思想的威力，而且在政治上還需要儒學來提倡倫理綱常，來提高忠君的觀念。道學並沒有離經叛道，也沒有反對君主。如今橫加禁止，怎能使人心服？光靠科第名利的誘惑來統治是不够的。結果，道學之禁過了

㉞〔宋史紀事本末〕（萬有文庫）卷八十一。

㉟吳太后處理危機，曾和她吳家親戚商議。但她當權時，不用外戚參政。見〔軼彙〕，卷三，頁七五。又卷二，頁六八。

㊱魏了翁，〔鶴山文鈔〕（一八七四本），頁二一。樵叟，〔慶元黨禁〕（新興書局筆記小說大觀），頁五——六。〔軼彙〕，卷十七，頁八五六。

兩三年，就漸漸放鬆了。再過兩三年，就完全放棄。韓的失敗是個有力的反證。違反包容政治的原則，是他失敗的根本原因㊲。

韓侂胄後來出兵北伐。道學家雖然愛國，却並不支持這次戰役。宋兵敗退，倒也尋常。極爲例外的是金國要求宋朝懲罰戰犯。於是皇帝假裝不知內情㊳。另由皇后外戚與其他大臣，把韓暗殺了，函首授敵。這是完全不合儒家道德的。但道學家對此事避而不談。可見他們對於政治上的恩怨，也並不太講恕道。這也是一個包容政治的傍證。權相也要守包容原則。他如不容他人，自然也不被寬恕。

在韓之後，是史浩的後人當政。先是史嵩之，繼而史彌遠。整個南宋史，史彌遠任權相最久，共廿六年。寧宗無子，他參與選立宗子爲嗣。寧宗死去，他矯詔不立長子，而擁護理宗做皇帝。當時居然批評的人不算多，這是怎麼回事呢㊴？史彌遠是精通包容手段的。他以權相廢立，竟能瞞天過海，是因爲多年來上下交順㊵。他很少樹敵。一般官僚又何苦冒險來反對他？而且他

㊲ 韓侂胄的兒子很窮，見〔軼彙〕，卷十六，頁八二一。關於道學，計劃在不久寫南宋政治簡論之三，有系統的討論政治與道統的建立。

㊳ 曹彥約，〔昌谷集〕，卷五，頁廿一。指揮殺韓侂胄的有楊皇后之兄，見葉紹翁，〔四朝聞見錄〕（浦城宋元明儒遺書），卷三，頁十九。又〔軼彙〕，卷三，頁八九——九〇。又同書，卷十七，頁八七五。後代史家每誤，仍沿稱皇帝不知韓之謀，例如有名的〔宋宰輔編年錄〕，朱序，即有此誤。

㊴ 廢立濟王，見〔宋史紀事本末〕，卷八十八。理學家崇尚宋代，每避而不論這權臣矯立的大案。

㊵ 史彌遠曾學於朱熹的門人，據孫應時，〔燭湖集〕（一八〇三本），卷八，頁三——五。他收用「老成」，見吳潛，〔許國公奏議〕，卷四，頁九。而只是裝潢政局的門面，用這些老成爲「閑曹美觀」，見高斯得，〔恥堂存稿〕，卷一，頁廿二。

雖是權相，倒並不濫使職權。至於君權，從寧宗起，已經成爲這政體的象徵㊶。無論誰做皇帝都差不多。不過非有這象徵不可。對這象徵，連權相也非尊敬不可。這樣才能合乎體統，安定人心。史彌遠立了理宗，籠絡一些有聲望的道學家，儘量穩定，終於沒有起大的政潮。

最後的權相是賈似道。歷史上的評論很壞，這是不大公平的。他以外戚當政，又繼承史彌遠的作風，並且還有相當的整頓。他管束其他的外戚和不守法的太監㊷。改善太學生的待遇，却防止他們鼓動政潮。當權多年，並不植黨。有才的提拔，無能的降貶。批評他反對他的人，他也不嚴厲報復。反倒有時還重行和解，周旋一番。以官僚政治的普通水準而言，不槐是治世的高才能臣㊸。但賈似道不幸當權於危難之際，就不免受過了。當然，他打敗仗是事實。蒙古自動退兵，

㊶ 寧宗自己說：「韓侂胄是朕親戚」，不能違反他，見劉一清，「錢塘遺事」（武林掌故叢編），卷二，頁四。參華岳，「翠微南征錄」（四部叢刊），頁一——二。附帶一提，君主私人的消遣和嗜好。高宗讀書，寫字，養鴿，看戲。孝宗看戲，看打球。光宗，寧宗也愛看戲，足見雜劇內容所反映的價值觀念的重要。上至君主，下至城鎮平民，都有影響。從光宗起，君主已經不大親理次要的國務政事。理宗表面上崇尚理學，得此美謚。實際上常呼妓醉酒，散見「軼彙」，卷三，頁七〇——九一。參衛涇，「後樂集」（四庫珍本），卷十，頁十七。方逢辰，「蛟峯集」（靜嘉堂藏鈔本），卷二，頁一——四。度宗更荒淫，「一日謝恩者三十餘人」，見「軼彙」，頁九四——五。再附帶提及，宮中費用，外廷不知，見彭龜年，「止堂集」，卷三，頁十六。有人懷疑，這數目很大，可能僅次於軍費，見高斯得，「恥堂存稿」，卷一，頁廿七。但這也許是過甚其辭。不過，無從考證。因爲宮中費用，不從政府支取。君主自己另有內藏庫和左藏庫，參梅原郁一文，見下文註㊼。

㊷ 周密，「癸辛雜識」（津逮秘書或學津討原），數則，散見。劉一清，「錢塘遺事」，卷四，頁六。孫應時，「燭湖集」，卷十一，頁六。參註⑮，及下註。

㊸ 參上註。周密，「志雅堂雜鈔」（新興書局筆記小說大觀），卷上，頁十五——六。高斯得，「恥堂存稿」，卷一，頁三一。孫應時，「燭湖集」，卷十一，頁六。吳潛，「許國公奏議」，卷一，頁廿二——廿三。後人論見，參錢謙益，「初學集」（重輯滄海綜錄），卷廿八。鄧之誠，「中華二千年史」，冊四，頁二九五。

他虛報戰勝，也確是不該。但抵抗蒙古，豈易戰勝？而從蒙古人的眼光裏看來，賈似道還算是頗有謀略的勁敵。後來的史籍着重說他的壞處，主要是三點原因。第一，上文提過，他用公田法，强迫將大地主的超額田產，收歸國有，以充軍費。這就侵犯了那些地主官僚的既有權益。包容政治並不是講合理負擔，有錢出錢的。更何況推行不善，弊端百出，他們就更振振有辭了。第二，他派出專員。澈查軍隊賬目的弊端。凡是挪用公款營私舞弊的，還要賠償政府。南宋多年，軍中財用，都是各將官自行處理。報上賬去，政府很少追究。賈似道雷厲風行，查賬罰款，確是聞所未聞。這又是危害了這些軍人和供應軍需官僚的向有權益。不合乎包容政治的往例，當然就會怨聲載道。第三是投降蒙古的文武官員。他們不是幼讀聖賢書，很忠君愛國的嗎？所以他們絕不願意反過來詆毁宋朝，也不肯宣揚昏君在位，花天酒地。他們異口同聲，都說是賈似道權臣誤國，人心渙散。這意思好像說他們降蒙古，做漢奸，也都是被姓賈的所誤㊹。

說完權相，略作小結。南宋久任的宰相，究竟有多大的權？比起北宋來是大得很多了。軍事

㊹ 如有名的方回，依附賈似道。賈失權，他便提出十可斬疏。後來自己又降元朝，見〔軼彙〕，卷十九，頁五九四。元初的書，如〔平宋錄〕指出宋人「望風歸附……舉朝來覲」，雖文詞誇張，實載近事實。死節的並不多。南宋〔昭忠錄〕約一百三十餘人，宋季〔昭忠錄〕約五百四十餘人。他書如〔宋遺民錄〕，〔宋廣遺民錄〕，並不是死節的，而是不做元朝官而已。這些都有一個大偏見，歸罪賈似道，不批評宋末君主。附帶提一下，所謂遺民退隱，多半是指不做官。許多人在地方上還是有聲望的，參加一些文化活動，甚至和地方政府有接觸的，例如協助興辦州學、保存文化。有名的大學者王應麟，以尚書地位，棄官逃回寧波，就算退隱。而在地方上常寫文章，正史上說他寫文不肯寫元朝年號。但書甲子。他本人寫稿，可能如此。可是刻碑，公布的時候，就照樣加上元代年號，見王著〔四明文獻集〕（四明叢書），卷一，頁十一——二十。又卷二，頁二——十一。又陳僅給王編的年譜，頁廿四。

緊急時，宰相加兼知軍事銜，有指揮權。調動給養，也就控制將官。但宰相始終沒有統率權或直轄的隊伍㊺。在北宋，財政另屬三司，不歸參知政事掌理。而南宋，因為常有國防問題，所以宰相也參與國計，監督財政。可是這權並不像想像那樣大。許多定項，無法挪動㊻。而整個國計，常常入不敷出。政府就得向皇帝私有的內藏庫借錢。換言之，皇帝如果不願意借錢，或是管內藏庫的太監和近習作梗，這宰相就不容易做下去了㊼。南宋相權擴大，主要還在民政方面㊽。從唐

㊺ 兩宋宰相的出身，參衣川強「宋代宰相考」，〔東洋史研究〕，卷廿四（一九六六），四期。關於宰相不能逕自指揮樞密院，參周必大，〔玉堂雜記〕（說郛），卷二，頁二。又李心傳，〔朝野雜記〕，甲編，卷十，頁二——四。

㊻ 宰相財權的限制，同上註，〔朝野雜記〕，甲編卷八，頁二。

㊼ 政府須向君主的內藏庫或左藏庫借錢，參梅原郁，「宋代の內藏と左藏」，〔東方學報〕，四二卷（一九七一），頁一二七——一七六。黃漢超，畢業於新亞書院時，已經注意到這問題，現在賓州大學修博士學位，將來會發表研究成果。其實，最早指出這困難的是諸葛亮，他在出師表中要求「宮中府中，俱為一體。」而宋代制度，官僚管政府，獨裁君主，縱使昏天黑地的生活，只是政治偶像，見㊶，還是另有其他自己支配的財庫。政府要借錢，不得不敷衍管這兩個財庫和君主左右的所謂近習。參李光，〔莊簡集〕（四庫珍本），卷八，頁九——十一。又卷十，頁十六。吳潛，〔許國公奏議〕，卷四，頁五二。名臣如虞允文，籌劃軍費，也無從例外，見〔宋史〕「張栻傳」。他本傳中不提，而另見他人的傳，這是修正史「此隱彼顯」的標準筆法，既為賢者諱，而又不失信史的兩全辦法。附註一下。所謂近習，多半是太監。但泛用時也包括日常隨從君主的御醫和倖臣等。高宗的近習，連孝宗都不敢得罪，見佚名，〔京口耆舊傳〕，卷八，頁十一——十二。孝宗時，有名的近習是倖臣曾覿，龍大淵，張說，和政局政事有關，見〔宋史紀事本末〕，卷七八，頁八一，又頁八七。光宗用陳源，見同書，卷八一，頁四四——四九。參鄭興裔，〔鄭忠肅公奏議〕（四庫珍本），卷上，頁四。葉紹翁，〔四朝聞見錄〕，卷二，頁十一。又如理宗用董宋臣，丁大全，也引起政潮，見黃震，〔戊辰修史傳〕（四明叢書），卷十一。徐經孫，〔徐文惠公存稿〕，卷一，頁廿四。劉一清，〔錢塘遺事〕，卷四，頁三。吳潛，〔許國公奏議〕，卷四，頁四五——五五。這方面尚待人詳細研究。參下文註59。

㊽ 自秦檜時起，地方官考績，加上民事科一項，很難定客觀標準，以為予奪之柄，見張綱，〔華陽集〕，卷十五，頁六——七。

朝到北宋中期，三省分立的制度——中書省畫策，皇帝決定，門下省審核，尙書省執行——在北宋晚期已經成爲形式。南宋正式合併，全歸宰相調度。三省長官，北宋是會長，在衙門裏一起吃飯，商量公事。南宋漸漸變爲到宰相私邸裏去議事。從前任用官吏，由吏部彙集資歷考績，較爲客觀。南宋把許多名額，撥歸堂除，由宰相和大臣推薦。或由天子內批㊾。從前保擧，如果被擧的人在任上犯過錯，追究責任，保人也要受黜懲罰的。到南宋就放鬆了㊿。而南宋考績，却又花樣很多。上面可以破格通融，吏部書吏受賄舞弊，更是常事(51)。反過來說，上司故意作難，書吏又加挑剔，說這件手續沒完，那件公文有問題，這便無法陞官。有時候等上一年半載，也沒有差使(52)。所以權相控制官僚羣最簡捷的武器，還是任免權。

北宋宰相，常受言官的攻擊和牽制。南宋不同。言官往往和宰相勾結，一起控制其他官僚(53)。有時，言官不合作，也攻擊宰相。可是是否生效，全在皇帝。而南宋君主，早就從官僚們學會了一些應付的技巧(54)。有時說是誤會，叫他們雙方和解。有時是聽一半，責備一下宰相，叫他

㊾ 由宮中遞出命令，不經正常政府手續，名曰內批。給特恩，特轉，特補，特贈等。這方面也待人研究。參趙順孫，〔格庵奏稿〕（指海），頁九。徐經孫，〔徐文惠公存稿〕，卷一，頁十。彭龜年，〔止堂集〕，卷一，頁十二。杜範，〔杜清獻公集〕，卷五，頁六。

㊿ 辛元龍，〔松垣文集〕（靜嘉堂藏明本），卷一，頁十一。林季仲，〔竹軒雜著〕（永嘉叢書），卷三，頁五。

(51) 劉宰，〔漫塘文集〕（嘉業堂刊），卷三十三，頁一——二。

(52) 同上註，卷廿八，頁十。又彭龜年，〔止堂集〕，卷一，頁十四。北宋末起，書吏與書舖的勾結，有一定做法，名曰舖例，見趙鼎，〔忠正德文集〕（乾坤正氣集），卷五十，頁八。

(53) 袁燮，〔絜齋集〕，卷二，頁十六。呂午，〔左史諫草〕，「家傳」，頁八。〔軼彙〕，卷十八，頁九〇二。

(54) 拙著「南宋君主與言官」，見註⑧。

以後小心就算了。有時是宣布言官的評論，使言官滿足，却不照辦。有時更特別誇獎言官，說他勇於直言，而事實上根本不改，毫無影響。有時還照言官意思，下令照辦。而實際上不去推行。如果有的言官，發言太多，就另陞高位，也就無從再批評了。不但如此，皇帝反倒利用言官。要罷免某人，先授意言官，於是上章彈劾。遇見緊要的事，却告訴言官說，不必提出。這種作風，好像聖明天子，有時也能從善如流。錯處是宰相的，不是皇帝的。言官的沒落，不但反映君權相權的擴大，而且說明包容政治，皇帝宰相在實權之外，還要保持威望。

相權儘管大，皇帝本人儘管無能，但宰相最後還是受君權的管轄㊺。最大關鍵是兩點。一點，上文說過，宰相沒有自己固有的地盤或權力基礎。還有一點是權相也不能完全壟斷皇帝的耳目。官僚很多，連太學生也編小報，發議論，鬧政潮。透過外戚御醫倖臣太監，皇帝總會聽見一些政治情勢的消息的。此外，從北宋開始起，君主一直有皇城司的暗探，供給情報㊻。君主信用權相，是利用他去控制官僚羣。如果政策失敗，羣情洶洶，包容政治顯然失去平衡，這權相就失去他的利用價值，早晚會另換一人。所以權相又俗稱冰山㊼。

總之，南宋的君權，經過高宗立國幾十年的措施，比北宋更大。君主本人無能，照樣可以委任權相，但並非大權傍落，因爲相權是可以收回來的。宰相的權大，歸跟結底，還是表現君權更

㊺ 高斯得，〔恥堂存稿〕，頁十——十二。鄧之誠，〔中華二千年史〕，冊四，頁二九一。

㊻ 錢穆，〔國史大綱〕，冊二，頁四四二。「察事之卒」，卽特務。佐伯富，有關於皇城司一文，見〔東洋學報〕，卷九（一九三八），頁五八——一六九。當時彭龜年批評用特務，見〔止堂集〕，卷十一，頁四。

㊼ 冰山一詞，似南宋初已通用，以指權臣不久於位，見〔軼彙〕，卷十六，頁八一四。

大的另一種方式。

三　官風士風和胥吏

南宋的經濟國力，遠在世界各國之上，印刷發達，講學風盛，民間有說書、講唱、戲曲各種的文化傳播，也是史所未有。在這樣的經濟和文化基礎上，儒學的士大夫應該大有可爲。既懂得修身齊家，又經過學優而仕的文官考試，不是正合乎治國平天下的理想條件嗎？誰知這理想，還是不能實現㊽。許多立志做「君子儒」的，一涉官場，却不免沾染上「小人儒」的風氣㊾。儒家的經典和訓練，和怎樣做官僚，兩者之間，距離不小。在政府做事，多半憑習俗和經驗，也就是所謂閱歷。

北宋開始擴大文官制度，原是重文輕武，用知識分子來統治國家的，這是一個莫大的進步。但幾十年後，就發現官太多。到了南宋這問題更大，也更不知如何去解決。幾次，因爲朝臣指出員多缺少，就下令裁員減缺。高官尚有蔭補的優待，遇著慶典，可以呈請賞給子弟官資。這一項

㊽　黃榦，〔黃勉齋文集〕，卷八，頁二，云士大夫不談恢復北方，以雪「二聖……八陵」之恥。鄧之誠，〔中華二千年史〕，冊四，頁二九三，謂士大夫反對韓侂胄開戰，以「人情習故」也。

㊾　參上文註㊼。士大夫趨附近習，而有的近習也很風雅，能文。參曹彥約，〔昌谷集〕，卷十，頁五。杜範，〔杜清獻公集〕，卷十三，頁三——四。沽名釣譽的高士也去拜訪御醫，見葉紹翁，〔四朝聞見錄〕，卷三，頁十九。〔軼彙〕，卷十八，頁九一三。

優待，也用各種限制來緊縮。但這些辦法，收效都有限，每次各地考試，立刻增加了一批新取得官資的士大夫。包容政治，不願意社會上失業的文人太多，怕他們怨聲載道，肆意譏評，甚至興風作浪，或有秀才造反的可能。所以停止考試是不可能的，官的人數也是有增無減的。已經做了官的，只有少數的因罪罷官，或自認不合時宜，急流勇退，或自願在壯年的時候告老還鄉，去享清福。如果有人主張裁員，或提前退休，一定引起軒然大波。所以當時的經驗談說，只要能做到不多加名額，已經了不起了。要減少，是萬萬行不通的[60]。對士人尚且不敢得罪，何況有資格做官的？

這樣多的官，在財政上，當然是個極大的負擔。就是許多空銜的祠祿，也數不在少[61]。可是，另一方面，政府臨時缺款，還要開捐納之門。富戶救災，捐助軍費，當然以官資相酬[62]。一得官資，全家產業中就有許多部分可以正式的，或事實上通融，或和掌管的官吏勾結舞弊，免除納稅。結果，政府在事後的財政收入，反更減少。明知捐納是飲酖止渴，一時救急。但冗官太多，反正無從解決，暫且不管也罷。好在南宋經濟繁榮，早晚是添加新稅，提高新舊稅率。能維持過去就不錯。

官多不一定壞。如果羣策羣力，豈非百廢俱舉？根本問題在行政方針和官僚作風。

---

[60] 張守，〔毘陵集〕，卷一，頁二。〔軼彙〕，卷十四，頁七〇八。

[61] 梁天錫，「宋代之祠祿制度」，〔大陸雜誌〕，廿九卷（一九六四），二期，頁十四——廿六。祠祿尚可額外另加新銜，見劉一止，〔苕溪集〕（靜嘉堂藏明本），卷十一，頁十五。

[62] 曹彥約，〔昌谷集〕，卷九，頁二——三。參宋晞，〔宋史研究論叢〕（一九六三），頁十五——廿二。

關於行政，儒家是主張德治的。可是南宋若干官僚學者坦白承認，事實上並非德治㊸。所用的敕令條法，則例格式，全是法治。有人更明說，本朝以法爲本，以例爲要。這事實和儒家的信念，顯然不合，怎樣解釋呢？於是出現了一個二元化的理論——以德治的精神來執行法令。任法無從自行，所以要任人。用懂得儒家道德的人解釋法令，審度情理。有時從寬，有時從嚴，有時也可以法外用情。總之，法律不外人情。這二元化的理論，其實並沒確保參用德治。只是說法治的權衡輕重，決定於官僚而已。眞正看透的士大夫，例如葉適，有更深一層的悲觀。他說德治，那能很快實現？最多是循致。逐漸挽救人心，改善風俗，除暴安良，去弊安民。但一部分官僚，努力循致，還沒有「致」於太平的時候，別的方面仍舊不奉公守法，弊端叢生。還是扶起的東西又倒。改善是慢的。而腐化很快。所謂循致，還是競賽落後，希望很小的。

法律本來是針對問題而規定的。可是法律本身，又另出一些問題。南宋商業繁盛，社會情況隨而發展。情形越繁複，法律的規定不得不適應現況。舊規定不適用，就立新的。新規定有流弊，就再加修改。因此每二三十年，就必須重新編纂現行的條法事類。這叫「新書」。每次頒行的新書，動輒數十卷。把牴牾的，重複的，過時的，早經廢改的，一起刪掉以後，還是枝枝節節，頭緒紛煩㊹。不是老於公事的，看不周全。而久於此道的刀筆吏，却頭頭是道，連夾縫中都可以做手脚。孔子說：「聽訟吾猶人也。」他如果活在南宋做官，未必敢這樣自信。

㊸ 英文拙著，見註⑱。有的要點是引葉適，〔水心文集〕。
㊹ 呂午，〔左史諫草〕，〔家傳〕，頁九——一四。

除了法律原有規定之外，還有事例。一件事出來了，因爲情節特殊，於是認爲例外。有些例外確是合理的，不一定是受賄徇私，也不一定是强詞奪理而硬說是情有可原，也不一定是胥吏欺矇或昏官誤斷。但無論當初是怎樣開的例，後來就可以援例。情節十九相似，應該一例照辦。情節七分相似，也似可通融。甚至其事雖異，其情則亦類似，這樣的觸類旁通，例外就多了⑥⑤。如果上官不准，還可以再陳情上訴說：何以有的案子就判爲例外，這件公事却又不然？豈非有失公平？莫非是上宮一時疏忽？或者存心偏袒嗎？這樣糾纏起來，連上官也不勝其煩。假定偶不留神，讓人抓住漏洞，反倒對於自己的官聲不利，影響到本人的考績。還不如放鬆一點，倒少麻煩。所以南宋人感嘆說：眞能法治倒好，「以例壞法」，是行政上最難防止的。又有流行的譏諷說：吏部就是「例部」。

做官眞辛苦。案牘勞形，往往是實話⑥⑥。這樣繁雜的法律，數不清的前例，如何查得清？有的機關竟說舊案早經歸檔，而檔卷盈屋，一時無從清理抽調。只好用推想。例出有因，相度情理另辦。一面是舊案未了，另一面新的公事又來了。忙不過來，只好草草了事。替做官的人想想，好像也情有可原。做官的官箴說：「淸愼勤。」就是勤也忙不過來時，就很難愼。至於淸不淸，就看個人有多少良心了。在這樣情形下，做官是不能不依靠胥吏的。官本來就通達聖賢書，不熟於刑名錢穀，田畝災荒等等敕令條法，何況還有許多前例？更何況三年一任，無從瞭解該機關的

⑥⑤ 所謂「引例異同」，「捃摭小節」，參林光朝，〔艾軒集〕（四庫珍本），卷八，頁四——五。

⑥⑥ 南宋初已然，似比北宋一般說來煩得多，參張守，〔毘陵集〕，卷一，頁九。

若干細節煩瑣，向例成規。而胥吏呢，不是家傳，就是師授。反倒都是經驗豐富，熟悉前前後後的本地人。不靠他們去辦，又有什麼辦法[67]？

官僚彼此懂得做官爲難之處，彼此原諒。一個官出了麻煩，不免牽涉到上下左右其他的官。「官官相護」，也是包容政治在行政方面的表現。隨意看看南宋史料，就會碰見下列和公事公文各機關間有關連的字樣。例如「因循」——原來並不含有壞的涵義——「圓融」，「圓到」，這都指辦得好。「照應」，本是知會有關各單位的手續，後來就含有請幫忙的意思。「具文」，就是官樣文章「彌縫」，補好漏洞。「姑息」，暫且容忍，不去查問。「苟且」，原也不是很壞字眼，是指暫且從權處理，變通解決[68]。假定眞出問題，用的字樣就不同了。「欺矇」，「欺誕」，「貪贓」，「枉法」，「目無法紀」。要用更重的字眼還有。欲加之罪，何患無辭？

這種包容式的行政，其實是從皇帝開頭做起的。宋高宗自己就一貫主張對於官僚輕罰[69]。以後君主，也大半如此。遇見小問題，就下一道命令。但官僚也知道，這並不必須嚴格遵守。有人再提，又來一道命令，重行申嚴。越是三令五申，越是反映行政效率低，不能令出如山，嚴辦嚴

---

[67] 參蔡戡，〔定齋集〕（常州先哲遺書），卷四，頁四——五。〔輯彙〕，卷十五，頁七五六。這也是南宋官僚重內輕外，不願意久任地方官的主因之一。見拙著 James T.C. Liu "The Sung Views...on Government Clerks," *Journal of Economic and Social History of the Orient* (Leiden, 1967), 10:317-344。

[68] 例如孫夢觀，〔雪窗集〕（四明叢書）卷一，頁十提到下列名詞：苟且，苟安，姑息，彌縫，因循，圓融。現代話叫通融。

[69] 參上文註②。名臣趙鼎曾失節仕於僞楚。後任南宋大臣，生活奢侈，見〔輯彙〕，卷十四，頁六九四。又卷十五，頁七二三。

罰。皇帝既然也官僚化，官僚更不會彼此監督。有的官，是堂除的。卽上文提過，由大臣推薦，不是吏部按資歷遞補的。顯然和權要有交情，不便得罪(70)。例如監司是負責督察州縣的，遇見這類情形，也不免遲疑(71)。萬一揭發，下屬可能會上訴申辯，甚至反咬一口。卽使查有實據，依法判罪，也還可以繼續叫寃，說事出有因，判罪過重，請予改正，卽改輕是也(72)。包容式的行政，自然不合儒家道德。因此得有另一套觀念，來自圓其說。例如「君子不爲已甚」，德政是應當寬大的。所謂寬大，就是該罰而不罰。多數官僚是不肯「得罪人」的。還要說這是積德(73)。積德既近乎恕道，又合於佛說，又適應人情世故。

北宋時代，言官說話還有力量。其他中級以上的官，也常言事。言事是對事，不對人的。主張如何整頓，並非指摘某官個人。南宋連言事都不受歡迎。出頭說話，傍人就批評說：這是好名(74)。既然好名心重，必非君子。既非君子，其言也就不足重視。當時人感嘆說：「以言爲出位，以不言爲守職。」就是指少論是非，按部就班的做做就得了。至多有人背後竊笑，說些閑話。非

---

(70) 張綱，〔華陽集〕，卷十五，頁七。張守，〔毘陵集〕，卷十三，頁四，趙順孫，〔格菴奏稿〕，頁二——三。程泌，〔程端明公洺水集〕，卷二，頁十。

(71) 因此州縣互欺，見鄭興裔，〔鄭忠肅公奏議〕，卷上，頁廿一。張栻，〔張南軒文集〕（正誼堂全書），卷二，頁廿七。

(72) 徐經孫，〔徐文惠公存稿〕，卷二，頁十七。

(73) 蔡戡，〔定齋集〕，卷一，頁三。佚名，〔京口耆舊傳〕，卷二，頁十一。

(74) 陳淵，〔默堂先生文集〕，卷十三，頁十二。許棐，〔獻醜集〕（宋人集），頁十。崔與之，〔崔昌獻公文集〕（嶺南遺書），卷二，頁四。魏了翁，〔鶴山文鈔〕，卷一，頁十八——二〇。葉紹翁〔四朝聞見錄〕，卷四，頁八——九。

正式的議評，可以爲清議，而又無傷大雅。不但如此，公文上，當面討論事，都不要用重的字眼。這才算眞有修養。宋代原有百官輪對的制度。逐部逐官，排好次序，輪流朝見，親自向皇帝陳述意見。皇帝也許問幾句話，當場就得答覆。南宋官僚在輪對的時候多半講些不切實際的大道理。於人於事，都沒直接關係。否則就說一堆瑣事，無關緊要。例如直指胥吏弊端，應該嚴密留心，這就很好。既合乎大道理，足見留心吏治，又並不得罪人。因爲胥吏不是官，也不在朝，批評他們是很妥當的。有的官僚，連輪對都覺得爲難。不說話不行，說了話又怕麻煩。所以快要該他輪對的時候，他就設法調任。這次序是按衙門做單位的，他既不在這衙門，當然就輪不到他⑺。

彼此包容，還有另一面，就是互相推諉。日常小事不必說，連朝廷大政，亦復如此。例如朝令一出，清議譁然。執政大臣就私下對人說，這不是他們本人的主張，也曾勸告過，只是沒生效力。言官也對人說，曾表示過反對；而且正在起稿，希望挽回，沒想到執政方面，已經先把朝令發表了。諫官也說，曾經對於類似的事情，屢次陳詞，無奈始終不聽，只好等下次有適當的機會再說。總之，滿朝都是好人好官。那末，誰的錯呢？雖不明說。自然是把責任推在皇帝身上，或暗指他左右的倖臣。而信用倖臣，也還是皇帝負責。南宋君主，用些官僚手段來利用他們，他們還不會用同樣手段來護短嗎？

⑺ 汪應辰，〔文定集〕（武英殿聚珍版），卷一，頁八。

地方政府，也有好官⑯。可是一般情形很壞。監司雖然不常嚴格督察縣官，却常來催促稅收及其他公事⑰，照章還要視察各縣。於是有迎送餽贈的交際⑱。當時指出「事例日開」。意思是送禮的花樣，越來越多。公費不够用時，縣官只好另籌⑲。有的地方，這些儀節還例有定價⑳。而且常常還需要打點監司衙門的胥吏㉑。否則縣官遇事，申請監司，監司可能積壓拖延，甚至不理。當時人一致認為「縣不易為」㉒。縣官不但要應付他層層的上司和他們的屬吏，還得應付縣裏的人。縣有縣佐。階級雖低，而他不同意副署，這公事就不能了結㉓。退役武官，政府硬安挿，就在各縣添差文職。這些人也不好管㉔。地方的形勢戶，卽富戶而又有官方關係和勢力的，

---

⑯ 人民為好官立生祠，見程泌，〔洺水集〕，卷十，頁十——十一。度正，〔性善堂稿〕（四庫珍本），卷十一，頁九——十四。袁甫，〔蒙齋集〕（武英殿聚珍版），卷二，頁十六——十七。又卷三，頁六。

⑰ 黃榦，〔黃勉齋文集〕，卷三，頁一——二。蔡戡，〔定齋集〕，卷二，頁十，又卷四，頁五。

⑱ 蔡戡，〔定齋集〕，卷六，頁十。廖行之，〔省齋集〕（四庫珍本），卷五，頁十七——十八。佐伯富關於「公使錢」一文，見〔東洋學報〕，四十七卷，（一九六四），二期，頁四一——四六。

⑲ 袁燮，〔絜齋集〕，卷十三，「黃公度行狀。」縣官乏款，往往榨取寺觀，見吳潛，〔許國公奏議〕，卷二，頁十三。參竺沙雅章有關福建寺院因此衰落的一文，見〔東洋史研究〕，十五卷（一九六六），二期，頁一七〇——一九六。有時，縣官自己無法，就靠胥吏去找錢，見胡夢昱，〔竹林愚隱集〕（乾坤正氣集），卷七四，頁十四。

⑳ 鄭興裔，〔鄭忠肅公奏議〕，卷上，頁十三。

㉑ 王庭珪，〔瀘溪文集〕（靜嘉堂藏明本），卷廿七，頁九。

㉒ 胡夢昱，〔竹林愚隱集〕，卷七四，頁十四。

㉓ 官官相護，有制度的原因。手續上是官官相牽（本人改的成語），因為公事須「副署始圓」。見薛季宣，〔浪語集〕，卷十六，頁三。又岳珂，〔愧郯錄〕（學海類編）卷三六，頁一——二。

㉔ 鄭興裔，〔鄭忠肅公奏議〕，卷上，頁十九，薛季宣，〔浪語集〕，卷十八，頁九。蔡戡，〔定齋集〕，卷一，頁十。又卷十四，頁四。汪應辰，〔文定集〕，卷三，頁八——十。

也不好惹(85)。有的縣分，入不敷出(86)。縣官勉强任滿，申請調職，吏部却不派人接任，因爲沒有人願意去(87)。下任時必須交割清楚。如果公款短少，雖然不是自己舞弊虧空的，也得認賠(88)。下任後沒派新職，便得去京都或京都附近守候。若干縣官，家非富有，而流寓京師，往往度日維艱(89)。當然也可以向商人借錢。那就得賄賂好缺，用貪污的所餘，再來還債。總之，這種行政制度，適宜於貪官而不出大毛病的。却最不適宜於不肯同流合汙，同光和塵的。因此許多做過親民官的，寧可乞祠告病，回家納福。有官銜而在鄉，既可受人尊重，還能幫鄉里。有時是幫兇，有時是做好事，申寃救災，排難解紛，那就全看個人了。

討論官僚，再寫十倍，也難說完。下文討論一下士人吧。士人就是想做官的。考試得了功名的，就是準官僚。北宋考試制度，是世界最有名的，有許多防弊的辦法。例如卷子另行謄錄，並加密封，目的是無從知道是誰的考卷。可是還是有弊。南宋更是弊端百出。常常有書舖（並非只賣書，是做一切有關文書的生意的）代爲安排(90)。例如冒名入場，進場換座，不換座就換卷，夾

(85) 薛季宣，〔浪語集〕，卷十七，頁五。又卷十八，頁九。張守，〔毘陵集〕，卷二，頁一。
(86) 袁燮，〔絜齋集〕，卷十二　頁七，又卷十八，頁九。曹彥約，〔昌谷集〕，卷六，頁三。
(87) 袁甫，〔蒙齋集〕，卷二，頁十一。
(88) 蔡戡，〔定齋集〕，卷五，頁一。趙善括，〔應齋雜著〕（豫章叢書），卷一，頁六。參〔宋會要輯稿〕（影印本），食貨，卷十四，頁十八，又卷六六，頁八二。
(89) 薛季宣，〔浪語集〕，卷廿二，頁十三。黃榦，〔黃勉齋文集〕，卷二，頁十四。劉一止，〔苕溪集〕，卷三十，頁四。袁燮，〔絜齋集〕，卷十四，頁四。
(90) 拙著，「宋代考場弊端」，〔慶祝李濟先生七十歲論文集〕（一九六五），頁一八九——二〇二。

帶蠅頭參考書，夾帶文稿，送食品時再夾帶進去。如果有更高的門路，可以託謄的書吏，修改文字，或甚至另換一篇文字。雖有密封，但有書吏管另編密號的，也可以暗中通知考官。和考官也可以先定暗記，用那個典故，那一種句法。這些巧技，眞是防不勝防，統名曰通關節。這並不是說所有考試都如此。常有主考，嚴格監場，水洩不通。那些書舖，早有消息。遇見這種主考，就暫停活動，等下一屆再說。或是代爲安排冒籍，到其他地方去考。這也並不是說多數考生都是舞弊的。只是說舞弊的越多，眞憑實學的考生，無形中就更吃虧。儒家主張，學而優則仕。其實學不優，亦可考，考而優則仕。年輕士人初次和政府接觸，就是考試。就是本人不舞弊，也就很廣見聞，明白政府原是怎樣一回事。試想南宋每三年考進士，每次入場的，有兩三萬之多。其中自然有不少白首窮經，不通關節，每次考不取還來再考的。但其餘的人，從考場經驗，覺悟到儒教和現實相差很遠，不免從此改絃更張的，也決不在少。就道德來說，考場有點像毀人爐。

考不取進士，可以入太學。每年申請的，也在一兩萬人之間。但每年只收三四百人，三年爲期。所以在學的總數不過一千幾百人。實際上太學裏不重視講學。它是做政治活動的根據地。地在京師，就近可以交結達官貴人，各奔前程。有時還發生學潮[91]。其中確有仗義執言，爲大局着想，不惜冒險受罰，犧牲自己的前途。但有的也暗中和某些大官勾結，借此打擊他們的政敵。當

[91] 太學也常因細故生事，見徐元杰，〔楳野集〕，卷七六，頁九。還有興訟及不法欺人等事，見方大琮，〔鐵菴方公文集〕（靜嘉堂藏明本），卷十七，頁十三。慕容彥逢，〔摛文堂文集〕（常州先哲遺書），卷十，頁六。還有造謠生事，見鄧之誠，〔中華二千年史〕，冊四，頁二九〇，引周密，〔齊東野語〕，卷三。

時既有敢言的美名，事後又有希望得到保薦美缺的實惠。名利雙收，眞可算是少有大志[92]。等到他們出人頭地的時候，政治會改善嗎？秦檜和賈似道，都很會應付太學生。不但沒學潮，太學生還歌功頌德。這太學的學風，無須贅論了[93]。

各地州學，還不如太學。北宋晚期，各地官辦的州學，本意在倡導文風，培養人才。南宋恢復一些州學，只是籠絡一些當地權富的子弟。在州學，就有免役的優待，就有和衙門官吏交接的機會，就有將來得到保舉，再往上進的可能。平常抄抄講義，隨便應付一下[94]。課考很容易，領些津貼，也很舒適。

南宋教育發達，有這樣多的士人考進士，在太學，入州學，爲什麼不用他們去做些實際事情呢？這些知識分子，不是知恥明禮的嗎？至少比那些舞文弄法的胥吏要優秀得多罷。當時確也有人建議過：士人應當先習吏事，以後再考績，再參加考試。這樣才又有經驗，又有學識。同時這樣才可以打破地方胥吏世襲式的蟠踞衙門，豈非一舉兩得？何況用讀書人管下層公事，直接親

---

[92] 劉宰，〔漫塘文集〕，卷十三，頁八——九。參袁說友，〔東塘集〕（四庫珍本），卷八，頁廿六——廿七。

[93] 自從五四運動起，特別是九一八以來，許多國人著作，很自然的同情宋代太學生的政治運動。遠如林語堂一九三六的英文書，寫中國報紙與輿論史，近如王建秋一九六五的書，宋代太學與太學生，都是這樣强調的。這同情的看法基本上是對的。可是也應該多指出太學的缺點。除上註[91]外，參鄧之誠，〔中華二千年史〕，冊四，頁二九八。他早就指出太學生言論，幾乎無人不論，而且反覆無常。又參宮崎市定一文，見〔史林〕，十六卷（一九三三），一期，收入其自集〔アジア史研究〕，第二集（一九五九）。

[94] 州學教官質素低劣，見吳潛，〔許國公奏議〕，卷一，頁廿四。參拙著「畧論宋代地方官學和私學的消長」，〔歷史語言研究所集刊〕，三十六本（一九六五），頁二三七——二四八。

民，本是孔子的理想。這建議從行政上講，是再合理也沒有的。但是階級性根本無法打破。士人的身分，遠高於吏。士人的前途是大夫，怎樣能折腰去做衙門當差的小事？士可殺，不可辱。叫士人去伺候官僚，簡直豈有此理。所以這建議，政府根本從不考慮。

討論中國政府，既不能只講君主權相，也不能限於士大夫。胥吏是最基層的(95)。在他們底下，才是輪值替官廳服役的保甲戶頭之流，以平民的身分替官家辦事。許多書上都表示佩服中國如此之大，可是官並不多。一縣不過幾個，就能統治。想來行政能力，一定很高。其實，官雖不多，吏却不少。一縣的胥吏，往往近百。一州的胥吏，常有兩三百人。這還不包括替他們跑腿當差的平民在內。南宋政府，和想裁冗官一樣，幾次想裁胥吏的人數。先從中央政府做起。可是有的機關，却找些定額之外的幫手，還是一樣。有的機關，表面上減少人數，提高待遇，實際上是用所加的待遇，來維持原有的胥吏。久而久之，連額外的人數，也成爲永例，另有一定人數的。有一次想把所有額外的胥吏，一概淘汰。經過再三斟酌，還是怕引起風潮，不值得辦。在包容政治之下，胥吏也人多勢眾，何況他們熟悉公事，不得不包容的。

地方機關的胥吏，因爲法令繁多，徵稅增加種類，事情多了，用人也多。他們都是本地或附近的人，經父兄親戚教導，像學徒一樣，慢慢補任的。而官却是外鄉人，幾年一任，頂多連任，總要走的。所以當時流行的名言說：官無封建，而吏有封建(96)。此處封建兩字，是指本地人世襲

(95) 英文拙著，見上文註(67)。順便推薦一冊即將出版的新書。本人擔任審評，先覩爲快。Brian E. McKnight, *Village and Bureaucracy in Southern Sung China* (1971).

(96) 葉適的名言，見〔水心文集〕或〔葉適集〕。參英文拙著兩篇，見註(18)和註(67)。

蟠踞的意思。看史料，無論公家的私人的，只有說胥吏如何可惡，從無佳評。這些史料都是士大夫的記載，只是一面之辭。官僚貪汚，很難直接辦。絕大多數，假手於胥吏的媒介與斡旋。兩者之間，如何分贓，可惜史無明文。但推想起來，每次總是按階級分配。官拿的多，吏拿的少[97]。可是還要補充兩點修正。第一，一個胥吏雖然拿的少，人數却多。第二，有的敲詐欺瞞，官根本不知道。所以胥吏貪汚的總額，也絕不在少數。

胥吏是很難處罰的。假定好官找着毛病想要懲辦他，他可能託地方形勢大戶的紳士出面講情，可能託那好官的家人僕從書僮，緩和空氣。假定看看情勢不好，他可能先請病假。等到案發，人已不見，換個名字，也許又到附近衙門去當差了。再過幾年，好官離任，他又可能恢復原職。照規定，衙門裏每個小單位的胥吏，是負着連帶責任的。犯事的人儘管跑掉，可以追究他前後左右的胥吏。但這種規定，極難執行。一則大家求情，眾情難却。二則一起懲辦，誰來接管辦事？三則如果硬要認眞，眾怒難犯。好官未必完全沒漏洞。即使一點沒漏洞，胥吏們聯合起來，做些手腳，可以弄得這官無法交代。再厲害一點，還可以勾通上級機關的胥吏，索性告他一狀。就是抓著人，抓著證據，胥吏也還有法補救。較重的案情，縣官是需要報上去的。假定勾結上級機關的胥吏，還可以散布流言，說這官不善管理，恐怕其中另有情節。這就反倒對這好官不利。

[97] 宮崎市定的意見，以爲貪官榨取的錢，比汚吏多得多。又引用舊日打油詩：「三年清知府，十萬雪花銀。」均見其「アジア史研究」。這可能在明清時代較切。在宋代，據做官的人自己說，是胥吏貪財，比官更多，而且往往官根本不知道。見辛元龍，「松垣文集」，卷一，頁十一——十二。而且從胥吏到鄉保耆長，還有書吏勾結書舖，見上文註[90]，並參註[67]，註[79]，註[82]。做官的人數少，手下的人多，究竟那方面貪贓多，還是值得再研究的。

就是上面定了罪，那胥吏熟知條例，還可以上訴。等到有吉慶大赦，又可以免除定罪。費了這許多事，去掉一個惡吏，誰敢說代替他的，除了特別留心之外，一定靠得住？如果一罰再罰，換來換去，那就無形中證實流言，這官不會辦事。所以多數的官，對於胥吏，管是不能不管的，防他們超出普通舞弊的範圍而已。而胥吏也深通此理。官是上司，如果弄出問題來，大家不利。能相互包容，豈非相得益彰？最穩當的是「率由舊章，不爲已甚。」而且胥吏在本地上要顧慮親友間的名譽，也要爲他自己子弟的來日着想。換言之，每個社區有它管束自己人的一般標準。所以胥吏撈油水，也到某種限度爲止。否則他們也不能爲鄉里所容。而在這限度之內，一般老百姓就只好忍受他們的欺壓。這也是包容。從天子到庶民，眞是天羅地網，層層包容，要想改革，談何容易？應付現狀，也就不錯了。

看一些南宋史料，只提胥吏不好管，很少提出具體辦法。只有六七種官箴一類的書，是針對這問題的[98]。綜合起來說大概是下列的建議。第一，做官的自己先要公正。還得告誡家人隨從，少和外面人交結。第二，辦事要細心，以防胥吏愚弄。第三，建立良好的行政制度。有的很近乎現代辦法，例如抽查各事，詳編舊案，分別調問。把向來所用的辦法，連陋規在內，抄成手册。遇事排日程，不得延誤。每道手續，分層負責。這些辦法雖好，只是這官時間精力有限，那能照

98 英文拙著，見上文註67。官箴這類書，宋人所著，現存的只有七種。元代吏學發達，有〔吏學指南〕。這書，大概並非一人所著，是當時流佈和應用的鈔本。明清兩代這類書，還是不多。例如東京東洋文庫竭力搜求，約得廿六種。以內容細密而論，也是乾嘉時代的作品最佳，和經學史學的發展相輔。參瞿同祖，一九六六年所著英文的〔清代地方政府〕。

管這許多？所以第四點，這些官箴都說，務求清簡。例如減化手續，省去瑣節，能了快了，不可多生枝節。還要強調儒家的德治，勸涉訟的兩造和解，勸來告狀爭執的讓步妥協。這就是孔子所謂「必也使無訟乎」。減少公事項目，才能照顧得過來。第五點，這些官箴指出，最要緊的要同僚小官，同心合作。否則胥吏從中離間挑撥，事情一定辦不好的。最後，多數官箴說，不要期待太高。大致過得去，已經是大有可觀。小處只好從寬，只好忍耐(99)。只有一本官箴，主張事無大小，一概從嚴。可是連這本官箴也沒主張貪吏該嚴懲。因爲積重難返，這是無法辦到的。

這些官箴，看來很積極。可是同樣的作者，寫的家訓族規，因爲立場不同，對於地方官吏和胥吏的態度，就變成消極的了。所有的家訓族規，都說衙門最好不去(100)。地方官就好的少，至於胥吏，更不好惹。一打官司，危險萬分。苛吏猛於虎，弄得家破人亡，都可能的。換言之，在私人的立場上說，這些家訓族規並不以爲政府是保護人民合法利益的。也不相信有許多士大夫會按照這些官箴替老百姓着想。總而言之，好的士大夫，有兩種態度。在做官的時候，積極留心，不要同流合汚。不做官，爲家人族人着想，最好各人自掃門前雪，不管官家瓦上霜。這並不是儒家的想法，只是在當時的環境裏，儘量潔身自好謹愼自保的辦法。

總結包容政治，從上至下，不知有多少內在的矛盾，百孔千瘡。然而因爲相互包容的關係，盤根錯節，堅固萬分。只好禍福與共，勉力維繫。包容政治是有權位，有財富，一切多少有人事

(99) 元代起，有兩本很流行的書。吳亮，〔忍經〕〔武林往哲遺著〕。許名奎，〔勸忍百箴考註〕〔四明叢書〕。

(100) 劉王惠箴，一九五九年，所著英文的〔中國族規〕。材料是哥倫比亞大學所收藏的大批族譜。

關係的大結合。大家包在一起，故而能容。這個大結合的勢力是極强的，所以它能做到相當長期的穩定⑩。

原載〔中國學人〕第五期（一九七三）

⑩ 劉祁，〔歸潛志〕（武英殿聚珍版），卷十三，頁三。

略論南宋的重要性

學問首先要會提出問題，然後探討方法，去尋求解答。牛頓要問蘋果爲什麼往下掉，才引起近代物理學的巨大發展。研究歷史正也如此。也許有的讀者不太熟悉南宋，不免要問南宋有什麼重要。

這可以從正反兩方面來說明。先從反面說。一般講宋史，動輒稱爲兩宋，容易誤以爲南宋延續北宋，並無多大的差異，不需要重視。其實不然。許多致力於研究宋史的學人，也多半喜歡北宋。從晚唐經過五代到北宋，有劃分大時代的基本改變，結束了千古以來的貴族社會，創建了士大夫領導的新秩序，氣象萬千。再看南宋，失地乞和，終於亡國，中興以後的君主，全都庸弱，權相把持，層出不斷，官僚腐化，苛捐重稅，雖然議論不少，終乏長策。這種情況，令人掃興，也就不去探究。

當然研究南宋其他方面的，大有人在，特別是文哲兩方面——詩詞書畫和哲學思想。不過，只講這些高超的文化，不問當時政治經濟社會的現實，未免架空。試想這現實如此不合理想，又怎樣會產生這些高超的成就？——這就是一項饒有興趣的大問題。

再從正面來說。開門見山，提出大膽的假說，中國近八百年來的文化，是以南宋爲領導的模式，以江浙一帶爲重心。先說地區，它是長江下游的南岸，從太湖四周往南，到江西浙江一片，再加上浙東到福建沿海的一窄條。張家駒先生有書，講兩宋經濟重心的南移，文化重心也跟着轉移。應當加重一下。南宋定都杭州，經濟更繁榮，文化更高。政治經濟文化都聚在一起，這重心是史所稀見的。同時，這文化的形態，也和前不太一樣了。

以這重心領導文化模式，雖然起源於北宋，可是北宋在生長中，變化中，到南宋才又加改變而定型。姑且不去細說這定型的曲折歷程，直接從它的後果來看。不錯，南宋被蒙古征服。但是歐亞大陸到處被蒙古人攻破。能長期支撐，竟達四十餘年之久，除了南宋，還有那國？而且異族征服漢族的全土，這是破天荒第一次！結果怎樣呢？文化屹然不變。這模式不但定型，而且滲透民間，根深蒂固。不必多舉證據。元代漢族的風俗習慣，大致仍舊，而興學講授之風，反倒更盛，南宋模式的文化，已經成爲漢文化的大傳統。所以才有金華學派，以經世致用學，輔佐明太祖，並且加意的尊崇理學，比南宋的文飾，落實得多。

這近八百年來的大傳統，南宋的文化模式，有些什麼樣的特點呢？這裏只能挑些粗枝大葉，籠統的介紹一些。

㈠背海立國的形勢。軍事上對北是不利的。第二代皇帝用張浚北伐，在符離大敗。第四代皇帝由得韓侂胄去輕舉北討，還是不利。從此南宋就不取單獨開戰。因聯合蒙古而重入洛陽，終於退到襄陽。苦撐對峙。雖然如此，北方時常有人投奔南宋，叫做歸正人。而在守勢中，也推進了新的軍事技術。例如守城的方法，與築塢堡和山水寨的防禦，都未可輕視，遠在歐洲之上。

可是背海半壁，並非自囿。著者還注意到南宋和韓國的接觸。（那時候日本的重心移往現在東京一帶，距離中國較遠，接觸較稀）。更重要的是南宋往大西南拓展。據黃寬重博士說，他已經開始在研究。這又是大題目，久被忽略。來日的新貢獻，不卜可知。

㈡經濟的生長和穩定。蘇杭是天堂，連後來馬可孛羅都不禁首肯。其他都市，也大有可觀。雖然有物價波動，紙幣貶值的困難（世界上僅有的錢幣），大體能維持。而且對窮人，有若干社會救濟。這繁榮的基礎還在農業生產力向上，新種子和農技的發展。當然有許多豪富，兼併土地，又逃稅，又加租。貧富不均，盡人皆知。但是事實上並不壞到不堪設想。梁庚堯博士有本新書，〈南宋的農村經濟〉，指出佃農在法律上和經濟上的地位是一般的提高了。此外，還確有濟貧的善舉，緩和貧富懸殊。筆者曾指出南宋的劉宰，因病辭官，僅只是中型地主，而屢次自動救飢。有一次的粥局照顧了三萬多人，有石碑爲證。在現代以前，他是世界上最大的慈善家。可是他絕不是特例，其他小規模的善舉，當然還有。基於這些以及其他情況，梁博士的書已經充分討論了，南宋初年以後，就沒有大的農民起義。許多小叛亂，多半是政治腐敗，官逼民變。近年別處有幾篇論文，指出在南宋較嚴重的是兵變，並非民變，和梁博士的理論，異曲同工。

㈢君權和代理相權的獨斷。北宋和唐代不同，一則君權提高，二則中央集權。但在中葉，言官和一些新起的士大夫，頗有發言權。甚至文彥博敢說，陛下與士大夫共天下！可是神宗用王安石變法，及舊黨上台，排斥新黨。新黨再起，演為元祐黨禁。彼此黨爭，君權獨高。到了徽宗，就已經有蔡京這類的代理權相。

劃時代的變化是南宋高宗。從渡江逃生，航海避敵（中國史上前所未有的）之後，居然能重整殘局，鞏固君權。外則乞和，內則釋三大將兵權，專任秦檜，罷黜異論，甚至殺岳飛，都是表現君權獨斷，不由士大夫來參預國計。用權相，多授權。等他死後，再收回這已經擴大了的權力，君權奇妙的比從前反倒更大。

韓侂胄不必說了。史彌遠代理君權，長達廿六年之久，是最高的記錄。而且廢儲令死，另立理宗，幾乎是冒充太上皇的角色。這君權及其代理，更是壓倒一切。正因太過火了，壓不住有些有正義感的士大夫，又不得不虛偽的文飾一下。起用幾位理學名臣，並沒有權。正式頒佈以程朱之學為道統，而並不用於實際政事。無非標榜門面，借用聲望而已。

君主或代理的專政，南宋定型。再加上蒙古治下的專制，士大夫的實際政治地位，一蹶不振。明太祖的暴厲，勢所必至！明清以還，不必說了。

㈣包容政治的控制。南宋君權高，而表面上不露骨。高宗從頭就學東漢光武用「柔道」。而青出於藍。最初是對羣盜，用收買手段，叫召安。後來對多數官僚，也採取頗有些近似的手段。

姑名之曰包容政治。什麼意思呢？君主以及權相知道不得不用官僚，但雙方利益，常不一致。所以駕馭羣臣，用而不全信任。去之不必重罰，何妨另予安頓？有名的士大夫，籠絡以增朝廷聲望，但是無需採納他們的批評和建議。所謂「外有好士之名，內有拒諫之實。」

應付言官，最容易用來說明包容政治。北宋中葉，言風大盛。北宋末期，言官失勢，但因此朝廷也失去了許多士大夫的信心。南宋與這兩種方式都不同，用的是柔道。辦法很多。抗論的奏議，可以留中不發，卽相應不理。也可以聽而不行，卽表面而敷衍。最妙的是抑言獎身，獎其忠君敢言。君、臣都享美名，而不發表他的批評意見，更不讓他再說。言官如果堅持，那就召見，溫諭他要顧全大體。勸他和宰執和解，名曰調護。實在不肯妥協，那就調職，另陞清高的職位，就不是言官了。反之，君主和權相還可以利用言官，示意他上章攻擊朝廷不再要留的人員。可名之曰御用御史。

君主用包容手段，權相亦復如此，以換取官僚們的擁護。會做官的人誰不明白這作風？其結果是官官相護，上下相矇，少得罪人，得過且過。整個政府陷入重形式，少實際，不講效率，只辦例行公事等等的毛病。

談南宋的文化模式，還可以說其他各種特點。這代序。不擬多說，姑且略舉項目。

(五)胥吏盤踞。葉適的千古名言，「官無封建」（時常調任），而「吏有封建」，（都是本地人世業）。這問題直到近世始終無人能解決。

(六)尚文輕武。唐代武功盛，北宋大官都騎馬。王安石反對轎子，因爲是把轎夫當畜牲用。南宋就多數坐轎了。將門子弟，蔭授武職，特別請求換爲文資。連民間也是好男不當兵。國防如何能行？唐代貴族盛行馬球。北宋已極少，但南宋孝宗，還喜歡親自上場，結果臣下逐漸勸阻。從此以後，只有軍中有馬球，社會上沒有了。統治階級，缺乏體育遊戲，也是中國文化此後的特色。

(七)因爲尚文，各種文學，藝術，特別是哲學，不但造詣高超，且漸趨普遍。其影響在幾百年內，居然滲入民間。更是這文化模式最有成就的大特點。盡人皆知，無需再說。

(八)理學或道學的興起。常爲思想史所過度誇張。其實，它最切要的貢獻，還不是抽象的理論，而在具體的應用。反過來說，其應用又非純道學，而是配合其他因素，較符實際的。例如袁采的『袁氏世範』，其他各種家規，呂本中再傳至祖謙的官箴，按照歐蘇方法編製族譜，地方上建先賢祠，修方志，鄉民自己組織義役，以應付政府不合理的勞役徵發。總結起來說，學術增進，雖不能改善政治，可是對於社會秩序，裨益頗多。正如同中古歐洲的文化，主要是靠宗教和教會。

(九)說起社會秩序，中國靠教化，不使宗教抬頭。因此士大夫的史料，以至近代的研究，也都忽視宗教。其實，宗教在生活裏仍然是不可缺的。民間信仰，到處都有。而從略有知識的階層起到士大夫，都傾向於儒佛道三教歸一。這又是中國文化的特色。當然，唐代就講三教。但北宋還有爭議。歐陽修有「本論」，以固儒本來抗佛，契嵩和尚就用儒學來駁斥這種抗佛的錯誤。可是到了南宋，大致定局。

現在提出一篇久已埋沒的文獻，以作結束。南宋孝宗寫過「三教論」。據『建炎以來朝野雜記〕說：「大略謂之以佛修心，以道養生，以儒治世，可也。又何惑焉？」說得遠比唐太宗透澈。而在徽宗崇尚道敎之後不久，便這樣說，尤可注目。基本上，孝宗是反映大多數士大夫的信仰。這樣切要的作品，不但不見於正史官書，歷代儒家的文章裏，一概不提，弄得無人知之。儒家偏見之深可知。筆者幸得請敎佛學史的朋友，才在〔大藏經〕裏找到。原文兩見，是〔佛祖統記〕和〔雲臥記談〕。(附帶報告，因爲找這篇〔三教論〕，又看見〔大藏經〕裏其他兩條記載，說孝宗師事一僧，後又有〔御注圓覺經〕。) 發現這些史料，才能了解朱熹何以大聲疾呼正心誠意，而孝宗也不會聽他的。

以上所說的南宋文化模式，只是芻言，絕非定論。目的是拋磚引玉，呼籲各方學人，各抒己見。中國以往八百年的文化是不是這形態？那些特點在南宋以前早有了嗎？那些特點說錯了？另外還有什麼特點？那些在南宋以後改變了？大不相同了？希望有更多的學人，群起共磋，我們的史學太零碎了，分頭努力，而常互不相干。筆者並不主張硬性的，龐大的計劃研究。只是苦口婆心的勸說——互通聲氣，百川滙宗。這樣才有希望。

學問要提問題，問題要先提大的，分工去選分題，然後合作，交換意見，討論中間的錯綜層次。這不是我們職業學人應有的責任和態度嗎？

一九八五夏於美東普林斯頓大學

黃寬重〔南宋史研究集〕代序

文武的形象

討論「北宋大臣通契丹語」的問題

北宋安定，澶淵之盟之後對契丹保持長期和平是一個大因素。和契丹辦外交的大臣是不是有通契丹語呢？這也是頗有興趣的問題。一般印象之中覺得好像很少。儒臣不學這種夷語的末技，多半用通事通譯。反映中國文化「自我中心」的態度，對於外國情形，不够注意。並且通外國語，還可能被君主懷疑，帶上一頂帽子，說是有可能私通外國的嫌疑。

但是姚從吾先生以爲有重要的例外。負責澶淵交涉的曹利用是通曉胡語的（原載〈大陸雜誌〉六卷三期「女眞漢化的分析」，收入姚先生的〈宋、遼、金史硏究論集〉，頁二七八——二九〇，民國四十九年）。證據是楊仲良的〈續資治通鑑長編本末〉（以下簡稱〈長編本末〉）卷十五。這書有廣雅書局光緒十九年本，頁一四，的確有這樣的文字。曹利用說：「臣鄉使胡，曉胡語，又密伺韓杞（是契丹的使臣）。聞其乘間謂左右曰，爾見澶州北寨兵否？勁卒利器，與前不同。吁，可畏也！」

這例外有點突兀，因此引起懷疑和一點小考訂。〈長編本末〉另有一個淸抄本（中央圖書館藏），比廣雅刊印的早，還有題跋，眉批，和斷句。這本子卷十五，頁一十五的文字不同：「利用對曰，臣鄉使胡。曉胡語人密伺韓杞。」下文相同。「曉胡語人」四個字下面沒斷句。校勘的人覺得句法不順，不知道怎麼講好，加了個眉批說：「疑胡人語」。這眉批也是覺得曹利用可能通「曉胡人語。」

其實，原文不算太錯。應該解釋爲曹利用派了一個「曉胡語人」去「密伺韓杞」，取得情報。曹利用以使臣身分，常和韓杞在一起，按情理不便先走開，然後又偷偷回去，躲在一邊，親自去「密伺」對方的使臣。還有一點證明。李燾的〈續資治通鑑長編〉（浙江書局本），卷五八，頁一四說：「利用對曰，臣鄉使曉契丹語又密伺韓杞。」這句法有點不順。其實這「又」字是「人」字之誤，應該讀爲「臣鄉使契丹語人，密伺韓杞。」曹利用剛剛使胡回來，用不着說：「臣鄉使胡。」抄本的〈長編本末〉可能是多了一個胡字，可能也是「臣鄉使曉胡語人。」這樣解釋就使〈續長編〉的原文和〈長編本末〉所引用的都一致了。至於廣雅書局本的〈長編本末〉，兩個錯都有，多了一個胡字，也把人字誤爲又字，句法就不順了。

從這板本小考訂看來，派個懂契丹語的人去偵探，曹利用自己是未必通契丹語的。不但如此，一般說來，學契丹語還是罪狀。〈歐陽永叔集〉（國學基本叢書）卷三，頁八一，余靖的神道碑銘說，出使契丹而貶官：「契丹卒自攻元昊。明年，使來告捷，又以往報。坐習虜語，出知吉州。」一像夏竦誣告石介詐死出走，想結合登州萊州的强悍，暗通契丹，因此開棺驗屍。又像富弼出使，剛回來就被懷疑有暗通契丹的嫌疑。這都是有名的案子，可以看出北宋君主的心理，怕契丹，猜疑臣下，一以鞏固君權爲重，寧可讓有辦外交能力的人員不通外語，不能直接通曉外國情形，不能使外交更有成效。

原載〔大陸雜誌〕二八卷十二期（一九六四年六月）

試論宋代行政難題

有時和朋友談起，覺得大家應該多討論，不必等到研究完成才發表。這樣有若干好處。在研究正進行中，就可以得到指正，建議和啓發，有助於研究。如果幸運，還能引起別的朋友的興起，互通聲氣，大家分頭去做。許多人不肯「中途而發表」，是謹愼。不過聲明是試論，也沒有大害處。其實呢，十年寒窗的結果，也未必成爲一字不易的定論。有時候反倒因爲太謹愼，不討論，不免有些閉門造車的毛病。在現代科學上，研究正在繼續，就提出報告，已經是相當普遍的慣例。隨便舉個例，太空科學，大家都在做種種的初論，非如此是不能推進的。然而舉出現代的例證，正也不必「數典忘祖」。孔子是討論的，孟子更是好辯。宋儒講學，明儒深入民間，常用討論方式。好像清代才因種種原因而不大討論。而【日知錄】一類的寫法，有些方面也不過是試論、初論，並非全都是結論、確論。最近在一個學術集會，作了下列的報告。就照原來的形式，既不修正，也不引申，寄給大陸雜誌。希望能引起一點討論，儘管大家不同意，儘可各抒己見。這樣，學術研究才多些活潑的空氣。

一　引言：研究宋史的幾個大問題

一、就現代中國文化的整體或許多方面來看，宋代是承上啓下的定型期。繼承經典先儒，兼取漢唐，而加以調適，加以新說新制，加以推廣，建立了一個新傳統。這新傳統的類型是怎樣穩定？爲什麼不能另起更超越的進展？同時，爲什麼也不致於衰落？而能使這全人類農業社會之中最高度的文化深入民間，普遍全國維持了千年之久？

二、在這定型的文化中，文治的儒國是很大的特色。非貴族門第出身的士大夫地位之高，與學出版文風之盛，都是前所未有。但是儒家的理想究竟實現了多少？爲什麼有許多的限度，失敗和流弊？爲什麼在宋代後期經世儒術不能開展？倒反是退求性理的道學，另闢了新的境界？雖在政治上不能開展，却用了「三字經」，成語種種家傳戶曉的方式透滲，鞏固了整個儒家的社會。

二　介紹宋代行政的研究

一、這方面的研究是企圖對于上列的大問題，尋一些部分的解釋。大題小做是先找關鍵的專各方面的羣力合作了。

題去做。大題中做是找一個方面，去做一連串的，希望能達成系統的專題。大題大做就必須期待

二、這方面的研究和官制的研究不同。官制的研究，在中國從宋人到現在，在國外特別是日本，尤其是京都，在美國也有很少數的學者，已經有了很高的成就。這些成就，可以幫助今後的研究，往另一方面開拓，特別着重於行政的運用。

三、行政的研究需要史學和行政學的配合。現代的行政學是結合政治學、社會學、人類學這些基本社會學而應用到公共機構與團體這範圍的一種專科。有些地方和中國以往儒家的理論和史家的看法合。而有許多地方是比較古今中外，更廣泛，而又更深入的分析。把中國史學和行政學配合起來，彼此都有新的啓發。

三　目前進行研究中的一些構想

一、社會條件和立國的國策是決定行政的兩類基本因素。宋代社會，都市空前繁榮，人口約在一萬萬以上，是世界當時空前的大社會裏，世族沒落，中小型的家族制代之而起，社會流動性漸大，文字傳播漸廣，士大夫不但興起，而且更專門的職業化。宋朝的國策是外與強敵求和，內則鞏固君權，因此它利用也依賴士大夫，優容也控制士大夫。這政權是君主專政，官僚權勢，和儒家信仰的混成體。版圖雖然比唐朝大帝國小得多，而因爲中央集權，直接指揮地方，社會繁

榮，事務繁多，這政府的組織不但比唐朝的大，也是世界當時空前的龐大政府。所以，它的行政問題，值得研究。宋代政制當然還不如後來明清兩代這樣的複雜和嚴密，但宋人已經了解到制度的重要性。在政府之外，也是如此。例如義倉、宗祠、修譜，都要訂好規約。甚至大儒講學，也排定日程，修立學規，都是反映重視制度，重視執行問題。

二、行政的本身可以從運用範圍特性，和演變過程幾方面去分析。當然，這些方面都是錯綜的關連。例如曾經發表過一篇專題短文：「中國歷史上的行政循環——北宋君主個案」（美國的〈亞洲學報〉十九卷二期）就是檢討君主權力的運用範圍及其困難，北宋君主的特性，而歸納到一些演變，從創業型變爲守成型，守成出了問題以後，只有兩種其他的可能，變法型和倦勤型。類似這樣的分析，可以應用到其他範圍，例如執政官，常務官，事務官，地方官等等。

三、每個範圍，在宋代這第一個龐大的政府裏都有其制度上的進步和成就，但也有其困難。「爲君難，爲臣不易」的情形，層層都有。執政官不易久位，常務官很難展其所長，中央覺得地方隱蔽，地方覺得中央苛刻。誰也有不滿意之處，都很難改善。成法又會硬化，退化，腐化和惡化。改革有阻礙和失敗。無可如何之中只能因循。由因循而更趨於保守。另一方面，因爲制度上找不到出路，不得不從人品道德，哲學性理上去求解答。

四　試論舉例

研究正在進行中，前述的構念可能要修正許多。暫時只有些試論，還談不到結論。這裏只是極簡單的舉出幾個例。其實每個例子都很繁雜。只是提個大概，希望取得先進同好的討論和指教。

一、德治之漸與繁衰之漸　儒家相信法治是有限度的。「蓋天下之事，雖貴于守法，而亦不可一付於法」（〈通考〉「選舉志」卷三二項安世言）。根本還在道德風俗。例如「鋪翠銷金之飾，屢詔禁止……市肆公然爲之」（〈繫年要錄〉卷一二八）。但德治也難。「入於人者漸，……必久而後至太平」（〈歐陽修集〉卷五）。而在德治未漸之時，行政本身先已經「衰微之有漸」（〈續長編〉卷五三）。衰微的原因之中，事煩文繁是一大端。崇寧二年，度支部「生事」，即新案，有五萬一千多件，其中很多是不能簡單的執行成法（〈會要稿〉「職官」卷五九）。吏部也同樣。於是開例援例。「例者因人而立。……用例破法。……故謂吏部者，例部也」（〈通考〉卷三八）。屢編敕令格式。動輒數十卷，多至百餘卷，而且分門別類，層出不窮。包括舊例進去，而新例又生。從行政學來說，制度愈嚴密化，執行也一定更困難。「歷年既多，簿書漫不可考」（〈會要稿〉「職官」卷六）。事務官「書押不絕，無暇省覽。」（同上卷八）「一切惟吏胥之聽……故今世號爲公人世界。又以爲官無封建，而吏有封建者，皆指實而言也」（葉適，〈水心集〉卷三）。這百病叢生之漸，無論法治德治，都是難題。但反過來說，有嚴密制度，總比沒有制度「無法無天」還是好些。

二、改革之難與因循之難　宋初已感覺立制不易。早在咸平四年陳堯叟就主張「利不十，不變法……豈煩改作，以致多門？」（〔續長編〕卷四八）因爲弊繁才求改，而「有欲革弊而反以爲弊」（〔通考〕卷三八）。到了高宗，更保守，不是利不十了，他說「利不百，不變法」（〔繫年要錄〕卷一二二）。還說「祖宗法令，無不具備……輕變成法……徒爲紛更」（同上卷一七四）。其實他說的成法，早已包括王安石新法的一部分在內，是經過紛更而被接受的。不過一般說來，改革談何容易？一般史論都說王安石的變法如何困難，如何失敗。作者也有本英文小書，略有點新的申論。其實，元祐改行舊法，何嘗不困難？有的改不同去了。有的還是新法較好，想想還是不改罷。有的改行舊法，又出問題。就在改來改去之間，只要一改，就是一難。何況言改革者「或不深知朝廷之典常……或不洞究民間之利病，得之口耳……若從甲，則曰舊法如是。若從乙，則曰續降如是。」有的是「固有便於一方，而不可行於天下」（同上卷一七八）。還有改去又改來，例如「自罷舍法，復以科擧取士，奉行日久，難議」再改（同上卷一八九）。不改怎樣呢？「循致之說愈用矣。雖然，循致者，卒不能有所致也」（葉適，〔水心集〕卷五）。總之，成法因循，縱使不好，短期內還是較妥，而事實上也是守的「不可如何之法也」（〔通考〕卷三二）。

三、「多士以寧」而難得好官　從宋初起，就批評官多。徽宗曾經坦白的解釋祖宗國策。他說「世知以官冗，而不知多士以寧之美」（〔會要稿〕「職官」卷四）。他是明明指出，君權「與士大夫共天下」（文彥博語），要收買士大夫。他下文也說到政府龐大事多，官就不能太少。雖然濫官濫祿濫賞濫遷，事實上比軍費還少得多。不過既然多士，按說應該能多有好官。而「擧官誠亦不易。……然拔十得五，縱使徇私，朝廷由此得人，亦不少矣」（《中興兩朝聖政》卷五五）。拔十得五的話，北宋眞宗早已說過（《續長編》卷八二）。而當時名相王旦就絕不如此樂觀。他說：「選眾拔才，十得二三，亦爲多矣。」（同上卷八四）好官不多，固然是大病，但不是絕症。究竟還有些好官，就能維持。開國的太祖，早已一針見血的指出：「令選儒臣幹事者百餘人，分治大藩。縱皆貪濁，亦未及武臣一人也。」（《太平治蹟統類》卷二）這是宋比五代的大進步。而唐代呢，小官卑職出身，逐漸陞官的多，士人出身的還是較少。宋朝反是。仁宗說：「比閱天下奏，吏出職者，率多敗官，何也？王曾曰，士人入流，必顧廉恥。若流外則畏謹者鮮。」（《續長編》卷一〇四）換言之，士大夫儘管好的少，一般的道德水準還是較高。而且畢竟顧慮多些，不敢肆意妄爲。這又是宋比唐的進步，用士人爲官，第二步就得「嚴爲考績之法」（宋禮，《漢唐事箋後集》卷四）。實際上呢，年深日久，官官相護，考績便成形式，褒多於貶。「進呈……監司課績……上（孝宗）曰：此事只行一過，便是文具。只是擇人爲急……課績之法不必行。」（《中興兩朝聖政》卷一五）。屢令「申嚴，未必濟事」（同上卷二二）。不憑資歷而薦舉，又引起徇私、植黨、奔競等的流弊。資乎？才乎？也是兩難。

四、考試制度，難求改進　士多而未必好，能不能從改進考試着手呢？北宋糊名謄錄，是世界首屈一指的制度。可是南宋考場，冒名，易卷，挾帶，暗號種種弊端，不勝枚舉。且不說這些，中心問題是考什麼？「策問者，有所利用於天下者。……(而)窺探時局，以肆其褒譏。……簡靜之休風；斬焉。……其利也，乃以成其害也」（王夫之《宋論》卷四）。經義也容易引起黨爭與議論。就是不然，也無非「全用套類，……初無本領」（〈通考〉卷三二）。經義與詩賦孰優，從慶歷改革起，經過熙寧元祐的紛爭，到了南宋，文風已歸詩賦。「經拙而賦工，……場屋率是賦居其三之二」（同上）。士人早已變成文人了。其實柳宗元早看到，蘇軾馬端臨都同意；無論用什麼考法，都難實現儒家的理想。只好接近現實勉求妥協。重詩賦而兼用經義策論。七拚八湊的妥協，也未始不能算是四平八穩的長久制度。

㈤、官衙與官僚，有多弊而無大亂　現代行政學指出，官衙是工具，而這工具自有它的一套。政權儘管可以指揮官衙，未必眞能得心應手。更難改革官衙本身的毛病，官僚羣的風氣，和執行上的流弊。但至少官衙總能遵行一些規章，在小範圍內，時時加以修正，偶或推行改良。官僚也還維持一些水準，有彼此糾察的功能，有時還可以轉換一點風氣，一般說來，「靜以鎭之，姑去其泰甚者」（〈繫年要錄〉卷一七四），確有持久不衰的功效。官衙這制度，官僚羣本身的利害是趨於擁護現狀和既有權益，絕不肯顚覆這全盤的局面。所以宋代不起大的內亂。不但如此，就是換朝易代，這全局也還維持下去。明淸兩代，在行政方面，又有若干進一步的成就。在這同一類型之中，超越了宋代。

五　結語

舉的例證太少，試論又太簡單，但希望能說明一點看法。行政繁雜，問題重重，絕非儒家理論和褒貶式的史論，所能道破，也不能用教條式的解釋，過簡的歸罪於某一制度，某一階層。表面看來，行政不過是些瑣事。事實上是千百萬人日積月累的生活經驗。盤根錯節，潛在的力量很大，對于歷史文化，具有決定性的影響。用個老譬喻來結束，政治像隻船，粗粗一看是船長在指揮，仔細一問，船員水手之間，還有許多情節。但是別忘了，這船本身有結構，有它本身的性能，一大半藏在海裏面，却默默的決定了航程的久暫，全船的安危。

原載〔大陸雜誌〕二八卷七期
一九六四年四月

梅堯臣〔碧雲騢〕與慶曆政爭中的士風①

京都大學宮崎教授在一九五三年發表「宋代の士風」一篇論文，很受史學界的重視②。主要之點是說朱熹的〔名臣言行錄〕，爲了教導修身，不免隱惡揚善，加以理想化；有許多周知的事實，甚至朱熹自己在其他著作中所引用的史料都沒有採用；實際上宋代士大夫的風氣——宋人往往稱爲風俗——並不如〔名臣言行錄〕所說的那樣好，也沒有像明清以來一般印象中那樣好。

---

① 前年課餘匆忙中寫就短文「范仲淹梅堯臣與北宋政爭中的士風」一篇。蒙日本學友不棄，予以發表（見〔東方學〕，東京，一九五七，第十四輯，頁一〇四——七），其後自覺引證欠詳，未能暢所欲言，因此又行補充若干材料，重新寫成本文，以期稍贖前愆。

② 宮崎市定「宋代の士風」，〔史學雜誌〕，六二編，二號，頁四六——六七。參閱「一九五三年歷史學會」，〔史學雜誌〕，六三編，五號，頁七八。

宮崎教授的看法，大體上是正確的。不過他文中首先引用〔碧雲騢〕一書③，因而懷疑北宋名臣范仲淹（九八九——一〇五二）④的私德。這一點尚待斟酌。范不是道學先生。貶知饒州時，曾喜一小妓⑤。這就當時的行爲標準而言，不足爲病。范的政治作風，固然長處很多，也有毛病。王安石很敬重范，王本人後來也被人攻擊結黨任私，但王在當政時曾說過范「好廣名譽，結游士以爲黨助，甚壞風俗」⑥。范爲人的問題不是本文所要討論的。至於〔碧雲騢〕一書是僞造誹謗的文字，假託梅堯臣做的，這一點應當加以考定。本文主旨還不僅在討論該書，而是要從這一類誹謗文字說到慶曆變法（一〇四三——一〇四四）引起政潮時，士大夫間的交游和摩擦，明爭之外的暗鬥；提供以往沒被注意的史料以說明北宋士風另有若干弱點，可以補充宮崎教授的看法。

〔碧雲騢〕的內容往往不符事實。書中說仁宗用范：「密試以策……策進，果無所有。上笑曰：老生常談耳，因喻令求出。」這裏每一句話都和其他一切史料不合。仁宗特開天章閣求策，范領銜進「十事疏」。慶曆變法卽據此以爲綱領，逐步推進。而保守派竭力反對。並且採用暗計讒言，不久就把范及其以下的改革派擠出朝廷。這是無可懷疑的史實。〔碧雲騢〕又載范和胥吏

③〔碧雲騢〕，見〔說郛〕（一六四六本）第四十冊。涵芬樓本缺數節。

④劉季洪「范仲淹對於宋代學術之影響」，〔宋史研究集〕第一輯（臺北，一九五八），頁三五七——三六六。參閱：J. Fischer, "Fan Chung-yen, das Lebensbildeines Chinesischen Staatsmannes," *Oriens Extremus*, 1955, pp. 39-85. 又英文拙著 James T.C. Liu. "An Early Sung Reformer: Fan Chung-yen," *Chinese Thought and Institutions*. John K. Fairbank ed. (Chicago, 1957). pp. 105-131.

⑤吳處厚，〔青箱雜記〕（涵芬樓本），卷八，頁二。

⑥李燾，〔續資治通鑑長編〕（一八八八本），卷二七五，頁一一。

范仲尹結為兄弟，利用他探聽消息。這是可能的。但說范沒錢，把這胥吏的家財用完，這胥吏窮窘，范却不管，這一點似乎不近情理。范以京朝官的地位不至於騙用胥吏的錢。何況范也不像是愛惜私財的人。「自政府出，歸鄉……惟有絹三千匹。令掌吏錄親戚及閭里知舊，自大及小，散之皆盡……又買負郭常稔之田千畝，號曰義田。」⑦義田訂有義莊規矩，見范集中。義莊歷史悠久，雖經中斷，旋即重整，一直維持到晚清⑧。其他宗族也多仿效。是宋以後中國家族制度特出的發展⑨。以范開創的氣度和魄力而論，他的為人不大可能像〔碧雲騢〕所說的。〔碧雲騢〕記載傍人的事蹟也同樣可疑。例如〔通鑑長編〕曾指出「梁適因中官得相，此據〔碧雲騢〕，他書並無之……所載或過當。」⑩

至於〔碧雲騢〕的作者，據宋人判斷，多認為可能是魏泰，而假託梅堯臣的名字⑪。有幾個人的說法，頗值得重提。葉夢得最初以為是梅寫的。「聖俞久困，意（范）公必援己，而漠然無

⑦ 龔明之，〔中吳紀聞〕（粵雅堂叢書），卷三，頁八——九。

⑧ Denis Twitchett, "The Administration of Clan Properties in The Fan Family, 1050-1760," Paper at The Fourth Conference on Chinese Thought, Aspen, Colorado, 1958, to be published under the editorship of Arthur F. Wright, Stanford University Press.

⑨ 參閱下列：牧郭巽，〔支那家族研究〕（東京，一九四四）；清水盛光，〔中國財產制度考〕（東京，一九四九）；Hui-chen Wang Liu, *The Clan Rules in Traditional China* (Associasion for Asian Studies Monograph Series, to be published in 1959).

⑩ 楊仲良，〔通鑑長編紀事本末〕（一八九三本），卷三九，頁五。

⑪ 〔文獻通考〕（萬有文庫本），〔經籍志〕，頁一七六七——六八。張心澂，〔偽書通考〕，冊下，頁八九四——九五。

意。所薦乃孫明復李泰伯。聖俞有違言，遂作靈烏後賦以責之。……意以其西師無成功。世頗以聖俞爲隘。」⑫後來，葉又改變意見，認爲該書是魏泰所作：「議者遂謂聖俞游諸公間，官竟不達，懟而爲此，所以報之……聖俞賢者，豈至是哉？後聞之，乃襄陽魏泰所爲，嫁之聖俞也。」⑬但這意見，究不中肯。一方面覺得「當爲賢者諱」，另一方面，仍「未免置疑」⑭。加之該書傳爲祕本，奇貨可居，梅家後人也出來自認是梅寫的，「挾之借重以欺世」，儘管有的親戚不相信，說：「異哉聖俞作謗書，以誣盛德，蓋誅滅之罪也。」⑮最大的爭辯起於邵博。據王銍跋范仲尹（卽上文所提之胥吏）墓誌云：「僕猶及識（魏）泰，知其所來最詳。」⑯大約是魏泰聽到那胥吏駡范的話，加以渲染。魏「場屋不得意，喜僞作他人書」⑰。所以王銍不信〔碧雲騢〕。

---

⑫ 葉夢得，〔石林遺書〕（一九一一本），卷九，頁八——九。
⑬ 葉夢得，〔避暑錄話〕（涵芬樓本），卷二，頁七。
⑭ 周煇，〔清波雜志〕（〔稗海〕本），冊上，頁四三。
⑮ 〔文獻通考〕，頁一七六八。
⑯ 邵博，〔邵氏聞見後錄〕（涵芬樓本），卷十六，頁一——二。
⑰ 同註⑮。〔碧雲騢〕的書名，也似有討論的餘地。據序文說，書名乃借用御廐馬名。此馬吻肉色，碧如霞片，故名。有旋毛，荆王惡之。太后反笑而以爲御馬第一。世以旋毛爲醜，此馬轉因而貴。故借此意以諷刺貴人無行而得意者。但序文所說，未必一定與此馬的事實相符。潘永因，〔宋稗類鈔〕（一六六九），卷六，頁卅一所載恰相反：「碧雲騢……西域貢名馬，頸有旋毛，文如碧雲，是以不得入御閑。」這記載是否可靠，也無從知道，但頗值得玩味。吾師洪業先生常說：「高明的僞書僞畫，有時很幽默的故意留一點破綻，讓識者看出它是假的。彷彿說並非真要騙人，只是玩笑而已。」〔碧雲騢〕這匹馬，可能因旋毛，根本未入御廐，而序文故意說爲御馬第一。知此馬者知道並無其事，也就明白這書內容同樣是虛構的戲語。不過這也只是揣測而已。

但邵博却提出異議。梅有范仲淹輓詩三首。其中一首，據邵解釋爲梅對范死後猶加譏諷之作。故「疑此書實出於聖俞也」⑱。邵博的異議，多數人不同意。元朝張師魯作梅年譜，曾竭力辯駁⑲，可是也不能完全把它推翻。

據本文作者個人的分析，也斷定〔碧雲騢〕不是梅寫的。邵博的異議，純由於誤解了梅輓范詩的意思（詳下）。要充分解答這疑案，只憑文字考據不够，還要明瞭梅范兩人關係的演變。從最初相交到後來絕交的情節頗爲當時許多人所知悉，很可能該書的眞作者——無論是魏泰與否——趁此冒梅的名字，以求取信。梅范絕交之重要性在與慶曆三年（一〇四三）「奏邸之獄」有關，而「奏邸之獄」爲改革派從此失勢的關鍵。從這些私人關係與事蹟可以看出當時士風的許多方面。

梅堯臣（一〇〇三——一〇六一）藉其叔父梅詢之蔭得官，後賜進士⑳。因受他叔父的影響，也喜談兵，曾註〔孫子〕。不過，他之得名，主要是歐陽修的關係。歐陽修曾挽他同修〔新唐書〕，同任考進士試官，尤其崇揚他的詩。梅當時與蘇舜欽齊名。梅詩流傳很廣，甚至於連西南夷所織的弓衣上也織有他的詩㉑。這不是誇張的話㉒。據歐陽修說，梅詩「覃思精微，以深遠

---

⑱ 同註⑯。

⑲ 張師魯，〔宛陵先生年譜〕（夜吟樓，一八三〇本）。劉性「宛陵先生年譜序」，見〔宛陵先生集〕（四部叢刊本），附錄，頁七。

⑳ 李燾，〔續長編〕，卷一七一，頁六。

㉑ 梅堯臣本傳，見〔宋史〕卷四四三及王偁，〔東都事略〕（一八八三本），卷四八，頁六；又卷一一五，頁六。兩書都是根據歐陽修的「梅聖俞堯臣墓誌銘」，〔歐陽文忠公全集〕（四部備要本），卷三三，頁四——六。又參註⑲。

㉒ 王闢之，〔澠水燕談錄〕（涵芬樓本），卷一，頁四，有「獠子持錦……鬻於市者，織成詩。」按此卽與梅堯臣詩織於西南夷錦上者類似。

閒淡爲意」。梅的標準很高。他主張「凡詩意新語工，得前人所未道者，斯爲善矣。必能狀難寫之景，如在目前；含不盡之意，見於言外，然後爲至也」㉓。他自己用功極勤，日課一詩，焚之以求更精。他夫人也工詩㉔。在文學史上，梅的地位是矯西崑體，促進古詩的復興。從歐陽修起到南宋陸游等人，都重視梅詩㉕。但也有人意見相反，例如朱熹：「或曰聖俞長於詩。曰詩亦不得謂之好。或曰其詩亦平淡。曰他不是平淡，乃是枯槁。」㉖梅始終未得任高官。據歐陽修說，梅並不因此懷怨。「平日爲人，仁厚樂易，未嘗忤於物。」司馬光輓梅的詩也說：「落落雖殊眾，恂恂不忤時。位卑名自重，才大命須奇。」㉗這些美言，自未免過譽。其實梅的氣量並不大，常常不免「輕儇戲謔」，「詼嘲譏刺」㉘。尤其喜歡用鳥類來譬喻，評論人物與政事㉙。梅對范仲淹不滿，就常用這種方式表現。

㉓ 歐陽修，〔六一詩話〕（〔說郛〕一六四六本），卷八四，頁五——六。
㉔ 厲鶚，〔宋詩紀事〕（一七四六本），卷二十，頁八。
㉕ 劉克莊，〔後村先生大全集〕（四部叢刊本），卷一七四，頁二。陸游，〔渭南文集〕（四部叢刊本），卷一五，頁四。參閱〔文獻通考〕，頁一七八九及頁一八六九。胡雲翼，〔宋詩研究〕（一九三〇），頁四三——八。郭紹虞，〔中國文學批評史〕（一九三四），冊上，頁三九七——四〇一。
㉖ 朱熹，〔朱子語類〕（一八七六本），卷一三九，頁一六。
㉗ 司馬光，〔溫國文正集〕（四部叢刊本），卷十，頁二——三。
㉘ 〔朱子語類〕，卷一二九，頁四——五。又〔宋史〕，卷四四三，本傳。
㉙ 郭紹虞，〔宋詩話輯佚〕（一九三八），冊上，頁二五五。參閱 Lin Yutang, *The Cay Genius, The Life and Times of Su Tungpo* (1947), p. 153.

梅和范結交頗早。一〇三六年，范越職言事，攻擊宰相呂夷簡，轟動一時。因此和歐陽修、尹洙等同時被貶，號稱黨人，首開北宋朋黨的爭端。那時候，梅有詩贈范，稱他爲「獨醒人」㉚。另有兩詩也指范而言。一云：「主人赫然怒，我愛爾何毀？彈射出窮山，羣鳥亦相喜。」㉛又一云：「中園啄盡蠹，未有出林飛。不識黃金彈，雙翎墜落暉。」㉜范謫知饒州（江西鄱陽縣），和梅任所相近，曾約梅同游廬山㉝。范夫人逝世，梅有輓詩㉞。但梅並不同意范的政治作風，更不贊成樹黨。有一首河豚詩，是范宴客時梅即席而成的，傳爲名作㉟。這時暗示樹黨如吃河豚，不值得冒險：「若此喪軀體，何須資齒牙？持問南方人，黨護復矜誇！皆言美無度，誰謂死如痲？我謂不能屈，自思空咄嗟。」㊱接著梅又有「靈烏賦」一篇，鄭重勸范不要批評政敵：「吾今語汝，庶或汝聽。結爾舌兮鈐爾啄。爾飲啄兮爾自遂。」尤其不可樹黨以自高：「同翺翔兮八九子，勿噪啼兮勿睥睨。」㊲范也就原題答覆一篇，表示作風雖不同，理想還接近，希望能

㉚ 梅堯臣，〔宛陵先生集〕（四部叢刊本），卷四，頁一〇——一一。
㉛ 同上，卷四，頁八，「彼鴷吟」。
㉜ 同上，卷五，頁七，「啄木絕句」。
㉝ 同上，卷五，頁八。
㉞ 同上，卷五，頁二。
㉟ 歐陽修，〔六一詩話〕，頁二。
㊱ 〔宛陵先生集〕，卷五，頁八——九。
㊲ 同上，卷六〇，頁四——五。

殊塗同歸。同時並表示要繼續政爭，甚至「寧鳴而死，不默而生」㊳。

梅范的決裂是在一〇四三年。范正在推行慶曆變法，遇到政敵挑起「奏邸之獄」，大受打擊的時候。權御史丞王拱辰站在呂夷簡等保守派那方面㊴，企圖從側面削弱范的羽翼。他首先劾告范在陝西用的軍事人員滕宗諒、張亢濫用公款。范代爲力辯，才得從寬處分，降職了事㊵。王拱辰此計小勝後，又找其他機會。范曾薦蘇舜欽，卽與范同知政事杜衍的女婿。又曾薦王益柔，也是名士。蘇王兩人，時發議論，雜以戲謔。偶然和幾個御史小飲辯論，御史們就彈劾蘇王謗及時政。這彈劾沒生效㊶。而蘇王兩人不知警惕，終於又爲人取得攻擊的機會。一日，蘇與同事在進奏院公宴，約了革新派許多名士。王益柔卽席作傲歌，有「醉臥北極遣帝佛，周公孔子驅爲奴」的狂語。王拱辰得知，立卽劾奏大不敬。「宋祁、張方平又助之，力言……罪當誅。蓋欲因益柔累仲淹也。章得象無所可否，賈昌朝陰主拱辰等議。及輔臣進白，韓琦獨言益柔少年狂語，何足深治。」仁宗怒氣不消，仍令徹查，造成所謂「奏邸之獄」。結果不但貶去蘇王兩人，革新派其

㊳ 范仲淹，〔范文正公集〕（萬有文庫本），卷一，頁五——六。梅范交換靈烏賦的年代，見同上，年譜，頁四二九。胡適，「寧鳴而死，不默而生」，〔自由中國〕（臺北）十二卷，七期，頁頁二二一——二。

㊴ 邵伯溫，〔邵氏聞見錄〕（涵芬樓本），卷九，頁二。

㊵ 李燾，〔續長編〕，卷一四六，頁一一。滕宗諒降知岳州，在任上建岳陽樓。范失勢後兩年，作「岳陽樓記」，中有盡人皆知的名言「士必先天下之憂而憂，後天下之樂而樂。」見〔范文正公集〕（一九一〇本），文集，卷七，頁四。相沿以爲范少年時卽有此語，出於朱熹之誤。

㊶ 費袞，〔梁溪漫錄〕（涵芬樓本）卷八，頁一——二，有蘇舜欽致歐陽修的信，自辯「奏邸之獄」，提到事前伏線許多著述，此信，蘇舜欽，〔蘇學士集〕裏未收。

餘名士並受責斥，等於「一網打盡」。仁宗繼又下詔云：「不爲朋黨，君明臣哲……而更相附離，以沽聲譽……至於屬文之人，類亡體要，詆斥前聖，放肆異言，以訕上爲能，以行怪爲美。自今委中書門下御史臺，采察以聞。」這是公開申斥范派。范卽「上表乞罷政事，知邠州。詔不許」㊷。但范羽翼已去，難安於位，乃改請去陝西巡邊。不久又受夏竦的陰謀攻擊。夏假造石介的信，誣富弼謀廢立，勾結契丹爲呼應。仁宗爲危言所動，趕緊解除范富等人的政務官職，降調內地州官㊸。

這「奏邸之獄」和梅堯臣有甚麼關係呢？原來王拱辰得知狂歌詆訕，乃是李定懷恨供給的情報。「自蘇子美（舜欽）監察奏邸，舊例鬻故官牓以賽神，因而宴客。時館閣諸名公畢集，獨李定不與。遂捃摭其事，言於中丞王拱辰。御史劉元瑜，迎合時宰（賈昌朝、章得象）之意，與奏邸之獄。一時英俊，斥逐殆盡。有一網打盡之語。故梅聖俞有詩云：一客不得食，覆鼎傷眾賓。蓋指李定也。」㊹李定是誰？他是舊任宰相晏殊的外甥，官太子中舍，也能文㊺。因爲梅堯臣

㊷ 李燾，〔續長編〕，卷一五三，頁二——四。只引用楊仲良，〔長編本末〕，因此不詳細節。

㊸ 詳英文拙著，見註④。

㊹ 〔續長編〕，卷一五三，頁三，據魏泰，〔東軒筆錄〕（〔稗海〕本），卷四，頁二——四，提到李定報訊，但未說明動機。本文所引的是陳鵠，〔西塘集耆舊續聞〕（知不足齋叢書），卷五，頁七——八。進奏院宴客賽神，神乃蒼頡，見葉夢得，〔石林燕語〕（稗海本），卷五，頁五——六。公宴是年例，賣故紙，也事前奏聞。當時各衙門都有此慣例。蘇舜欽等同官，還各自另出一些錢備宴。詳見蘇自辯，參註㊷引費袞，〔梁溪漫錄〕，卷八，頁二。

㊺ 李燾，〔續長編〕，卷一五三，頁三云：「李定無聞，今不取。」這是偶然失檢。王明清，〔揮麈前錄〕（四部叢刊本），卷四，頁一云：「李定字仲求，洪州人。晏元獻公之甥。文亦奇。欲預賽神會，而蘇子美以其任子拒之，致興大獄。」

的詩受晏殊的賞識㊻。李就託梅介紹去見蘇舜欽，希望參加這宴會。蘇很驕傲，看不起李定靠舅父的蔭任得官，拒絕了李。李因此懷恨報復㊼。梅堯臣對李定這種卑鄙手段頗爲感慨，因有上述的詩㊽。幾年後，梅另一詩責備李定：「啄木欲除蠹，蠹去樹亦撓。何須食微蟲，爾腹豈不飽？天下本無事，自有庸人擾。君實知古深，終慙用心巧。」㊾另一方面，蘇王兩人遠貶，梅都有詩送別，表示惋惜㊿。但范仲淹經李定引起「奏邸之獄」的打擊，不免見怪於梅最初介紹李定，又連想到梅常表示不贊成范等改革派樹黨的作風。可能還想起梅的叔父梅詢原是范的政敵呂夷簡所提拔的人(51)。也許懷疑梅多少也參與了保守派的陰謀來打擊范派。從此范就對梅疏遠。梅受老友懷疑，自覺寃枉，曾作詩表白：「所稟介生拙，嘗恥朋比爲。皎皎三十年，半語未曾欺。身微德不著，尚使人見疑。身己當自責，實負聖相（指范）知。聖相雖明察，不假東蘊辭。扣言已可罪，引去豈非宜。」(52)同時梅也對范不滿，指摘范蔽於私黨，不但信賴手下狂傲的名士，不約束

㊻ 歐陽修，「六一詩話」（說郛本），頁七。厲鶚，「宋詩紀事」，卷二〇，頁八。

㊼ 夏敬觀選註梅堯臣詩（一九四〇），頁二一——二二。並參註㊻。

㊽ 「宛陵先生集」，卷十一，頁五，「雜興」。又「一客不得食」之句成爲南宋人熟知的典故，見王明清，「揮麈後錄」（四部叢刊本），卷八，頁六。又朱熹，「朱子語類」，卷一二九，頁四——五。

㊾ 「宛陵先生集」，卷二四，頁四——五，「李舍人淮南提刑」。

㊿ 同上，卷一一，頁三——五，又頁八。

(51) 梅詢受呂夷簡提拔，見李燾，「續長編」，卷一二四，頁二。又趙德麟，「侯鯖錄」（「稗海」本），卷七，頁七。又丁傳靖編「宋人軼事彙編」（一九三五），卷六，頁二四五引「鳳陽府志」。均較「宋史」卷三〇一梅詢本傳爲詳。

(52) 「宛陵先生集」，卷一二，頁八。「責躬詩」。又另有一賦，自比拙禽，同上，卷六十一，頁六——七，「鳲鳩賦」

他們檢點，反倒拒絕忠告，甚至懷疑老友。有詩略云：「吾聞聖賢心，不限親與殊。……盜跖誚孔氏，弟子將黨歟？……塞川豈量力，同趣卽爾徒。爾既不自過，反以此爲紆。」[53]

梅對范公開決裂，是梅重提舊日在饒州的文字因緣，寫了一篇「靈烏後賦」攻擊范當政也無甚建樹，只是任用附和的小人。其中說：「爾於此時，徒能縱蒼鷹，逐狡兎。不能啄叛臣（指西夏）之目。伺賊壘之去，而復憎鴻鵠之不親，愛燕雀之來附。既不我德，又反我怨。」[54]此賦頗傳聞於士大夫間。葉夢得〈石林遺書〉論及〈碧雲騢〉一節，下有何焯校語，就指出「魏泰作碧雲騢，嫁名聖俞，非緣此賦耶？」[55]范失勢去位後，梅仍繼續批評他。有「諭烏詩」略云：「烏時來佐鳳，措置且非良，咸用所附己，欲同助翺翔……一朝百鳥厭，讒烏出遠方。烏技亦止此，不敢戀鳳傍……莫如且斂翮，休用苦不量。吉凶豈自了，人事亦相交。」[56]梅以詩人身分，對於保守派的陰謀讒言的手段，和范等改革派的黨附自誇的態度，兩方面都不贊成。

梅雖然指摘范，究竟是出於一時氣憤。其內心還承認范仍不失爲偉人。范死時，梅又表現詩人的個性，「述哀感舊」，作了三首輓詩[57]。第一首慨嘆范的遭際：「文章與功業，有志不能成，嘗以躋高位，終於屈大名。遺文猶可見，逝水更無情。歸卜青烏壟，韓城苦霧平。」第二首

---

[53] 同上，卷十一，頁七「異同」。
[54] 同上，卷六〇，頁一七——八。
[55] 葉夢得，〔石林遺書〕，卷九，頁九，何焯校語。
[56] 〔宛陵先生集〕，卷二四，頁五。
[57] 同上，卷一五，頁七。

感念昔日相交的情誼：「京洛同逃酒，單袍跨馬歸。明朝各相笑，此分不爲稀。公既參鑪冶，予將事蕨薇。悲哀無以報，有涕向風揮。」

第三首輓詩就是上文所提邵博異議的根據。邵解釋該詩，認爲梅始終恨范。因而謂〔碧雲騢〕可能眞是梅寫的。原詩云：「一出屢更郡，人皆望酒壺。俗情難可學，奏記向來無。貧賤常甘分，崇高不解諛。雖然門館隔，泣與衆人俱。」邵博解釋說：「夫爲郡而以酒悅人，樂奏記，納諛佞，豈所以論范仲淹？堯臣之意，眞有所不足邪？故予疑此書，實出於聖俞也。」[58]這種說法若非曲解，就是誤解。按「望酒壺」乃是范晚年知杭州時有名的救災典故。他勸佛寺興築，以工爲賑。自己故意以身作則，在湖上宴客，倡導游娛，振興市面[59]。「奏記向來無」和「門館隔」是說明兩人絕交，不通音問往來。「崇高不解諛」是說縱然梅不和范往來，范也未必在意。輓詩三首，前後一致，都表現對范的好意。而且切實的說出舊交的可念與後來絕交的心情，並非客套的輓詩。邵博恐怕是記得梅范絕交，印象很深，又有〔碧雲騢〕一書的疑案在心，因此主觀的把第三首輓詩解錯了。

---

[58] 邵博，〔邵氏聞見後錄〕，卷一六，頁一——二。又見〔文獻通考〕，頁一七六七。

[59] 〔范文正公集〕（萬有文庫本），年譜，頁四四二。見沈括，〔夢溪筆談〕（四部叢刊本），卷一一，頁六——七。南宋時，陳正仲也仿此法救災，見羅大經〔鶴林玉露〕（涵芬樓本），卷一，頁八。傳統的經濟思想，強調儉省節約。但也有少數人因時制宜，採用花費的策略，以利經濟。參見楊聯陞先生一文 Lien-sheng Yang, "Economic Justifications for Spending-An Uncommon Idea in Traditional China," *Harvard Journal of Asiatic Studies*, Vol. 20, No. 1-2 (June, 1957), pp. 36-49, especially pp. 46-47 and note 22.

本文從考證〔碧雲騢〕是僞造的誹謗文字說起，進而討論到梅范的私交經過和慶曆變法「奏邸之獄」的一場大風波。前因後果，牽涉不免繁瑣。然而，從這些具體而微的複雜人事關係，正可看出北宋士風的若干方面，總結如下：

（一）改革派的領袖，例如范仲淹，一般講來，道德很高。誹謗文字所載，不足置信。然而，另一方面，德高如范，也不免有拒絕勸告，蔽護私人，猜疑傍人等等缺點。

（二）這些缺點，一部分也是因爲當時政潮，常有陰謀暗算，不得不防。政海風波中，若干高官的道德水準並不高。

（三）所謂名士的聲望很大，往往對人很驕傲，傍人有附和稱譽的，也不免有嫉妬怨恨的。許多衝突摩擦，起於人事，並非全由於政見派別的不同。而人事的衝突摩擦却相當影響政局。

（四）改革派的人有才氣的不少，但常不免有「輕儇戲謔，多分流品」的毛病。仁宗不喜「輕薄」，因此在「奏邸之獄」後，改用「純樸持重」的人。這些人却又往往缺乏才學。「解經不過釋訓詁而已」⑥⓪。有才氣而穩重的人，卽所謂才德兼備，又眞不易得。就官僚組織而言，這是一大問題。

（五）士大夫間的摩擦，常表現於文字。其中又有高劣的不同。以詩賦譏評譴責，如梅堯臣，算是高雅的一類。而詩賦在抒情寫意。比喻含蓄的方面，往往又非外人所能深切理會。況且

⑥⓪　朱熹，〔朱子語類〕，卷一二九，頁四——五。

流傳久遠，讀者不明瞭當時的背景，不免有如邵博一樣的曲解、誤解或附會。至於根據流言戲談，妄加渲染，編爲謗書以聳聽聞，或奇貨售利如〔碧雲騢〕一類的文字就屬劣等61。這一類眞假混淆的誹謗文字，其影響也不可忽略。讀者很容易輕信內容而不加分辨。所得的印象是連名臣都沒有德行，眞是天下沒有好人。對士大夫而言，這一類文字更促成他們彼此之間的輕視，提防與猜疑，這也是士風更趨低下的一個小因素。

61 當時專揭發陰私的誹謗文字不止〔碧雲騢〕一種。見周煇，〔清波雜志〕，冊上，頁四二。

王安石、曾布與北宋晚期官僚的類型

一　引言

許多史籍中批評王安石（一〇二一——八六）①，多半提到兩點：（一）他不是正統的儒家，近乎法家；（二）他引用小人。這兩點惡評，未嘗沒有一部分的根據，可是同時也反映道學

① 關於王安石，參閱蔡上翔，〔王荊公年譜考略〕（一九三〇重刊）；梁啓超，〔王荊公傳〕（飲冰室叢書）；柯昌頤，〔王安石評傳〕（一九三三）。作者已有英文拙著出版，*Reform in Sung China* (Harvard University Press, 1959)。其中引用李燾，〔續資治通鑑長編〕（一八八一本）若干材料，以補充上列各書，又引用近三十年來中日學者關於王安石及其時代的研究，加以綜合的分析。

派的偏見，失諸過甚其辭：就現存文獻而論，不盡合史實。北宋中期，儒家思想，各派並起，道學只是其中之一，未佔上風。當時根本也無所謂正統。王安石雖重功利，未忘德治，並沒有脫出儒家理想的範圍。至於王所引用的人，有許多幹才，並非全是小人。例如曾布（一〇三五——一一〇七），是創行新法時主要人物之一，中途爲呂惠卿（一〇三一——一一一一）所擠，王安石所棄，被貶外出。直到廿餘年後，才重又當政，一方面執行又經恢復的新法，一方面希望緩和新舊兩黨的衝突。豈料徽宗改用蔡京（一〇四六——一一二六），曾布又被誣遠貶，國事益不可問。〔宋史〕將曾布列入「姦臣傳」，實欠公允②。從基本上來說，君子小人的兩分法，過於簡單武斷。像曾布這類人，既非君子，也非小人。

本文的主體是「曾布傳」補。蒐集若干史料，考證他的政治經歷，以補〔宋史〕之遺。但本文的目的，不僅於此。曾布是一個好個案，來研究這一類型的官僚。一方面推源索流，從王安石的主張中去找線索，爲什麼王要提拔曾布這種人？又爲什麼不能久用，新黨內部有些什麼問題，舊黨何以指摘他們是小人？另一方面，從曾布這種人說起，尋求一個比較合理的分類法，提議用幾種類型，來包括新舊二黨中的各種好壞人物；再以這些類型，來幫助說明北宋晚期這段錯綜複雜的政治糾紛和演變。

② 〔宋史〕，卷四七一。關於曾布，參閱上引〔續長編〕，散見卷二一〇—五二〇；曾布，〔曾公遺錄〕（藕香零拾），冊（二二—二四）；周明泰，〔三曾年譜〕（一九三二）；楊希閔，〔曾文定公年譜〕〔豫章先賢十五家年譜〕內「附曾文肅公事略」，頁二八—三三；王煥鑣，〔曾南豐先生年譜〕（一九四三），也提及有關曾布的材料；以及下文所引的一些宋人筆記。

二　王安石的人才主義及其失敗

關於王安石的思想，中外學者研究的很多；而以蕭公權先生的分析，最爲精當。「北宋政治之重心，不在理學，而在與理學相反抗的功利思想。此派之特點，在斥性理之空談，究富強之實務。其代表多出江西，浙江。北宋有歐陽修，李覯，王安石。」③王安石是「儒而有爲者」，「以禮樂刑政爲常道，非有取於刑名法術也。」他「雖注重制度，而始終認人才爲根本。上仁宗書洋洋萬言，所論不過陶冶人才一事。」④

我們不妨依據蕭先生的分析，另外再加一些材料，補充幾點。第一，反對和批評王安石的說法，認爲他注重法，近乎法家。其實，王安石所謂「法」有廣狹二義。狹義的法律，條文規例，王安石的確也重視，因爲法律是行政的必要工具。但王安石所最重視的「法」是廣義的，是「法度」的簡稱。不僅是「法令誥戒」而已，而是包括一切「法度刑政」在內⑤。用現代術語來說，也就是政治，經濟，社會的各種「制度」，都應該由政府來倡導。第二，王安石認爲由政府來樹立完善的制度，有實際的和深遠的兩層目的。實際的目的是足財用，安民生。神宗屢言兵事，而

③　蕭公權，「中國政治思想史」（一九四六），第二編，頁一四三。

④　上引，頁一四九—一五二。參閱陶希聖，「中國政治思想史」（一九五四），第四冊，頁四九—五八。

⑤　王安石，「王臨川集」（萬有文庫本），卷三九，頁七九，「上仁宗皇帝言事書」（通稱「萬言書」）；卷六四，頁一八，「周公」；卷六六，頁四三，「禮樂論」，卷六九，頁六九，「原教」；卷七〇，頁七九，「議茶法」。

王安石每次都強調富國先於強兵，也就是孔子足食先於足兵的主張⑥。深遠的目的，絕不止於富國而已。王安石的理想是用制度來推行良善的「風俗」。這一點是儒家基本精神，他對神宗說了無數次⑦。第三，王安石因為要改革舊制，創建新制，非特別着重人才主義不可。

王安石有三段話，頗能表達他主張的重點。他在未當政時，有一篇「材論」說：「天下之患，不患材之不眾，患上之人不欲其眾……天下法度未立之前，必先索天下之材而用之。」⑧他上臺不久，認為有四項大問題：「人材未練，財用未足，風俗未變，政令未出。」⑨這句話很能代表他政綱的原則。他又深信推行新政，也就是同時實際的去發現人才，訓練人才，「舉事則才者出，不才者困；此不才者所以不樂舉事也」⑩。

王安石主張人才主義，以人才，立制度，改風俗，是一位有理想的儒家。這一點是當時公認的。王安石死時，他的政敵司馬光預料一般投機官僚和後輩會起來攻擊王安石的學說，特別寫了一封有名的信，給另一位舊黨領袖呂公著，要設法制止這種攻擊⑪。劉摯是舊黨中最保守的，反

⑥ 李燾，〔續長編〕，卷二一七，頁一三—一五；卷二二〇，頁一五；卷二二一，頁一〇；卷二三二，頁二；卷二三六，頁二六；卷二三八，頁六；卷二五〇，頁一二—一三。

⑦ 〔王臨川集〕，卷六九，頁七四—七五，「風俗」；〔續長編〕，卷二一三，頁三；卷二一三，頁六；卷二一五，頁三；卷二二一，頁七；卷二二三，頁一九；卷二二四，頁一〇；卷二二九，頁一七；卷二六四，頁二〇；卷二七五，頁一二。

⑧ 〔王臨川集〕，卷六九，頁二一—二二，「材論」。

⑨ 〔續長編〕，卷二二一，頁一七。

⑩ 同上，卷二四四，頁六。

⑪ 司馬光，〔溫國文正集〕（四部叢刊），卷六三，頁一三，「與呂晦叔簡」。

對新法，不遺餘力。在王安石死後好幾年，他彈劾學官不應當排斥王氏新學，說「安石相業，雖有間然。至於經術學誼，有天下公論在」⑫。這公論，南宋的許多學者，還是承認的⑬。指摘王近乎法家，主要是元朝道學家修〔宋史〕時的後起之說。

王安石以舉事求人才，以人才再舉事，自然偏重行政能力和政治手腕⑭。他所選拔的幹才之中，頗有正直的人，例如薛向長於理財，王韶拓邊立功，都是明證⑮。同時，王安石還改革吏治。胥吏開始支薪水，由官員嚴加督察，查出貪贓，卽予重罰。這制度名曰「倉法」。舊黨也承認在這制度下貪污減少了⑯。不過，王安石信任的所謂人才之中，也還有操守較可懷疑的，如呂惠卿。甚至還有品行的確很差的，如鄧綰。鄧綰有句無恥的話，「笑罵從汝，好官須我爲之。」⑰這類會玩手腕的官僚，整天包圍住王安石，故意和他討論政事經義，使旁人無從接近，借此蒙蔽他⑱。

王安石的人才主義在實行上有三點失敗。第一是重視才能而用人不審。舊黨批評他引用小人，就是指有才無德之人而言，不無理由。不過對新黨所有人，一概抹殺，却是言之過甚。第

⑫ 劉摯，〔忠肅集〕（叢書集成初編），卷七，頁一〇〇—一〇一，「劾黃隱」。
⑬ 蕭公權先生，〔中國政治思想史〕，第二編，頁一六三，註五七，指出陸九淵推崇王安石爲儒家正統。
⑭ 〔續長編〕卷二四八，頁九；卷二五三，頁一〇。
⑮ 梁啓超〔王荆公傳〕，頁二八八—三〇九；柯昌頤，〔王安石評傳〕頁三〇〇—三三八。
⑯ 宮崎市定，「王安石の吏士合一策」，〔桑原博士還曆紀念東洋史論叢〕（一九三一），頁八五九—九〇四。
⑰ 〔宋史〕卷三二九，「鄧綰傳」；〔續長編〕，卷二一六，頁二。
⑱ 〔續長編〕卷二一六，頁二。

二，王安石新法更大的失敗，是新黨內部彼此傾軋，不能團結。例如王安石以呂惠卿曾布為左右手，後來都不合意。（詳見下節）。這倒不見得盡如歐陽修「朋黨論」所說「小人無朋……暫相黨引以為朋者偽也。」元祐時舊黨得勢，洛朔蜀三派也鬧意見。不過有手腕的人，彼此不合時，其傾軋更為激烈。第三，王安石最大的失敗是他所用的人才，包括正直的在內，撇開傾軋不論，都只能助他改立制度，不能助他走向深遠的目標，改善「風俗」。換言之，王本人極富於理想。而他的黨徒，多半缺少理想。因此新政的推行缺乏它應有的基本信念和精神。

上述的論評，也許失諸空泛。容我們在下文就曾布來做一個具體的個案分析，以證實王安石人才主義的困難，失敗和演變。

三　「曾布傳」補

曾布列入「姦臣傳」，清代好幾位學者都覺得不對。陳黃中撰（宋史稿）（今佚），錢大昕跋曰：「於姦臣傳進史彌遠嵩之，而曾布出，頗與鄙意合。」⑲楊希閔認為曾布「前不附王呂，後又不附蔡京，乃信『元祐』黨人誘誣，入之姦臣，恐有過處」⑳。繆荃孫指出「布權譎自喜，議

⑲ 錢大昕，「潛研堂文集」（四部叢刊），卷二八，頁一六，「跋陳黃中宋史稿」。關於陳黃中的書，參閱金毓黻，（中國史學史）（一九四六），頁一四六。

⑳ 楊希閔，「曾文定公年譜」，「附曾文肅公事略」，頁二八—二九。

論多偏。然時以元祐紹聖均有所失，欲以大公至正，消釋黨禍，較之（章）惇、（蔡）卞之徒，究屬天良未昧」，因此覺得上引錢大昕的意見，「其論至公」㉑。這幾位學者雖然如此評論，並沒將〈宋史〉「曾布傳」的內容加以修正補充。本文的主要對象，却正在此。

曾布少孤，從異母兄曾鞏學，承受歐陽修經綸致用的主張。一〇七〇（熙寧三年），實行新政的第二年，曾布上書言「爲政之本有二，曰勵風俗，擇人才。」〈宋史〉以爲「大率皆安石指也。」其實可能是曾布眞信服王安石，並能深得其理論之精髓。「神宗召見，論建合意」㉒，從此得用。〈宋史〉敍述他任職的經歷太簡略，應按〈續資治通鑑長編〉及其他材料補足，以見其行政能力。「布始爲編敕刪定官，卽言立法必本於律；……駁其舛錯乖謬百事爲三卷……條析以聞。」㉓因功任「檢正五房公事」，參加新法的擘劃㉔。後來，他還有同類的貢獻。曾經「詳定編敕」㉕，又於「三司選吏二百人，專置司，磨勘天下帳籍。」㉖

曾布任檢正五房公事，不久卽判司農寺。〈宋史〉說「與呂惠卿共創青苗助役保甲農田之法」，不太正確。青苗法定於曾布被重用之先。而免役一事，〈宋史〉下文又引曾布自己的話說

㉑〈曾公遺錄〉，卷九末，頁八六，繆荃孫跋。
㉒〈宋史〉卷四七一。
㉓〈續長編〉，卷二一四，頁二〇—二一。
㉔同上，卷二二〇，頁一一—一二。
㉕同上，卷二四七，頁一；又頁五；參閱卷二五四，頁一一。
㉖同上，卷二三八，頁一五—一六；卷二四四，頁一一。

「法令纖微，悉皆出己手。」前後文竟自相矛盾㉗。事實上，將改定役法時，「呂惠卿丁父憂去。王荊公未知心腹所託可與謀事者。曾布時以著作郎編敕，巧黠，善迎合荊公意，公悅之。數日間相繼除中允舘職，判司農寺。」㉘呂未去前，主張用助稅的說法，而曾布更進一步「改助役為免稅，呂惠卿大憾之，」蓋深忌之也㉙。兩人的摩擦，從此開始。免役法出，政府以免稅錢實行雇役法，舊黨大肆反對，批評甚多，楊繪劉摯詳「言助役（按即免役）有十害。王荊公使張琥作十難以詰之。琥辭不能。曾布曰，請為之。」結果，把楊劉所提出的十害，條條駁倒㉚。

除了役法以外，曾布對於新法還有其他的貢獻。養馬法是他草定的。保甲法，「首尾本末」也是他的「措置」㉛。王安石當時讚許他「宣力多」㉜。朝中也都知道王「用曾布為腹心」㉝，甚至河北有警，須備契丹。「上曰，誰可使，安石曰，不得已，須令曾布去。」㉞王安石日後雖棄曾布不用，還是承認「吾行新法，始終以為不可者，司馬光也；始終以為可者，曾布也；其餘

㉗〔宋史〕，卷四七一。

㉘邵伯溫〔邵氏聞見錄〕（涵芬樓），卷一三，頁四；參閱〔續長篇〕，卷二一五，頁七。

㉙司馬光〔涑水記聞〕（涵芬樓），卷一六，頁二。

㉚邵伯溫，〔邵氏聞見錄〕，卷一三，頁三；詳情參閱聶崇岐，「宋役法述」，〔燕京學報〕，三三期（一九四七），頁二二九—二三一；曾我部靜雄，〔宋代財政史〕（一九四一），頁一六二—一七三；〔續長編〕，卷二二五，頁二—四。

㉛〔續長編〕，卷二三五，頁三；卷二四六，頁二一；又〔曾公遺錄〕，卷八，頁三九—四〇。

㉜〔續長編〕，卷二二五，頁九。

㉝同上，卷二三七，頁二〇。

㉞同上，卷二三八，頁二。

皆出入之徒也」㉟。

一〇七二（熙寧五年）冬天，呂惠卿復職，曾布的地位就有些動搖，以知制誥罷爲翰林學士。安石請留之，「上曰，惠卿吏文尤精密，不須留布也。」㊱呂自任司農寺，又有意想找曾布的錯處，「遽乞令天下言司農未盡未便之事件」㊲。不過暫時還相安無事。曾布尋又兼三司使。呂曾二人大起衝突在一〇七四（熙寧七年），因爲市易務的糾紛。市易務的職務是買賣貨物，政府可以取得物資之供應，兼以平抑物價。許多商人不滿，勾結宦官外戚，向神宗申訴，說市易務自爲兼併，商賈不行，長此以往，恐怕要「生亂」了㊳。當時又適逢大旱，神宗因下詔求直言，並派曾布調查市易務。曾布報告說市易務判官呂嘉問經營過當，謀利過甚，失去市易法的本意。王安石原先向神宗力言市易並無問題，得此報告，無以自圓其說，大不高興。呂惠卿趁此破壞曾布，說他背叛，欲沮新法。於是王又請神宗派呂惠卿再查市易㊴。正在這關頭，鄭俠進「流民圖」，說是新法酷虐不堪。神宗不禁疑惑，下令權停新法，王安石隨即求去。臨行，薦呂惠卿爲參知政事以自代。呂惠卿當政，卽以市易之爭置獄，意在曾布。曾布訴說「臣嘗自言，與章惇有

㉟ 周明泰，〔三曾年譜〕頁五二。陳善，〔捫蝨新話〕（涵芬樓），卷一，頁二—三，均同。而〔琬琰集删存〕（哈佛燕京學社引得編纂處，一九三八），卷三，頁四九，則呂惠卿之名與曾布並列。

㊱ 〔續長編〕，卷二四一，頁一〇。

㊲ 魏泰，〔東軒筆錄〕（裨海），卷一〇，頁五。

㊳ 〔續長編〕，卷二五一，頁一五—一八；卷二五二，頁二〇。

㊴ 同上，卷二五一，頁二三—二四；又頁二八—二九；卷二五二，頁一—二；又頁一一；又頁二三—二四；〔宋史〕卷四七一；楊希閔，〔曾文定公年譜〕，「附曾文肅公事略」，頁二八—二九；魏泰，〔東軒筆錄〕，卷四，頁一〇。

隙。今乃以悖治獄，其意可見……臣與惠卿，爭論職事。今惠卿已秉政，勢傾中外。雖使臣爲獄官，亦未必敢以臣爲直，以惠卿爲曲」㊵。結果過了八十多天，終於把曾布貶知饒州，呂嘉問貶知常州，以了市易之案㊶。曾布之罷，「許將當制，頗多斥詞。制下（許）將往見曾，告曰，始得詞頭，深欲繳納。又思之，釁隙如此，不過同貶耳，於公無所益也，遂黽勉爲此。然其中語言，頗多改易。公他日當自知也。」曾布並不在意，反倒說了一段故事。「曰，君不聞宋子京之事乎……晏（殊）公啓宴召宋……翌日，罷相。宋當草，詞頗極詆斥。」㊷

曾布攻擊市易，逆王安石之意，受呂惠卿之陷，究竟用心如何。楊希閔的解釋是曾布不肯附和，也並不敎條式的尊崇新法，以爲事事都好㊸。李燾，〔續資治通鑑長編〕的解釋，以爲曾布也是投機作風，不幸失敗而已。「初市易之建，布實同之。既而揣上意，疑市易有弊，遂急治嘉問。會呂惠卿與隙，乘此擠布，而議者亦不直布。」㊹這兩種解釋，可能並存，曾布未必不投機，也未必純出於投機。不過，所謂「議者亦不直布」，則又言之稍過。曾布之去，正人而非新黨中人的劉攽等，爲之嘆息㊺。足見當時公論以爲曾布是新黨中有才幹而又較有操守的人。曾布

㊵ 〔續長編〕，卷二五三，頁二。
㊶ 同上，卷二五五，頁七。
㊷ 魏泰，〔東軒筆錄〕，卷一〇，頁二—三；參閱李心傳，〔舊聞證誤〕（藕香零拾本），卷一，頁一—二。
㊸ 楊希閔，〔曾文定公年譜〕，〔附曾文肅公事略〕，頁二九。
㊹ 〔續長編〕卷二五三，頁七；參閱〔琬琰集刪存〕，卷三，頁四九。
㊺ 魏泰，〔東軒筆錄〕，卷八，頁三。

貶出，是新黨的一個損失。

王安石去位不久，又重登相位。不過他的人才主義，已出破綻。第一，呂惠卿在執政的短時期內，陰謀破壞王安石勢力。因此王安石回朝以後，不再信任呂惠卿㊻。鄧綰等又趁機攻擊呂惠卿。借他兄弟强借富民錢買田一案，把呂貶出㊼。第二，王安石不知何故還是信用呂嘉問。把他調回，檢正中書戶房公事，仍舊控制市易諸務㊽。可能是王安石的個性，特別在經過挫折之後，喜歡用完全聽命的人。果眞如此，那就是他的人才主義行不符言之處。第三，王安石始終不忘曾布攻擊市易之舉，因此不肯再用他㊾。當時已有人批評王用人不審，以曾布爲例。有一次韓絳說：「陛下嘗言，用曾布驟，故終反復。安石曰，用曾布驟，恐非朝廷之失。方以人望，誠無以易之。又不見其過，如何不便？及其作姦，自當辨曲直，行法而已。」㊿又有一次，王安石明說曾布有才無德。「臣以其材可使，故收之，及後宣力，臣傾心遇之，冀其遂爲君子。非敢保其性

㊻〔續長編〕卷二九五，頁一—二；又頁八；卷二六一，頁九—一〇；卷二六五，頁四；又頁二四—二八；卷二六八，頁四—八。

㊼同上，卷二六四，頁二〇—二二；卷二六六，頁一〇—一二；卷二六八，頁一二—一七，卷二六九，頁三—八；卷二六九，頁一六—一七；卷二七一，頁一一；卷二七五，頁七—八；又頁一一；卷二七六，頁四—六；又頁九。〔宋史〕，卷四七一，「呂惠卿傳」。

㊽〔宋史〕卷三五五，「呂嘉問傳」。參閱〔續長編〕，卷二五五，頁七；卷二六〇，頁八；卷二六一，頁一〇；卷二七二，頁九；二七七，頁一五。

㊾〔續長編〕卷二五一，頁二八—二九；卷二五二，頁一—二；又頁一一；又頁一九；卷二五三，頁九；又以下兩註。

㊿同上，卷二六三，頁二八。

行有素也。」[51]及呂惠卿罷，神宗問「召曾布否?」王安石還是不肯[52]。從這幾段記載來看，姑無論王對曾的批評是否公允，王等於自己承認他昔日的左右手，不是君子。又何怪乎舊黨振振有詞，說他引用驟進的小人呢?其實，曾布雖非君子，還勝於呂惠卿鄧綰呂嘉問諸人。曾布之不被王安石再用，就新法而言，未必得計。

曾布久居外官。中間經過元祐年間舊黨執政，以久已脫離新法的要位，未受貶責。足見舊黨並不對曾布太抱惡感。直到一〇九四（紹聖元年）哲宗親政，舊黨下臺，章惇主持紹述神宗，恢復新法。恰巧曾布路過，章惇乃留他在京，重爲翰林學士[53]。曾布有答弟曾肇書曰「布自熙寧立朝至今，時事屢變。惟其不雷同熙豐，故免元祐之竄斥。惟其不附元祐，故免紹聖之中傷。自處亦有義理」[54]。他二次立朝時，留有紀錄，或稱日記，或稱日錄，或稱手記。元祐時起，大臣多留有這類紀錄[55]。朱熹曾見曾布此錄刊本，以爲「其間邪惡之論甚多」，且「恐不可全信」。晁公武〔郡齋讀書志〕記曰:「曾布知公論所在，故對上之語，多持兩端，又輒增損，以著此書。」[56]

---

[51] 同上，卷二六四，頁四。
[52] 同上，卷二七一，頁一—二。
[53] 〔宋史〕卷四七一。馮琦，〔宋史紀事本末〕（萬有文庫），冊四，卷四六，頁六二。
[54] 柯昌頤，〔王安石評傳〕，頁三二三。
[55] 周煇，〔清波雜誌〕（稗海），卷中，頁一五。
[56] 朱熹，〔朱子語類〕（傳經堂），卷一三〇，頁二九。晁公武，〔郡齋讀書志〕（四部叢刊），卷二上，頁三二—三三。

可是朱熹另有一段話，却又說曾布不錯：「子宣日錄，極見有心跡。當時商量云，左除却（蘇）軾（蘇）轍，右除却（蔡）京（蔡）卞，此意亦好。」⑰曾布這紀錄在南宋時曾被政府徵用，以爲修史的參考，辨明北宋末期政潮的混亂情形⑱。一部分又由他後人的親戚轉錄在筆記之中⑲。原書早佚，現有〔曾公遺錄〕三卷，是從〔永樂大典〕中輯出來的。繆荃孫跋曰：李燾〔續資治通鑑長編〕，「每據以刪潤」，此語甚確。〔續長編〕有時全用曾布原語，有時刪節原語，有時另行考正日期，有時又參考呂惠卿的家傳，以相比較⑳。以李燾當時所見史料之多，而頻頻採用曾布的紀錄，則此書內容當屬可信。晁公武說他「對上之語，多持兩端」，可見當時政情險詐，其應付之苦。

〔宋史〕說章惇雖挽曾布入朝，仍「忌之，止薦居樞府，故稍不相能」㉑。實際上，這還在其次。主要是章曾二人，意見不同，時起摩擦。曾布自己對哲宗明說：「與（章）惇、（蔡）卞議論，無一事同者。」㉒不過章蔡勢力大。據曾布說：「今日士人，皆分隸惇卞門下」而他自己

---

⑰ 朱熹，〔朱子語類〕卷一三〇，頁一二。

⑱ 邵博，〔邵氏聞見後錄〕（涵芬樓），卷一，頁六—七。

⑲ 王明清〔揮麈後錄〕（四部叢刊），卷一，頁一三—二二。王明清外祖，乃曾布第三子，見其另著，〔玉照新志〕（涵芬樓），卷二，頁一五—一六。

⑳ 〔曾公遺錄〕，卷九末，頁八六，繆荃孫跋。例如〔續長編〕卷五〇七，頁一，即用〔曾公遺錄〕，卷七，頁一原語。〔續長編〕，卷五一〇，頁三—四，即節用〔曾公遺錄〕，頁七，頁二一之語。另行考正日期，參用呂惠卿家傳，見〔續長編〕，卷五〇九，頁四；又頁九；卷五〇八，頁七。

㉑ 〔宋史〕卷四七一。

㉒ 〔曾公遺錄〕，卷九，頁五五。又可參閱全書三卷，及〔續長編〕，卷五〇七—五二〇。

則久居外宮，「亦無所黨與，故門下亦無人。」[63]因此無從抗爭，只好慢慢等機會。

〔宋史〕說曾布遷就章惇時，有一件過失。哲宗寵劉氏，生皇子。孟后嫉妬，她的宮女就試用厭魅法害劉氏，未成。哲宗怒詔「掖庭詔獄」，拷問宮女太監。獄成，孟后被廢。在審理此獄時，「法官謂厭魅事未成，不當處極典。布曰：驢媚蛇霧，是未成否？衆皆瞿然。於是死者三人」[64]。楊希閔懷疑此說是否可靠[65]。這的確可疑，因為〔宋史〕本身的「后妃傳」內又說孟后被廢時，有錄問官據案情奏諫，哲宗欲貶之，爲曾布所阻[66]。足見曾布對於治獄廢后，不太同意。其實，此事皆章惇所主，〔宋史〕的「章惇傳」和其他記載都是如此說[67]。又據〔曾公遺錄〕，則廢孟后立劉后的手詔，經太監劉友端之手，假託太后之名，其實是章惇的手筆[68]。曾布參加獄事，多半是因爲他樞密院的職守，負有監督皇城司太監偵察等的責任。此外，他還可能有些同情孟后。因爲有一段間接的私人關係。曾夫人舊識一張女，敎以文字，張女後入宮中掌筆札，卽依孟后，時與曾夫人通問[69]。徽宗卽位不久，曾布就贊助恢復孟后的地位。後來蔡京當權，又再度

---

[63] 〔曾公遺錄〕，卷七，頁二一—二二；〔續長編〕，卷五一〇，頁三—四，略同。

[64] 〔宋史〕，卷四七一；馮琦，〔宋史紀事本末〕，冊四，卷四七，頁七一，記掖庭詔獄，無曾布之語。

[65] 楊希閔，〔曾文定公年譜〕，「附曾文肅公事略」，頁二九—三〇。

[66] 〔宋史〕，卷二四三，「哲宗昭慈孟皇后傳」；馮琦，〔宋史紀事本末〕，冊四，卷四七，頁七一。

[67] 〔宋史〕卷四七一，「章惇傳」；馮琦，〔宋史紀事本末〕，冊四，卷四七，頁七一—七二；〔續長編〕，卷二二〇，頁一〇；卷二三三，頁一五；卷二三五，頁二三—二四。

[68] 〔曾公遺錄〕，卷八，頁四七；卷九，頁五六；又頁六四—六六。

[69] 王明清，〔揮麈三錄〕，卷二，頁三。王明清見註五九。

撤去孟氏后號，並罪及贊助復后者，曾布還因此降官⑩。

〔宋史〕又說曾布害元祐黨人。章惇「與大獄，陷正人…布多陰擠之」⑪。楊希閔評曰「略無實證，不敢謂無，不敢謂有」⑫。〔宋史〕接著又說，章惇「詭情飾過」，引用名士，讓他們「乞正所奪司馬光呂公著贈謚，勿毀墓仆碑，布以爲無益之事。」〔琬琰集〕所記，與此不同。說這些名士，乃曾布引以自重，將欲傾章惇⑬。而據有些筆記所說，則更與〔宋史〕恰巧相反。乃是章惇主張發元祐領袖之墓，賴曾布力阻。朱熹也認爲曾布並不深惡元祐諸人⑭。再看曾布日後建中靖國之策，〔宋史〕此說，實難置信。

哲宗死，章惇主張立同母弟簡王，太后則主張依次立端王。曾布卽言章惇事前未與其他大臣商量，不應擅自有所主張。而且太后所見極是⑮。端王卽立爲徽宗，任韓忠彥，曾布爲相，將章惇蔡京和竭力排害元祐舊黨的一些人貶出。蔡京從此深恨曾布。曾布又認爲紹聖時，「貶竄元祐

---

⑩〔曾公遺錄〕，卷九，頁六四—六六；又頁六九。參閱〔續長編〕卷二五三，頁九；馮琦，〔宋史紀事本末〕，冊四，卷四七，頁七三—七四；朱熹，〔朱子語類〕卷一三〇，頁一二。

⑪〔宋史〕卷四七一。

⑫楊希閔，〔曾文定公年譜〕，「附曾文肅公事略」，頁二九。

⑬〔琬琰集刪存〕，卷三，頁四九；周明泰，〔三曾年譜〕頁五五。

⑭潘永因，〔宋稗類鈔〕（一六六九）卷六，頁五〇；參閱朱熹，〔朱子語類〕，卷一三〇，頁二八。

⑮〔宋史〕卷一九，「徽宗本紀」；馮琦，〔宋史紀事本末〕，冊四，卷四八，頁七六；〔曾公語錄〕，卷九，頁二；又頁五。

人過當……其實多報私怨」，應當以寬大糾正(76)。最好是以「大中至正之道，調一兩黨」(77)。贊成此說的人，也就擁護曾布(78)。

曾布當政，對國事「殊無可否」(79)，唯一希望是收拾殘碎的政局。因此他延用名士，而這些名士被用之後，不因此滿意，反更力言舊日新法之非，以元祐爲是。例如曾布用陳瓘，而陳瓘著〔尊堯集〕，力詆王安石，並且攻擊曾布在紹聖之初，直史院，不應徇私，請將王安石的日錄，宣付史院，據以編修實錄(80)。曾布想要調停，不料政府中同情元祐的人愈來愈多，時攻其短，使他日益難堪(81)。

曾布的地位眞是左右爲難。蔡京等力主新法的人，時謀再起。而元祐黨徒，又不肯支持曾布。再加上曾布和韓忠彥不合。鷸蚌相爭，結果是給蔡京造了機會。蔡京巧於安排，線索很多。他爲太后所喜。曾布曾在太后前數蔡京之短，而太后不聽(82)。蔡京又聯絡太監童貫，利用太學中

---

(76)〔曾公遺錄〕，卷九，頁三四—三五。
(77)同上，卷九，頁八〇。
(78)參閱晁詠之，「上曾丞相子宣書」，〔宋文鑑〕（四部叢刊），卷一二〇，頁一九—二一。
(79)朱彧，〔萍州可談〕（墨海金壺本），卷一，頁八。
(80)楊希閔，〔曾文定公年譜〕，「附曾文肅公事略」，頁三一；岳珂，〔桯史〕（稗海），卷一一，頁八；卷一四，頁一；〔宋史〕，卷三四五，「陳瓘傳」。
(81)朱熹，〔朱子語類〕，卷一三〇，頁一二；又〔朱子全書〕（一七一三），卷六二，頁三八。
(82)陸游，〔老學庵筆記〕（涵芬樓），卷四，頁九。

的人，借道士的力量，在徽宗面前屢次說非相蔡京不可[83]。鄧綰之子鄧洵武批評建中靖國，不合紹述神宗之意，以孝道激動徽宗[84]。韓忠彥是韓琦之子，以淵源而論，是和舊黨方面有關的。他看見情勢不利，同時他又和曾布不合，索性變計，以新黨之人攻新黨之人，附議召蔡京同朝，以擠曾布[85]。曾布無計，也轉頭來敷衍蔡京。京入朝，師朴（韓忠彥）遣子迎之十里。子宣（曾布）遣子迎之二十里[86]。眞是政情混亂，官場反覆。但這種敷衍手段，施諸蔡京，焉能生效，曾布至此，已是四面楚歌[87]。

果然，蔡京參加政權不久，就將韓忠彥，曾布兩人一齊排去。蔡京對於曾布，尤其不忘舊仇。使「御史攻之，罷知潤州。京積憾未已，加布以贓。令開封府呂嘉問逮捕其諸子，鍛鍊訊鞠，誘左證，使自誣，而貸其罪，布落職」[88]。這呂嘉問就是當年管市易務，被曾布攻擊的[89]。蔡京以有宿憾之人治獄誣罪，何啻借刀殺人[90]？而當時士風眞是低下。曾布失勢，舊黨人當然不

---

[83] 〔宋史〕，卷四七二，「蔡京傳」；馮琦，〔宋史紀事本末〕，冊五，卷四九，頁一；岳珂，〔桯史〕，卷一〇，頁一—二。
[84] 岳珂，〔桯史〕卷一五，頁七—八；馮琦，〔宋史紀事本末〕，冊五，卷四九，頁一—二。
[85] 邵伯溫，〔邵氏聞見錄〕，卷五，頁三—四。
[86] 朱熹，〔朱子語類〕，卷三〇，頁一二。
[87] 朱熹，〔朱子全書〕卷六二，頁三八。
[88] 馮琦，〔宋史紀事本末〕冊五，卷四九，頁三。
[89] 〔宋史〕，卷四七一；邵伯溫，〔邵氏聞見錄〕，卷五、頁三—四；周明泰，〔三曾年譜〕頁六〇，
[90] 參閱楊希閔，〔曾文定公年譜〕，「附曾文肅公事略」，頁三〇。

管，而新黨中也沒人替他解寃。例如王安石的一個女婿毛澤民，原本依靠曾布，至此卽轉投蔡京⑨¹。

助王安石創行新法的曾布，歷經三朝，便如此負寃老死。初則爲呂惠卿所擠，以章惇審市易之獄，與呂嘉問同貶。呂嘉問尋又再用，曾布則久屈外任。繼則藉章惇之助，再入政府，而又與章惇不合。立建中靖國之策，去章惇蔡京，又不爲元祐舊黨所諒。終則爲蔡京派呂嘉問治誣贓之獄，受安置的處分。這失敗的經歷，豈是曾布一人的失敗？陷害曾布的，多半是王安石引用的人。這失敗是王安石的人才主義在實行上整個的失敗。

四　論北宋晚期官僚的類型

上文詳考曾布的政治經歷，一方面是以此爲例證，說明王安石人才主義的失敗；另一方面却又引起若干問題。新黨的人，從王安石起，包括曾布等人在內，到蔡京爲止，究竟應該如何分辨類別？舊黨和擁護舊黨的人，又何嘗不是良莠不齊，能不能也加以區別？在新法之初，一般士風，尙屬不惡。中間經過元祐紹聖，士風日漸低下。至蔡京擅國，士風竟不堪問。王安石最高的理想是改善「風俗」，元祐諸公更是力倡道德，何以新舊兩黨的努力，均歸於失敗，結果適得其反？換言之，爲什麼經過這段黨爭，優秀官僚減少，而品質低劣的官僚增加？當然原因決不止於

⑨¹ 潘永因，〔宋稗類鈔〕，卷六，頁五七。

一端，但這問題是和官僚類型的動態有關的。

傳統的解釋極簡單：新法引用小人，元祐更化，而可惜君子不能合作。小人乘之，再度當權，竟至亡國。這說法的疑點很多。新法引用的，並不全是小人，已見上文。最難說通的是君子何以不能合作。還有一點就是何以後來的小人比新法初期的小人更是變本加厲的壞？

君子小人，道德性的二分法，過於簡單。用以解釋俠盜，尚嫌未足。用以討論政治上的權變應付，更感困難。用以說明官僚類別，總多牽强，不過是草率的言其大概而已。其實，這二分法在北宋黨爭時已經成爲政治工具，發生流弊。在一〇四三——四四時，范仲淹等主持短短的一段慶曆變法，遭受攻擊[92]，歐陽修卽首創「朋黨論」，言君子小人之別[93]。從此君子小人之論，爭辯不休。王安石變法，舊黨以新黨爲小人，新黨又何嘗不以舊黨爲小人？元祐時舊黨上台，洛黨以蘇軾爲小人，而蜀黨也不承認程頤是君子。建中靖國前後，附庸元祐黨人的名士，莫不自居君子。蔡京擅國，故意籠絡名士，又有誰肯自認小人[94]？自居君子，攻政敵爲小人，輕用這二分法爲政治上的便利工具，流弊是政治上的四分五裂，間接的影響士風低下。南宋葉適曾說：「歐陽氏朋黨論……迫切之論，失古人意。徒使人悲傷，而不足以爲據也。」[95]只有在政治分野極其明

---

[92] 馮琦，〔宋史紀事本末〕，冊二，卷二九，〔慶曆黨議〕；楊仲良，〔通鑑長編紀事本末〕（一八九三本）卷三七—三八；參閱拙著：James T. C. Liu, "An Early Sung Reformer: Fan Chung-yen," *Chinese Thought and Institutions*, ed. J.K. Fairbank (1957), pp. 105-131.

[93] 歐陽修，〔歐陽永叔集〕（萬有文庫）冊三，頁二二。

[94] 王夫之，〔宋論〕（四部叢刊），卷四。

[95] 葉適，〔習學記言〕（一八八五本）卷五〇，頁一〇；參閱拙著：「范仲淹，梅堯臣與北宋政爭中的士風」，〔東方學〕（東京，一九五七），一四輯，頁一〇四—七。

顯，昏君權臣當道，措施在在不當，多數儒者不是潔身引退，就是被罪被謫，這君子小人道德性的二分法才有明確的政治意義。例如蔡京擅國以後（或更如明朝東林黨時），確可明分君子小人。而從王安石變法起，到蔡京當政以前爲止，粗分君子小人，終嫌籠統⑯。

舊日典籍，對於官僚類型這一問題，除了君子小人道德性的二分法之外，早有其他若干的分法。例如〈史記〉首創循吏酷吏之分，是以行政方式爲區別的標準，原不是以道德爲分類的根據。宋初編纂〈册府元龜〉，列舉官職，每條都提及各該職務的行政條件，又提及各種政治作風，並非僅以道德爲唯一的衡量標準。卽以宋代實際的課考而論，對於貪污不法，頗爲嚴厲。但除貪官以外，是以實際行政來區分官僚的殿最高下的⑰。我們在這裏敍述這些分法，目的是要說明區分官僚類型，最好是用多元的標準。當然，道德操守，不容忽視。可是此外還要注意到政治理念，學術地位，行政才能，政治作風等等的因素。

還有一點說明，所謂官僚類型只是言其特徵。這些特徵，無論在思想上，態度上，行爲上，都是相對性的，在程度上比較顯著而已，並不是絕對性的，屬於某一些類型，而旁的類型完全沒有。因爲特徵是相對性的，所以類型只是模式，有時有典型的代表人物，有時則有人近乎某一型，同時也又近乎另外一型。不過有一個分類，能說出某些類型來，能指出這些類型的特徵來，

⑯ 拙著，James T.C. Liu, "Some Classifications of Bureaucrats in Chinese Historiography," *Confucianism in Action*, ed. David S. Nivison and Arthur F. Wright (Stanford 1959) 165-181.

⑰ 同上註。

總比完全不分類或太籠統的分類，能幫助我們多了解一點政治史上各種不同的人物。

既經如此說明，我們現在就提出一個北宋晚期官僚類型的分法來討論[98]。

㈠理念類　這類官僚是極少數領袖。他們在學術上的地位很高，有政治上的理論、主張和信念，有操守，不肯輕易放棄他們的理想。粗言之，亦卽傳統所謂君子。這類官僚，在北宋晚期，又分三型。（甲）德治型，重視個人道德，反對改革制度，不太着重行政能力，卽舊黨中朔洛兩派是也。（乙）治術型，以爲個人道德尚不足治世。改革制度，也不可妄舉。一方面要注重政治的權勢，行政的能力，但另一方面不求速達，以緩進爲是。卽舊黨中蜀派是也。（丙）改制型，特別强調改革制度，以高度的行政能力，求急進，在理論上並不輕視道德，在實行上則難免輕用道德稍差的人，卽新黨王安石是也[99]。

㈡仕進類　這類官僚在學術上的成就較低，在政治上縱有理論、主張和信念，總以仕途進取爲前提。他們做官爲人也尚有操守，非瀆職者可比。最能代表這一類官僚的精神是文彥博的一句話，「孰不好功名？又當體國！」[100]在這一類中，又可分兩型。（甲）因循型，這是官僚羣裏的絕大多數，照慣例常情奉行公事，無過之望，勝於有功之心，以年資考績取勝，普通稱爲「良吏」（但却不是〔史記〕所謂「循吏」原來的意思）[101]。（乙）幹才型，這一型又較屬少數。他們行

---

[98] 此文第三節大致見於英文拙著，見註一。

[99] 參閱蕭公權先生，〔中國政治思想史〕，第二編，第一四，一五兩章，

[100] 〔續長編〕卷二二一，頁二〇。

[101] 參閱〔史記〕「循吏傳」和〔漢書〕「循吏傳」的原文；又註[96]所引拙著。

政能力高，還有政治手腕。立功取勝，急進之心甚切。傳統術語，稱爲「能吏」，「幹才」，「長於吏事」，或「多謀」。

㈢瀆職類　這類官僚縱有學術，却少道德。最能代表這一類官僚的精神卽上文所引鄧綰的話：「笑罵從汝，好官須我爲之。」⑩他們的政治主張，無非手段。卽傳統所謂小人，利用職位營私。又可分兩型。（甲）貪汚型。這一型較屬多數。除了自肥之外，野心不大。（乙）弄權型。這一型有野心，擅長手腕，要掌大權。他們的貪汚也是較大規模的貪汚。

本文所要特別分析的是幹才型和弄權型兩者之間的相似處和動態的關係。簡單言之，幹才型用手腕在行政上立功以求急進。若能立功，而不瀆職自肥，不能算是小人。而弄權型的手腕，主要並不用在行政上，目的也不在立功，而是在政治上要弄，爭權以奪利。試以曾布、呂惠卿、章惇、蔡確四人比較⑩，可列表如下，以（+）代表有此特徵，（−）代表無此特徵，（?）代表有疑問或不知有無。

---

⑩ 見註⑰。

⑩ 這四人的傳記材料，主要見於「宋史」，楊仲良，「通鑑長編紀事本末」；柯維騏，「宋史新編」；陸心源，「宋史翼」；杜大珪，「名臣碑傳琬琰集」；又「琬琰集刪存」；朱熹，「朱子語類」；黃宗羲，「宋元學案」；陸心源，「元祐黨人傳」（以供旁證）；丁傳靖，「宋人軼事彙編」。參考者可用「四十七種宋代傳記綜合引得」，最便。

特徵 \ 個人		曾	呂	章	蔡
幹才型的特徵	高度行政能力	㈩	㈩	㈩	㈩
	善用手腕	㈩	㈩	㈩	㈩
	善處理公文	㈩	㈩	㈩	?
	善論辯	㈩	?	㈩	?
	有相當學力	㈩	㈩	㈠	㈠
近乎弄權型的特徵	善迎合意旨	?	㈩	㈩	㈩
	陰擠同僚	?	㈩	?	?
	交結黨羽	㈠	㈠	㈩	㈩
	勾結太監	㈠	㈠	㈩	㈠
	陷害政敵	㈠	㈩	㈩	㈩
	貪贓或縱容家人貪贓	㈠	㈩	㈩	㈩

上表求避繁瑣，難免失於簡略。但大概可以看出一個比較。曾布是幹才型，不太近乎弄權型。呂惠卿雖是幹才，已接近弄權。章惇蔡確可能是兼乎兩型。換言之，王安石喜用幹才型。在創行新法時，大目標集中在推行改制的理想，幹才還是幹才。到了新法已行，政治理想的因素不免減低。有的幹才就轉移目標趨於弄權。舊黨批評王安石引用小人，也有相當理由，要點實卽在此動態的變化。

弄權之風既起，政情日趨險惡。其他的幹才，也不得不用類似或同樣的手腕以自保，以對抗。曾布前後的經歷，也略有判若二人之感。早年有理想，有爲，並不弄權。晚年重掌政權，雖尙有建中靖國的主張，已經不能有所作爲，只是捲在爭權的旋渦中。在爭權的旋渦中，幹才型是不能取勝的。就是幹才近乎弄權的章惇，都未免不能立足。唯有眞正弄權型的蔡京，能排除政敵，掌握大權二十年之久。

我們還可以綜合以上所有類型，以簡圖表示這段政治演變。垂直線之左，代表王安石創行新法時所占的勢力。曲線之下，代表蔡京當權時所占的勢力。

類	型
理念類	德治型　治術型　改制型（王安石）
仕進類	因循型（絕大多數）　幹才型
瀆職類	貪汚型　弄權型（蔡京）

王安石創行新法時，不但舊黨，德治型的洛派朔派，治術型的蜀派反對，絕大多數的官僚是因循型，也在反對，因爲新法與他們的慣例素習不合，給他們加上許多重擔。至於貪汚型，最初也是不贊成新法的。在重要反對之下，王安石更不得不另外找人，選拔和依賴他所認爲的幹才，堅決奮鬥。蔡京當權時，情形大異。新法已行過多年。絕大多數的因循型已對新法習慣，同樣的可以奉行照例公事，並不反對蔡京。貪汚型則更樂得蔡京用事。蔡京之所以能久位，得到多數官僚擁護，也是重要的原因之一。而幹才型的人物，則因弄權伎倆不如蔡京，終歸失敗。所以蔡京登台，不獨舊黨受罪，卽舊日新黨中人如曾布者，也同受謫貶。就整個官場而言，熙寧元祐新舊

兩黨，儘管意見不同，究竟都有政治的理想和信念。徽宗用蔡京時，士大夫之間，就無所謂理想和信念了。

從改制而用幹才，用幹才而造成弄權者的機會，王安石不能不負相當的責任。南宋史家，念亡國餘痛，認為新法誤國，也有其理由。不過，舊黨以德治為重，既不能改善行政，裨益國計民生⑽，又不能以道德轉換和領導因循型的多數官僚，眼看他們依附弄權的蔡京，又何嘗不負相當的責任？

新舊兩黨各有其不同的儒家理想，却都沒能成功。北宋晚期政治的失敗，也可以說是北宋各種儒學，經世致用，在政治上始終沒找到出路。這也是南宋儒學，一轉而高談理性的原因之一。

原載〔清華學報〕新二卷一期（一九六〇）

⑽ 曾我部靜雄，〔宋代財政史〕，頁二二一二七。

秦檜的親友

一　小引

秦檜這人，眞是遺臭萬年。凡是讀過書的，包括學童在內，無人不知他是屈辱求和，殘害忠良的大奸臣，就是不識字的，也從流行的戲曲裏，得知他是寃殺精忠報國岳飛的大兇犯。這千古罪惡，令人憤慨無已，甚至傳說有的油條叫油炸燴，就是炸檜的訛音，大家要洩恨的意思。在抗戰期間，秦檜更成爲賣國的代名詞。而有的日本學者，附和軍人侵略，普通名之曰御用學者，居然還厚顏著書，說秦檜主和，並非賣國。目的很顯著，妄想中國屈服求和。而中國人看見這種著述，更覺得秦檜令人不齒。

最近看見兩本中文的岳飛傳記。一本是根據舊作，加以增訂。考訂史籍，更勝於前。另一本叫〈岳飛新傳〉，確是新式寫法，明晰生動，不爲考證所累。但也都是正面文章，不屑於分析一下秦檜究竟多壞。歷史應該力求全貌，不能因爲其人可鄙，其事可略。

本文絕非翻案，只是確切的補充。先聲明三點意義。

第一，從方法論說，無法研究秦檜本人，但是可以查考他的周圍，特別是從他的親友來觀察。如眾周知，秦檜父子當權的時候，已經抹殺了若干檔案的記載，令人無從查考。所以南宋後來的史家，儘管查國史，找實錄，看會要，都無法追記。李心傳的〈建炎以來繫年要錄〉（以下簡稱〈要錄〉），已經盡其所能，也沒有多少秦檜的資料。元代修〈宋史〉，未見〈要錄〉。明人也看不到，一直到清代才從〈永樂大典〉裏，輯出〈要錄〉，這才稍有線索。

一般忽略了高宗的手段，隱蔽對金求和的史料，不要人說出秦檜的作爲，他是主要因素。秦檜父子毀去檔案，高宗不可能不知道，而是願意他們這樣做。秦檜死後，高宗公然宣布詔書說：「朕惟偃兵息民，帝王之盛德。講信修睦，古今之大利。是以斷自朕志，決講和之策。故相秦檜，但能贊朕而已。」（〈要錄〉，國學基本叢書本，頁二八二七）這樣一說，誰還敢提當初屈辱講和的經過？不但如此，高宗根本不許人提出秦家的過失。不久，他又下便詔：「然朕以秦檜輔佐之久。又臨奠之日，面諭檜妻，許以保全其家……可令中外知朕此意。今後不得更有論列。」（〈要錄〉，頁二八七五）

李心傳等有名史家，何嘗不知道高宗諱史，只是在南宋時代，無法批評中興聖主，只好推在秦檜父子身上，說他們摧殘了紀錄。但無論是誰，終不能掩盡天下人耳目。秦檜的親友，還是有案可查。

第二，一般印象總疑心秦檜是女眞金人的奸細。否則，他本是金人抓去的，怎能不受監視者的覺察，公然帶著家眷，輕巧南歸？可是，這只是懷疑，並沒有實證。何以呢？一則如果是奸細，怎樣和金人暗通消息。這很難做到事後也沒人洩漏出去。二則不但南宋筆記裏找不到痕跡，而且岳珂著書，爲他先人岳飛申寃，有〈金陀粹編〉的專書，另外還有〈桯史〉的隨筆，也不提秦檜有替金人做奸細的嫌疑。

可是秦檜的確很熟悉金人的動靜，這又怎樣解釋呢？從他的親戚裏去找，線索有了。他有近親是劉豫僞政權下的高官，自然近水樓臺先得月，容易把消息透過來。換一個方式說，秦家和他們的親戚，有的幫宋高宗，有的幫劉豫，私下聯繫，兩頭活動。只要講和，對於他們高官的身家，總是有利的。這條線索，是前人沒注意到的，可以訂正史册。

第三，秦檜的妻子很值得注意。上文引高宗詔書說，臨貶之日，面諭其妻。這是極稀見的事。秦檜之子秦熺，也立朝頗久。高宗何以不面諭其子，而特別要面諭其妻呢？整個宋代，大臣之妻，向不干預政事，而秦妻王氏確是特例。南宋佚名的〈朝野遺記〉就有特出的一條：「王氏素陰險，出其夫上。岳飛獄具。一日檜獨居書室……若有思者，王氏窺見笑曰，老漢何一無決耶？捉虎易，放虎難也。檜掣然當其心，卽片紙付入獄。是日，岳王薨於棘寺。」（見〈說郛〉，涵芬樓本，一九七二影印，卷廿九，頁廿一至廿二；丁傳靖，〈宋人軼事彙編〉，卷十五，頁七六上頁，引之，但有脫誤字）。

宋代有人寫這傳聞，元曲裏就成爲「東窗事發」的故事，說因爲岳案，秦檜夫婦受陰世刑罰。從此各種通俗演義，大小戲劇都無不以王氏爲殺岳飛的幫兇。民間流行之後，士大夫也同意採取。因此杭州建岳廟，前面鑄了鐵人跪著認罪。既有秦檜，也有王氏。而且王氏跪像，赤露上身。婦女的像，而供衆侮辱解恨，這也怕是僅見的特例。

正史上的材料不能解釋嗎？也不盡然。一去追溯秦檜的親友，立卽發現這些親友多半是王家和王家的關係。連上文所提的可能，親戚在劉豫那邊可能先知金人消息，暗通聲氣，也是王家的親戚。

三點聲明說完，開始敍述史實，大致分爲五節，計有岳父兄弟，妻子的弟兄，任僞官的表親鄭億年，結爲乾親的御醫王繼先，和另一位姓王的朋友，叫王次翁。

二　岳父兄弟

秦檜是建康（現代的南京）人，家世並不顯著。宋代重視科第，盛行榜下求婿，名門高官，自己的子弟未必爭氣。爲了維持家聲，鞏固勢力，蟠踞官府，庇護子孫，往往把女兒嫁給中了進士的新貴。王氏就是這樣嫁給秦檜的。

王家原籍四川，但已久居開封都城一帶。祖父王珪（一〇一九——一〇八五）是有名的宰執。在實行王安石新法的時期，從一〇七〇到一〇八五，都在臺上。但並非眞正相信新法。神宗去世，他看出朝廷的情勢改變，又轉而擁護恢復舊法的太后（傳見〔宋史〕，卷一三二）。王珪詞章很好，有〔華陽集〕六十卷（四庫珍本）。華陽就是四川老家的地名，但已經和唐代以前不同，並不是什麼郡望，早就寓居在外，過官僚生涯。

王珪兩個兒子，王仲山和王仲嶷，遠在秦檜主張向金人求和之前，早就不能盡職守節，公然降敵。其中王仲山尤其無恥，而他就是王氏的父親，秦檜的岳父。

當時，一一二九（建炎三年），金兵打過長江，這是游牧民族，破天荒第一次渡江，是從前苻堅等人所不能比擬的。渡江以後，兵分兩支。一支從南京附近直撲浙江，從浙西趕到浙東。宋高宗計劃，從寧波航海，逕向台州溫州沿海。這也是中國歷史上君主航海，破天荒的經歷。另一支金兵，追趕逃向江西的太后。從建康（南京）打進江西，或降或走的知州，有十四人之多。王仲山、王仲嶷就在其中（〔要錄〕，頁五六六）。

王仲山知撫州（卽王安石老家的臨川），金兵將到，卽以城「降拜」。降已喪名節，而拜則更無恥。金人沒要他做官，却利用他的兒子（不知是那一個），「權知州事，令括管內金銀，赴洪州（卽南昌）送納。」王仲嶷知袁州（卽宜春），已近湖南邊境。也用不著金兵去打，和他哥哥一樣，趕緊投降（〔要錄〕，頁五七七）。

名門兄弟，連袂降敵。消息傳來，南宋震驚。朝廷雖然躲在浙東，深覺不得不嚴詞痛斥，以儆效尤。詔令說：「今爾兄弟，爲郡江西。臨川先降，宜春繼屈。……雖爾無恥，不愧公議，然亦何顏下見先人?」所謂先人，即曾任宰執的王珪（〔南宋書〕，卷卅一，頁九——十）。這責詞簡直是破口大罵他們兄弟死不要臉。

金人渡江南下，只是突破。目的限於追襲高宗和太后，以斷南宋承繼的根據。女眞既無充足的人力，也沒有征服長江流域的計劃，甚至統治黃河流域，暫時還得利用僞政權。因此，南下的追兵不久就退回北方。許多降拜的官吏，也並不一定跟他們走。有的參加了劉豫的僞齊政權，有的厚顏歸正，仍然留在南宋。王仲山的下落，缺乏史料，無從查考。但據說他在山東有產業，還幫助了原來被金人擄去的女婿女兒，秦檜夫婦，回到南方。這段傳聞說：「王仲山原有別業在濟南。金（人）爲取千緡贐其行……人知其非逃歸也。」（〔要錄〕，頁七二〇，引朱勝非，〔秀水閑居錄〕）朱勝非的回憶錄，不一定可靠。〔要錄〕在他處常常指出它的誤載。但我們可以看出，當時南宋和僞齊之間，並未斷絕交通，親戚之間，更不會不設法通聲氣。在這裏固然沒有證明，但下文討論鄭億年的情節，自會明白。

王仲山雖然無聲無臭，弟弟王仲嶷却忝不知恥，還在政界不斷鑽營，因爲他和大臣汪伯彥交結。可是在一一三〇（建炎四年）言官提出他在袁州「投拜」敵人之罪，應加懲罰。於是貶爲沂州團練副使，潮州安置。（〔要錄〕，頁六二九）換言之，還留給他一個官銜。一一三五年（紹興五年），秦檜回南宋，出任大臣，立刻設法替他恢復名譽。刑部檢舉他的檔案，就不提他降金的醜態，另找理由，解釋貶責。說他「知越州日，起發花石」，所以「責授散官。蓋隱之也」（〔要錄〕，同上，又參頁八八四）。但是言官不肯因此罷休，還是舊事重提。於是只好決定恢復王仲嶷舊的官階，而作為退休。這段記載說：「責授沂州團練副使王仲嶷復（就是恢復）中大夫（官階），與宮觀（就是有收入的退休）。言者論其不廉不忠，乃詔更俟一赦取旨（卽等下一次大赦再考慮執行這命令）。」（〔要錄〕，頁一四六九）

王仲嶷當然不甘心。第二年上疏稱述元祐時代宣仁太后主政，恢復舊法。他的父親王珪是贊成的，有神道碑為證，不該受謗說他不忠，反對舊法。高宗據此陳說為理由，下令王仲嶷「復左中大夫，與宮觀」（〔要錄〕，頁一六八四，又頁二四一五）。換言之，不等大赦，終於取得退休的榮譽。當時，言官就不再說話。一一三八（紹興八年），秦檜正在籌畫向金求和，居然任命他內親王喚（王仲山之子）任要郡知州（見下文），辛次膺覺得忍無可忍，竭力彈擊。記錄說：「論左中大夫王仲嶷，與直秘閣王喚之父，在建炎中，皆嘗投拜。喚不當與郡，仲嶷不當復官。二人，樞密使秦檜妻黨也。檜力營救。次膺乃併劾之曰，是將有蔽朝之漸。時檜議復遣王倫使北請和。次膺言，國恥未雪，義難請好。面陳及上疏者六七。（高宗）不從。乃以母疾求去。」高宗也不肯，而用妥協手段，將次膺外調，出任荆湖南路刑獄公事。（〔要錄〕，頁一九〇〇—一九〇一）

一一四三（紹興十三）年，在和議已成之後，王仲嶷年逾八十，還大做文章，向朝廷歌功頌德，以干恩典。這段總敍，值得鈔錄：「左正議大夫（官階）提舉台州崇道觀（退休待遇的官觀空銜）王仲嶷復顯謨閣待制（恢復比前列更高的官階）致仕（完全退休）。」為什麼呢？「仲嶷始坐江西降敵失官。後復故秩。至是獻紹興聖德頌於朝，且遺秦檜書……書未報而仲嶷卒。權中書舍人劉才邵（顯然是討好秦檜）因言其所頌，既進歸美之實，而權制典雅，眞得家法之傳（父親是宰執），乃有是命（上列的任命）。」原文註引王明清〈揮麈錄餘話〉：「王仲薿（字）豐甫……後秦……再入相……以啓懇之。會之（秦檜字）爲開陳，詔復原官，奉祠（即宮觀）放行。……諸孫皆奏京秩。年八十餘卒。」（〈要錄〉，頁二四一五）降敵之後，居然載譽歸老，蔭及諸孫。

哥哥王仲山先死，但他追敍了沒有呢？就當時的紀錄看，好像沒有。但他是秦檜的岳父，怎會沒有？也許隱蔽不宣，也許秦檜當權時毀改檔案，故意刪了。可是瞞不了。一一五六（紹興二十六年），秦檜死後第二年，有個姓楊的提出呈請：「爲父昨守吉州，因金人侵犯，棄城。乞依王仲山仲薿例，追復原官並恩澤。」（足見王仲山也已經敍復了）這紀錄接著說：「上曰：祖宗時棄城皆用軍法。今得不誅，幸矣！仲山仲薿皆秦檜親黨，錄用以示私恩，豈可爲例？（宰執）沈該等因奏當時一般棄城之人，獨仲山仲薿兩人追復官職，他皆不與也。」（〈要錄〉，頁二八八九）這後一段話是什麼意思呢？高宗厚顏，公開承認王氏弟兄得的是私恩。而這時的宰執，已經不想再爲秦檜或王家維護。表面上好像恭順高宗的意旨，說這私恩特殊，不可爲例。實際上是暴露往事，秦檜徇私特甚，唯獨照顧王家，越規追復，絲毫不管法理公議。而且王仲山的幾個兒子，都做官。其中還有很得意的，詳見下節。

結束本節，還有一段意味深長的史話。既描述南宋初暗鬭的尖銳，也顯示秦檜口鋒的毒辣。〈要錄〉頁七九五，引王明清〈揮麈錄餘話〉一節，今本不見。說紹興元年，范宗尹和秦檜同相而不和，商量處理江州臨江等地，李成寇至，守臣棄城的案件。和當初王仲山弟兄降敵類似。范宗尹「欲寬之，檜云不可。既已投拜，委質於賊，什麼話不曾說，豈可貸耶？蓋譏覺民（范宗尹字）嘗仕僞楚耳。」（要錄）的編者李心傳趕緊加上兩行按語，指出王氏弟兄降金是早一年的事，秦檜還沒回到南宋。而江州這些該罰的官，地點與王氏弟兄不同，降的也是賊寇，不是金人。這兩回事弄到一起，是王「明清蓋甚誤」。其實呢是李氏按語錯了，完全沒懂這節記載的深意。是范宗尹攻擊秦檜，岳父弟兄既有降敵之醜，却又力求寬恕。而秦檜反擊，極爲有力。范宗尹曾在張邦昌首尾三十三天的僞政權之下任官，又有什麼資格攻擊人？南宋初年，曾受僞命的不在少數。而秦檜則以上書金敵，要求保存趙宋，因此被擄，又自動回到南宋，當然有理由傲視他人，打擊政敵。

三　妻子的弟兄

王仲山有五個兒子，因爲不知他們的年齡長幼，這裏一概稱爲秦妻的弟兄。其中比較能幹，和秦檜合作較多的是長子王㬇。北宋亡國，康王（卽後來的高宗）由河南北部繞道魯南再轉往歸德，設立大元帥府。中途路經單州，王㬇是守臣，率官郊迎。過了兩年，王㬇任江陰統制官，曾奉令拒敵（（要錄），頁一一，又四一一）。又過兩年，一一三一（紹興元年），王㬇忽然得意。「詔以紹興重修敕令格式爲名，自來年頒行。中大夫直秘閣新知饒州王㬇（被任爲）提擧臨安府洞霄宮。喚以鄭居中（是其岳父）故，積遷至大官。時方討論，故有是請」（〔要錄〕，頁八三〇——八三一）。鄭居中是北宋末期，聲勢很大的宰執。當然在朝中不少舊部，支持王喚。但〔要錄〕的編者沒注意，那時候秦檜已經第一次登臺了。

王喚主要的靠山，還是秦檜。據說，兩家還另有隱私。王喚有個私生子，而秦無子，秦被俘北去，王喚就把這人算成秦的兒子，奏報朝廷，賞他官銜。秦回南宋，很喜歡這事，當即承認父子關係。這人就是後來幫助秦檜很有權勢的秦熺（〔要錄〕，頁八〇二——八〇三，引王明清，〔揮麈錄〕）。姑無論其事是否屬實，這兩家的關係密切可知。

秦檜初次上臺，地位並不穩固。王喚的職位也隨著浮沉。同年，他又被任爲提點江淮等路坑冶鑄錢，可是「後半月，復寢其命，以言者論列也。」過一些日子，還是任命他這事，只換一下地方，提點江浙京湖福建廣南路坑冶（〔要錄〕，頁八六五，又九八〇）。再稍後，宰相呂頤浩罷免和秦檜接近的二十餘人。其中就有王喚和他弟弟王晒。御史還特加彈劾。（〔要錄〕，頁九九九，又一〇〇四）

秦檜在初期下臺後，王喚也閒了幾年，一一三六（紹興六年），張浚拉攏秦檜，王喚卽在張的都督府，任隨軍轉運副使。不到三年，秦檜獨相，他又恢復知州的高位，知泰州。言官又反對，但並不見效（〔要錄〕，頁二〇九九，又二一五三）。從此，一帆風順。在泰州兼管通州，名義是通泰制置使。又陞淮南東路轉運副使。先加直龍圖閣的官銜，後又提陞秘閣修撰的官銜（〔要錄〕，頁二二三四，二二五二，二二五四，二三一九，又二三二一）。

一一四二（紹興十二年）金人依議把徽宗的棺材和韋太后送來南宋。王喚有好機會，做了兩件大事。第一，他以轉運副使的地位，獻給轉運司，「銀錢十萬緡兩，以助奉迎兩宮（徽宗與太后）之費。」十萬之數，並非特多。但他一立榜樣，「四方率皆獻助矣」（〔要錄〕，頁二三三二，又二三三八）。朝廷憑空收入大增，豈非王喚首創之功？第二件，太后中途借錢，出了誤會，又是王喚臨時竭力籌措，挽救難關。〔要錄〕，頁二三四〇記載得很生動，有些驚險的曲折：

> 太后稱貸於金之副使，得黃金三百兩，且約至邊境，倍息以還。后既得金，營辦佛事之餘，盡以犒從者，悉皆懽然。途中無間言，由此力也。既將抵境上，使必欲先得所負，然後以后歸我……遂詢於（奉迎大臣）王（慶曾）……（王）心懼秦（檜）疑其私相結納（太后），歸欲攘其位，必貽秦怒，堅執不肯，儐相（伴迎者）待界上，凡三日……既衍期，張俊為樞密使，請備邊，憂慮百出，人情洶洶，謂金已背盟中變矣。秦適以疾在告（假），朝廷為備邊計，中外大恐。時王喚以江東（卽淮東）轉運副使，為奉迎提舉一行事務，從王（慶曾），知事急，力為王言之，不從。喚乃自裒其隨行所有，僅及其數以與之。金人喜。后卽日南渡，疑懼釋然。

太后到了臨安，當然把這事告訴高宗。本要重罰王慶曾，但秦檜因爲喜歡他眞正事事聽命，竭力庇護。奉迎大臣怕秦檜起疑，王喚是至親，並無顧忌，一力擔任，解決困難。因此大得高宗歡心，連連陞官。凡是奉迎太后的官員，都進一級。而王喚特陞集英殿修撰的官銜，派爲兩浙路轉運使，參加辦理安葬徽宗。葬事未畢，又陞臨安府尹（卽首都特別市長），加直學士銜。（〔

要錄〕，頁二三五三——四，二三六四，二三六九，又二三九五）

王㬇在臨安府任上，還做些文教工作，以增名譽。他爲太學籌措了固定經費，够養三百名學生。整頓秘書省，恢復北宋舊制。暇日天氣好，召集官員，擧行曝書會（〔要錄〕，頁二三九八，又二四〇二——三）。未足三年，調知平江府，卽最富裕的蘇州。以王㬇的才具與官運而論，很可能再陞大官。但不到兩年，一一四七，在秦檜未死之前八年，他就不幸先死了。

弟兄之中官位次於王㬇的是王會。他本來只做小官（〔要錄〕，頁二三六九，二四七二，又二五三〇），在王㬇死後，秦檜可能特別提拔他。先陞兵部侍郎。一一四九（紹興十九年）以敷文閣直學士銜，知湖州（〔要錄〕，頁二五九九，二六三三，又二六三六），一一五五（紹興二十五年）七月，又調任平江府，他哥哥的舊地（〔要錄〕，頁二七五八）。不巧之至，十月間，秦就病死。王會從此倒楣，一是受他外甥秦熺冒失妄冀之累，二是小人乘機攻擊他。

秦檜臨終，秦熺就妄想代替他父親。高宗斷然斥之，並卽令秦熺罷官致仕（〔要錄〕，頁二七七〇，又二七八一）。誰知他不識風勢，還另有要求，說秦檜歸葬建康（卽近代南京），全家回去，請求把他在平江的親舊王會和知建康的長官對調一下，以便王會照顧秦家（〔要錄〕，頁二七七四）。因爲高宗在臨奠秦檜的時候，「面諭檜夫人王氏以保全其家之意」（〔要錄〕，二七七九）。他以爲高宗還會厚待他家。其實，所謂保全，只是消極的不處罰不追究的意思，並無積極優待的涵義。這種對調地方長官的無理要求，那會准許？反倒給人攻擊的口實。

御史湯鵬擧立刻指出秦熺喪父，「止有營私之心，初無憂慘之意……如乞王會知建康，共辦父之喪事，可也。乃云應得相聚，照顧家屬。建康駐屯大兵……事體非輕。若止爲私家相聚，朝廷何賴焉？」（〔要錄〕，頁二七八一）高宗得此抨擊，不但不准所請，還把王會也罷黜了。

在這事以前，小人看秦死了，已經開始找王會的過失。有人說他過生日，有知縣送他黃柑萬餘（〔要錄〕，頁二八三〇）。這是不值一笑的小毛病。而另一件事却異常曲折。那時，秦檜雖死，岳飛的寃獄並未昭雪，還認爲他謀反有罪，而不以爲然的人，就被指爲不對。李若樸是若虛之弟，而若虛和岳飛相知。岳飛下獄，李若樸正任大理丞，參加審訊。事隔多年，侍御史周方崇忽然提出：「岳飛之獄既具，若樸獨以爲非，務於從輕。今復守湖外（黃岡），其異議如是，得不爲之慮乎？」（〔要錄〕，頁二八五二；又參閱王曾瑜，〔岳飛新傳〕，頁三〇七）這是站在秦檜那邊說話，可是一掉頭，又指摘李若樸交結王會，好像王會也靠不住。這眞是乘機牽累，毫不講理。

王會下場，幾乎是迅雷不及掩耳。初則落職，罷宮觀，勒停。不久，貶循州居住，他遲遲不去，又下令押發。不久，又從循州遠移海南島的瓊州（〔要錄〕，頁二七九三，二八四四——五，又二八八四）。不但如此，凡是和王會交結的人，一一罷斥（〔要錄〕，頁二八二四，二八三〇，又二八三二）。高宗所謂保全是指秦家直系。他利用過了秦檜，並不想保留秦檜的勢力。所以便翦除王會，毫不足惜。明朝文徵明的滿江紅，題在岳廟。最後兩句道破高宗和秦檜的政治關係。說「彼區區一檜，亦何能，逢其欲」（此詞不見文徵明集中，見於徐階所編的〔岳武穆集〕）。專制君主，對待臣下，往往是既不講公道，也很少留情。

順便帶一下，王仲山還有三個兒子：王曉、王曆、王著，都是小官（〔要錄〕改作王歷，不從日字，是避乾隆名弘曆的諱）。王曆做過江南東路安撫司參議官。王曉王著先後都在溫州做過通判（〔要錄〕，頁二四八七，二六八一，二七〇五，二七六〇，二八二四，二八三〇，又三三九一）。其中王曉，並不曉事，而王著，也無可著錄。一一五八（紹與廿八年）秦檜已死了三年：「中書省言，右丞議郞王著王曉，皆王會兄弟。憑恃權勢，恣爲不法。昨從罷黜，公議未平。今乃輒造朝，干求差遣。詔竝令吏部與遠小監當。日下押出門。」（〔要錄〕，頁二九五九）王門秦門，從此中落。

四　曾任僞官的表親鄭億年

鄭億年這名字，在歷史上很生疏，誰知此人事跡，却是千古怪事，而且關係微妙，先提出他可怪之處罷。

〔宋史〕無傳，〔東都事略〕並不詳細。明代錢士升的〔南宋書〕卷卅一，不但有傳，而且很具體。他降金任官，又接任劉豫僞政權的高官。劉豫廢，金宋講和，他立即到臨安任職，好像他到處都可以做官，一可怪也。金宋和成，按規定金國可以索取他們的人或家屬。鄭在名單中，而南宋懇求，獨留鄭億年。二可怪也。中間和局一度破裂，鄭居然大言，以百口保金人絕不背盟。他如何會有這種有把握的見解？三可怪也。他的古怪，很可能，就是秦檜辦外交的大秘密。

所以值得詳敍細析。

他父親鄭居中，開封人。最初接近蔡京，但後來頗遵紀綱，守格令，因博好評。他曾使遼，也不贊成聯金攻遼。在北宋惹禍之先，他已去世（傳在〈宋史〉，卷三五一）。

億年是次子。他中進士，曾引起風波。李邦彥主考，由得考官莫傳到各房裏去找卷子，找到億年的試卷，結果名列第九。有此情節，何況他又是宰執之子，物議沸然。幸虧徽宗手詔庇護，平息風潮。

北宋亡國時，億年已是秘書少監，中上的職位。金人威脅張邦昌稱帝，他就接受僞命。三十三天後，張自己投誠高宗，億年和他哥哥修年也南下。在揚州時，任職學士（〈要錄〉，頁二八二）。宋廷從揚州，退臨安，又向寧波海上進。同時遣散百官，任便居住。億年躲在寧波山間，爲金兵所獲，帶同北方（〈要錄〉，頁六〇二，又六一〇）。

一〇三〇（南宋建炎四年），金人設立劉豫的僞齊。億年任工部侍郎，又移吏部（〈要錄〉，頁七〇五，參頁七三九）。當時南宋對於在北方任僞官的，不但不斥罰，還要特別安慰他們留在南方的家屬。這叫「以安反側」，希望他們回頭歸正，和「召安」是同一的「柔道」。億年的弟弟僑年，「以其家流落爲請」，卽任爲宣州通判（〈要錄〉，頁六四一）。又有命令凡在僞齊任高官的，都「命所在州根刷期（服）以上親，赴行在。候到，取旨遷擢，以其用事於僞齊故也」（〈要錄〉，頁八九二）。換言之，有政治作用，要注意籠絡，同時監視。但這命令，並不嚴格執行。例如億年妻在台州。她身故，朝廷還賜錢千緡（〈要錄〉，頁九二一）。

儇年在僞政權尙頗順利，一〇三二年，任開封府尹。四年後又調兼吏部禮部兩部侍郎（〈要錄〉，頁九七五，又一六三五）。金人廢劉豫，復以儇年知開封府（〈要錄〉，頁一八八四——五）。但是他已定計，脫身回到南宋。因爲他知道秦檜會幫他立脚。

他和秦家王家是三重的親上加親，儇年的母親王氏，就是王仲山之妹秦妻王氏的姨母。所以儇年和秦妻是表兄妹。而儇年的表兄王喚，前面提過，又娶了儇年的姐妹。由表兄弟而又成爲郎舅。這還不算，下一代又結親。秦檜的兒子秦熺，娶的就是鄭修年，儇年老兄的女兒。所以在王家兩重親戚之外，秦檜和鄭儇年，雖不是直接的親家，也可以說是由表郎舅而成爲叔伯親家（〈南宋書〉未提王喚那段姻親，尙非全貌）。

儇年到臨安，「上表待罪」。同時他又從開封帶來，他暗中收藏的皇室「祖宗御容五十餘軸」（〈要錄〉，頁二〇六五，又二二一六），表示他忠心耿耿的見面禮。經秦檜關說，復以儇年爲直學士。他又不滿意，還要求恢復他在僞齊原有的更高的名義。執政李光反對，但反對無效。高宗竟給了儇年資政殿學士的職名。曾任金僞兩處高官的罪人，有什麼理由站在朝廷上？這不是像〈南宋書〉所說，秦檜「庇護」這兩個字所能解釋的。他之可以一再要求，他之所以能高踞其位，這樣出人意表的，唯一無二的特例，一定他有所憑藉，而秦檜和高宗不得不敷衍他。這特例的重要性就在此。

命令鄭儇年恢復（僞齊）資政殿學士的制詞很妙。「略曰：還秘殿之隆名，賦殊庭（即劉豫朝廷）之厚祿，非爲爾寵，蓋所以昭大信於四方」（〈要錄〉，頁二二一四九）。換言之，這特殊措置，實在講不過去。只好說並非爲他，只是拿他作榜樣，對外宣傳。御史廖剛攻擊說：「億年身爲從官，委質叛臣。今而歸國，赦其戮，幸矣。乃寵以秘殿雄職，授以在京觀使。臣恐此命一行，節夫義士，莫不解體。」（〔要錄〕，同上）這是針對制詞不但沒有宣傳作用，反倒使人心渙散。

廖剛之外，儒臣陳淵也竭力抗辯。除〔要錄〕之外，〔宋元學案〕，卷卅八，也提及陳的痛論。而四庫珍本陳的〔默堂集〕，卷十二，頁廿六——八，有「論鄭億年除資政奏狀」原文，值得節錄幾段：

> 今者忘萬世之公，而論一時之權。用賊豫之所以悅億年者，以寵億年，將使為善者不勸，而為惡者不懼……
>
> 臣謹按億年故相居中之子，雖嘗為從官，無他技能，而有從賊之醜……從之而得美官，必有取非其道者。因赦而復之……其可乎？……
>
> 且資政隆名，賊豫……與之者也。固不可以言復矣。

這篇痛論明說朝廷荒唐。億年任僞齊資政，南宋怎能說是恢復他的名義？高宗和秦檜，都很聰明，怎會如此荒謬？廖陳二人的反對，又都理直氣壯，怎樣辦呢？不報。何以無法答覆，不能解釋呢？其中必有難言之隱。這隱情是什麼？

這是一一四〇（紹興十年）正月的事，和議正熾。不料金國內政起了變化，主戰的中止和談，再佔河南，進攻兩淮。廖剛已陞任工部尙書，直指億年說：「公以百口保金人講和，今已背約，有何面目尙在朝廷，億年氣塞。秦檜以爲譏己也，乃曰：（廖）尙書曉人，不當如是。億年懼，求去。」於是給他宮觀退休（〔要錄〕，頁二一七四——五）。這段當面衝突，露出線索來了。億年能供給南宋金人的軍政情況。再回頭看〔南宋書〕，曾輕輕提及億年在僞齊，曾參預伐宋（卽進攻南宋）的機謀。再審查他的全傳，別無見長或重要經歷。可見他的政治資本，主要在熟悉北方的軍事策略。

有這線索，不難推理。千古疑竇，都懷疑秦檜是金人的奸細。金人故意放他回來，策動南宋求和。這懷疑較難成立。因爲秦檜初回時，無從策動求和。過了六七年，經過趙鼎張浚中止合作，張浚急進，而激起酈瓊兵變，高宗才傾向求和，因此秦檜才能進言，力攬和議。其次，秦檜要和金人直接交通，技術上也有困難，總不會沒人知道，沒人漏話。再其次，秦檜如果眞是金人奸細，當時筆記也許就會寫下，至少後來岳珂爲祖父岳飛申寃，寫的〔金陀粹編〕，和〔桯史〕這類的隨筆，應該有些線索。然而竟完全沒有。

但事實上，秦檜的確隨時在注意北方動靜。這怎樣解釋呢？鄭億年就是解釋。南宋僞齊雖然對立，南北的漢人之間，不難暗通消息。更何況是三重親戚之間呢？不難推想，鄭在北，供給消息。秦就得據以畫策。換言之，鄭必對秦有功，所以敢回來南宋，所以敢一再要求，甚至恢復在僞齊曾任資政殿學士的名位。而秦也把內幕報告高宗，高宗也不得不同意。而這內幕，不僅是諜報，而是南宋決定國策的重大參考資料，怎能公布？因此任命鄭，而言官反對，只好不報。

還有反證。金人據和議索人，鄭億年也在其中。南宋同意要求，唯有鄭，又是例外。歷史上又以爲秦檜的親戚，所以保證他，不讓金人要去。假定把鄭放走，而萬一金人從他身上，得知從前的內幕，便能測度南宋的國策，那還了得？

這段索人請留的事，怎樣經過，也值得細敍。

一一四一（紹興十一年），金人於失利之後，放棄進攻，而高宗也致力於統治，釋三大將兵權，鞏固他的半壁江山，無意再戰。和議從此定局。據條約，金人可以索取原來歸附北方的人或他們的家屬。金帥來的公文，列舉若干名人。其中說：「鄭億年資政……係汴梁……人氏。早歲朝廷嘗委以近上職任。」請亦送同金國。南宋照辦如文，但請求留鄭。同文說：「其母（卽秦檜岳父之妹）亦以此中親眷不少，只欲留此養老，誠出懇切……親書狀繳納，想蒙情察也。」金帥先沒反應。請示他政府之後，才來公文說：「所附到鄭億年申狀，尋具奏聞。準奉聖旨，爲已經放還，只合在彼（南宋）居住。」南宋再次去文，還道謝金帥，「過蒙恩念，特爲取降聖旨。」所以結果是：「凡士大夫北留者，家屬悉遣，惟億年得留焉。」（《要錄》，頁二三二七——八，二三三〇——二三三九，二三五一，又二三六一）。高宗和秦檜是不放心把他放走的。

鄭億年雖然退居於宮觀，是避免朝中糾紛。高宗和秦檜特加優待。徽宗下葬，鄭任復按使。事後陞級，提舉臨安洞霄宮，賜田二十頃。最要緊的是「恩數視（同）執政」（《要錄》二三三六，二三六〇，又二三六四）。他享了十幾年福，但秦檜一死，右正言張修舊事重提：「以宰相子，身爲近臣。不能捐軀報國，乃甘事逆臣劉豫。既還朝，大臣力爲之地。高爵重祿，坐享累年」。這時高宗已無所顧忌。詔億年落職，貶到南安軍居住（《要錄》頁二七八三，又二七八五）。他的千古怪事，就此結束。

五　乾親——御醫王繼先

秦檜，除了內親王家和迭為婚姻的表親鄭家之外，還結有乾親。王繼先是高宗的御醫。「有寵。秦使其夫人敍拜為兄弟，往來甚密」。他的兒子秦熺也「厚結」繼先。從繼先那裏可以熟悉高宗在閒暇時的動靜和意向。因為不上朝而進宮見皇帝隨便談論的，只有繼先一人。高宗說：「朕於藥醫嘗所留意。每退朝後，即令醫者診脈。才有虧處，便當治之」（〔要錄〕，頁二五二九，二五五二——三，又一七〇八）。這醫者地位之高，與宰相相提並論。「臺臣有論秦檜王繼先者。上曰：檜，國之司命。繼先，朕之司命。言者遂沮」。那敢再說？（〔宋人軼事彙編〕，頁六九，引〔四朝聞見錄〕）

繼先如何得寵呢？傳說他是開封人。「世為醫。其祖以賣黑虎丹得名。」這恐怕是挖苦他的話。因為他相當文雅。一則編寫醫書，見於書目著錄。二則收藏古董，有名女詞家李清照的丈夫，前知湖州的趙明誠，逃難南下，搬到金華等地，出賣多年收藏的金石，就是繼先買去的（〔要錄〕，頁四四四九——四五〇）。還有一點，要十分注意。高宗有父風，頗喜翰墨，尤其是書法，他自己書法，也有相當功夫。他接近的人，都是較有修養的。而且高宗時對太監有戒心。一則因為徽宗信任童貫梁師成等太監，公論都認為是亡國原因之一。二則高宗初年，也仍然放任太監從中用事。而苗劉兵變，迫他臨時遜位，立刻就殺了康履等幾十名太監。從此，高宗不敢讓太監們放肆，太監們自己也斂迹得多。在這種情況下，御醫王繼先是唯一的近習倖臣。

高宗爲什麼十分注意醫藥呢？除了上述，重視衞生，隨時診治之外，還有個特殊原因。據說，繼先「治海氣，有奇效」。海氣究竟是什麼？不詳。也許是俗話，也許和諱言的高宗隱疾有關。一一二八（建炎二年）金兵突然衝到揚州，高宗半夜倉皇渡江——就是後來盛傳泥馬渡康王的誇張故事——據說因爲「矍然驚惕，遂病薰腐」，現代稱爲陽痿。從此缺嗣，後來才以傍支宗子孝宗入繼（〈要錄〉，頁六六九，又〈宋人軼事彙編〉，頁七四，引〈朝野遺記〉）。這是事實，因爲另有記載說王繼先「嘗勸上服仙靈脾……亦名淫羊藿，雖强陽，然久服……子不成」。（〈三朝北盟會編〉，卷二三〇，頁一四——五，引〈遺史〉）。

當然，姑無論這些傳聞是否可靠，王繼先的醫道絕不止此。如宰相呂頤浩有病，高宗立刻差遣他去治（〈要錄〉，頁二〇六一），其他大臣得病，也時常如此。又設立翰林醫官局，令其主管。但繼先知道正式官職，容易招致人言，因此辭謝，既可改爲自己陞官，還可以請求以恩數回授給幾個兒子（〈要錄〉，頁六七三，一〇三二——三，一一三六，二〇六九，又二三三四）。

他有三子。悅道也是醫生，曾爲太后治病，最後陞任直秘閣（〈要錄〉，頁七七八，又二七四七）。次子安道，是武官。甫任浙西馬步軍副都總管，便遭御史論罷。高宗也覺到這任命錯了。「今和議雖成，大嚴武備。可督諸路，招塡將兵。至於將官，亦須擇人。前者，多以子弟（如王安道）及堂吏爲之，安能稱職乎？」（〈要錄〉，頁二三〇七，二五五三，又二五八二）。

他的三子守道，由轉運司主管文字的小官，一直陞到直秘閣。秦檜之死，不影響王繼先家。續以「供進湯藥有勞」許以恩數回授孫子王錡，又是直秘閣（〈要錄〉，頁二五九一，二七七五，又二七七九）。他的女婿，也曾一度添監浙江稅務，但爲宰執封駁。而且說：「繼先之徒，以技術庸流享官榮……使其應奉有效，僅能塞責而已。想金帛之賜，固自不少。至於無故（添差），增創員闕，誠爲未善。」（洪邁，〈容齋四筆〉，國學基本叢書本，頁一三二）

這都是小事。繼先利用他的勢力，常在幕後徇私引援。「憑恃恩寵，勢焰薰灼」。據說他的力量，幾乎和秦檜相等，甚至高過寵用的太監張去爲（〈要錄〉，頁二一七九，又二五五二——三）。連軍隊高級人事，他也插手。據說王進在池州任諸軍都統制，「不恤士卒，惟厚結王繼先及諸內侍」。另一位將官王勝，因爲大將張俊不肯陞他，就懇求大將韓世忠設法。韓「宴王繼先，命王勝出拜繼先爲父。繼先見上，言勝大可用」，卽任鎭江都統制。因爲這類事，「諸將不敢少忤」（〈要錄〉，頁二三七二，二三六九，又二五五二——三）。

宋金停戰二十年，王繼先也享盡富貴。一一六一（紹興三十一年）金主亮篡位南征，要立馬吳山。王繼先竟敢出頭，干預國策，還主張殺主戰的大將。（〈要錄〉，頁三二〇九——三二一〇引趙甡，〈遺史〉如下：

> 初，劉錡都統鎭江之軍，屢請決戰用兵，朝廷……未許……一日，汪應辰獻復和策，堅持和議。且言，……用兵之議，恐誤大計。繼先因閒見上言，今邊鄙本無事。蓋緣新進用主兵官好作弗靖，喜於用兵，重斂邀功耳。若斬一二人，則和議可以復固。上不懌

曰，是欲我斬劉錡乎？……

上在劉才人位，進膳不舉箸。才人怪之。遣中人物色聖情，因何不懌。乃得應辰之策，繼先之言。才人侍上，因用言寬解上意，大抵與繼先之言相似。上怒問曰，汝安得此言，才人不能隱，遂具說遣中人物得繼先之言，上大怒。劉才人俄以他事賜第別居。

這事傳到外廷，侍御史杜莘老抓住機會，奏劾王繼先十大罪狀。（〈要錄〉），頁三二一〇──一節錄不少。而（〈三朝北盟會編〉），卷二三〇，有原文，頁十──十五，有兩千多字。大要說：㈠廣造第宅，占民居，侵官街，塞運河，號稱快樂仙宮。㈡強奪良家婦女。㈢欽宗喪禮時，違制燕飲。妓女舞而不歌，謂之啞樂。㈣怕金兵來，家財先移湖州。㈤養惡少數百，私置嚴甲。㈥縱子貪污，役使禁兵。㈦受福州富民海舟，舟中百物具備。凡受賂卽爲解免大獄。㈧各地建立生祠，復藉以兼併大刹。㈨呑沒珠行財寶，又誣人姦罪，以致編管。㈩用藥謬誤，反擠陷名醫，或皆畏避。

高宗隨卽懲罰。拘收王家在臨安以及外地所有第宅房廊（卽出租鋪面）田園。拆毀所立生祠。強買奴婢，放還逐便。王繼先本人致仕，令在福建路居住。子孫任官者，一概勒停。還有其徒三人所校本草，原來希望由官刊行，查有譌錯，不可傳世（〈要錄〉，頁三〇〇二）。

過了一年，高宗怒氣已平。又下令放寬，聽王繼先「任便居住」，卽不必限住福建，但「不得輒至行在」（〈要錄〉，頁三三九七──八）。再過一年，高宗自稱太上皇，孝宗繼位。又過了五年，一一六七（乾道三年），「太子得傷暑病，醫誤進藥，疾遂劇」。高宗孝宗皆親視疾，

「乃急召醫師王繼先於福州」（李心傳，〈建炎以來朝野雜記〉，適園叢書本，甲集，卷一頁十六）。但太子三日卽死。王繼先是否到了臨安，不詳。

總之，高宗偏安，表面上是中興聖政（南宋後來，常用這四字爲書名的起詞），並無大過。實際上是信用專人來控制各方面。而信用未必得當。趙甡之的〈中興遺史〉（趙的正確名字，見點校本），有這樣的結語：「大抵，上（高宗）以國事委之檜，以家事委之（太監張）去爲，以一身委之繼先」。

六　忠於秦檜的王次翁

如果題目定爲秦檜的親戚，說完內親和表親鄭億年就可以打住。但既然說討論秦檜周圍的人，就不得不提起他的朋友。其實上節說的御醫王繼先，名爲乾親，基本上不過是朋友。而在秦檜死後，高宗不許他的家人留在臨安，從此毫無勢力。王繼先仍在高宗身旁，也沒聽說他照應秦家。

當權的人，周圍都是依附權勢的人。樹倒猢猻散，根本沒有朋友。不過這話也過分。第一點，在當權的時候，要辦事部下不乏得力的能手。這些人有受提拔與曾效勞的關係，廣義說來，也可以算朋友。一般因爲秦檜屈辱求和，對他的政績以及選用的能員，都不覺得值得注意。這些偏差，有待補充。因爲如果他政績差，縱有幫助講和之功，高宗未必一直信用他，至死方休。

本文並未進行這方面的研究，但既作此建議，不妨擧個實例來喚起注意。中國地稅，極爲重要。一是政府主要收入，二是弊端百出。方田，即確定田畝品等大小，產權和租佃的登記，在北宋討論了近百年，始終沒搞淸楚。實行新法，亦復如此。而在秦檜當政時，提拔了李椿年，先後到各地區推行經界法，並不測量——那近乎不可能——而是由四鄰地保整個重新報明審定。也可以叫做淸查法。就是如此，已經頗費辦理，臨時需要解決糾紛。不服的還要上訴。另費手續。雖然有人批評，許多人不滿，但大致說來是成功的。一直要到明代的魚鱗圖册，才超過經界法的成績。以往雖然有文章討論經界法，可是沒有注意到秦檜當政。再擴大點，可以提出一串列建議性的問題：是否在秦檜的時候，南宋立下穩定的財政基礎？假定是或近似，是否可以說高宗求和之後，最注意的是財政？又是否可以說秦檜在講和之後對高宗仍有財政上的功勞，所以高宗對他如此長久的信任。

第二點，秦檜久居其位的反面，也就是旁人不得久預朝政。據向來的看法，都以爲秦檜固位嫉才，深怕旁人出頭，又取得高宗歡心。搶他地位。這解釋還需要檢討。至少另有三種從推理可以想到的可能：

（甲）高宗容他這樣做，是因爲高宗自己也是這作風。在秦檜之前，任宰執的多半不過兩三年，只有少的，沒有多的。秦檜之後，高宗親政，又是如此。秦檜多年久任，是唯一例外。等於高宗的代理人或大總管。在他之下，照樣的時有人事更動，並不叫人久於其位，或久主其政。

（乙）相反的可能。也許有些士大夫早已看出高宗猜忌的心理和不讓人久位的作風，更看透秦檜使用同一作風，更爲陰險，所以早下決心，甘願外任。與其在朝廷裏應付維艱，不免跌倒，不如在大州當長官，獨當一面。

（丙）第三種可能是高宗年少登位，並無行政經驗。而秦檜亦沒擔任過事務的首長。他以畫策議論出名，並不是行政領袖。因此，這兩個人都不會用人，都不能團結辦事的人才。底下有人會辦事，反倒慢慢由摩擦而衝突，終於被罷免。這個可能性相當大。例如秦檜明知他兒子秦熺的才智並不高，而倚爲左右手。但又知其孤立。病篤，以後事託付兩個宰執，湯思退和董德元，並贈黃金各千兩。湯不收，董收了。高宗親來視疾，檜已不能語，而冒失的秦熺竟問高宗，代居宰相爲誰。高宗毫不客氣，答道：「此事卿不當與」（畢沅，〔續資治通鑑〕，標點本，頁三四五七——八）。另一說，高宗來，檜不能言，「懷內出一劄子，乞以熺代輔政。上視之無語。既出，呼幹辦府事，問何人爲此？則答以曹泳」。因此第二天就把曹勒停，安置新州（〔宋人軼事彙編〕，頁七七一，引〔齊東野語〕）。無論那一說，都可見秦檜臨死前，缺乏布置，考慮甚差，遠不如高宗的老謀深算。

假定有這些可能，則上文所說的穩定財政基礎，又需要修正。南宋只是着重人事統制，而並未改善行政統治。經界法清查，主要還是爲了增加政府收入，並不減低民間疾苦。這些話都是舉例說明從檢討秦檜手下廣義的僚友，可以透視南宋全局。

第三點，始終忠於秦檜的僚友，偶亦值得注意。剛才提起的曹泳，就是一例。但比他重要得多的是王次翁。〔宋史〕卷三八〇有傳，劣跡昭彰，一無好評。姑簡略的舉幾項大事。（甲）秦檜在講和之前，一度感覺地位動搖，在焦急之中，託王次翁去探聽口氣。聽見不要緊，趕快乘機力言，非久任秦檜不可。（乙）王次翁從頭就參與密謀，先解除張韓岳三大將的兵權，然後謀害岳飛。（丙）幫助秦檜，在趙鼎下臺之後，加以誣告。（丁）講和得成，太后被護送回宋，王次翁是事迎使。那時候他用的名字是王慶曾（〔要錄〕，頁二三三九）。就是前文所敍的，太后需要還給金使借她的錢，他堅拒不給，因爲怕秦檜疑心他私下交結太后。要不是王喚解決這事，太后走不了，南宋還害怕金人要再打。王次翁這樣的作風，是像謀士政客，不像行政人才。而秦檜信賴這類人，也就反映他自己重視計劃，對人多於對事。

王次翁百分之百的傾忠於秦，寧可因此得罪太后而丢官。好在他退官之後，秦餽問不絕。〔宋史〕列傳結語說：「檜擅國十九年，凡居政府者，莫不以微忤出之。始終不二者，惟次翁爾」。〔宋史〕如此說，其他史料，例如地方誌怎樣講呢？

筆者從學生時後起，一直都聽說方誌資料豐富可貴。十幾年前擔任一課研究入門，借到旁校的教材講義，讀了一些有關方誌的書和文章，覺得方誌的價值的確很高。但也發現有一點不妥。大家都不批評方誌的缺點。

其實，方誌裏的記載，往往抄襲，並無經過考證。有的數字，照抄官府例行的報告，無從核實。地理風俗，或得諸傳說，或偶據人言，不一定完全準確。許多詩文，並不出色。若干事跡，未免溢美。方誌最大的毛病，是隱惡揚善，遠過於正史的褒貶。正好像現代各國的商會或旅遊機關，介紹本地風光，盡其能事。所以萬不可誤以方誌傳記爲信史。王次翁的傳就是例證。

〈寶慶四明志〉有王的小傳，全是好話。〈宋元學案補遺〉照抄。因爲編者也都是寧波人，既替宋代儒風照耀，又爲本地士紳增光。考語說王次翁「文章似王安石，德行似司馬光」。彷彿是才德俱美，古今完人。根本不提〈宋史〉那篇傳記。如果偶然碰上，也判兩人。想不到是兩種寫法。

筆者有這經驗，故而借本題，提供史學界參考。就秦檜或南宋初年而論，〈建炎以來繫年要錄〉是最好的史料。元代修〈宋史〉未用，明代也不見此書，直到淸代，才從〈永樂大典〉裏輯出來。乾嘉史學大家畢沅著〈續資治通鑑〉，得力於此書甚多。而只有兩三處註明〈要錄〉偶誤。國學基本叢書的普及本，有加點的便利。而近年影印的四庫珍本，又多了若干頁，但不太多。像王次翁這樣的題目，要錄中有相當的材料。以之爲據，再考證他書，卽可論定。

本文可能對於了解秦檜和他的時代，稍有貢獻。可是要聲明此文不免草率，因爲用的時間甚少。一方面是另有文債要還，另一方面是得力於工具書。京都摯友梅原郁兄編個〈建炎以來繫年要錄人名索引〉，用起來眞是一索卽得，賜捷無比。謹以此文獻給梅原兄誌感。寫到這裏，又不禁想起從前燕京大學的老師洪業（煨蓮）先生，他創立哈佛燕京社的引得編纂處，出版了經史子集各種引得，多達六十四種，眞是造福史羣。可惜筆者只選過他一門功課，學力至今還差得太遠。只希望教課稍暇，再多多讀書，好另成一篇較能接近水平的作品，紀念洪老先生。謹此附誌。

原載〈食貨〉十四卷七、八期（一九八四年十一月）

附記

拙文「秦檜的親友」，因課餘未能多讀書刊，竟未見應即採用的參考材料。幸去香港，重晤饒宗頤先生，蒙其指教。饒先生有文：「吳縣玄妙觀石礎畫蹟」，見〔中研院史語所集刊〕，四十五本，第二分（一九七四年）。該文考證精闢。敬節引頁二五八——二六六有關王喚的事蹟。王卽秦檜妻兄。

范成大〔吳郡志〕載有郡守王喚重作該觀兩廊，畫「靈寶度人經變相」，召畫史，工山林人物樓櫓花木，各專一技者，分任其事，極其工緻。直至同治年間的〔蘇州府志〕，仍載其事。考〔度人經〕入畫，已肇於閻立本。佛教壁畫有變相，道教仿效之，亦有變文，但較罕聞。饒先生曾於法京看見伯希和列號四九七九，記有道教天尊變一鋪。而且一般可知，北宋朝廷於道觀繪事，頗爲重視，蔚成風尚。王喚督繪之〔度人經〕變相，雖早失傳，但中央圖書館藏梵夾本〔太上洞玄靈寶無量度人上品妙經〕末葉所記，可資參考，藉以推知王喚令人所繪的題材和內容的梗概。

以上節引，在宗教史上都很精采。至於和拙文關係較近的是王喚的官聲。饒先生在二五九頁引正德年間的〔姑蘇志〕卷三九「宦蹟」提到他：「知郡事。時兵火之餘，公署學校，靡不興葺。」好像是從事恢復的能員。但接下去又說他：「峻于聚斂，用刑尤酷」。可見若干興建的費用，往往是用暴厲的手段去搜括來的。歷史上許多美術古蹟，在讚賞之餘，不免長嘆，也是爲此。

略論宋代武官羣在統治階級中的地位

凡是敍述宋代，如眾週知，都提及冗兵太多，而軍事力量很弱。基本的原因是重文輕武的國策。甚至經過北宋亡國的嚴重打擊，依舊不變。許多著述這樣解釋之後，就很少再加說明；這些被輕視的武官羣究竟是如何的情形？歷代的學者研究宋代，可能也受到重文輕武的影響，不大注意這個問題。現代的學人才感覺到這欠陷應該補充。但是有關軍事方面的論著，比較其他方面的研究，還是爲數不多。並且，這些論著，就大體而言，也許可以說是限於下列的三類。第一類是關於將領的。例如有名的太將，經略使，安撫使，或類似的統帥，以及他們的職權與政治勢力。第二類是關於武力衝突的。例如農民起義，漢族對於猺民和其他少數民族的侵佔，此外的叛變，有名的戰役，攻守城市的方法，以及使用的武器。第三類是兵制。例如邊防，馬政，禁軍，御營司，廂軍，牙軍，茶商軍，效用軍，弓箭手，地方的隅官等項的專題。綜合以上三類的文獻，所注意的重點，並不一定是在軍事方面。許多是用的政治史，法制史的觀點。無論是日本文的，中國文的，西洋文的著作，大致都是如此。

本文的希望是引起關心學人的注意，以軍事史本身作爲一個單獨的部門，逐漸推進系統化的研究。其實，宋代軍事的史料，並不太少。只是散見各書，需要從各方面去蒐集整理。類書如「文獻通考」，也不免有重文輕武的偏差，只限於編者認爲重要，與政治得失有關的。最有興趣的例證是「宋會要輯稿」。崇儒的部門內，有關於武學武舉的記載。重文輕武的政策，在宋代當時，是希望儒教的影響，也能普及到武官武資各品。這類史料，很值得利用。作者因爲時間和體力的限制，還沒有能够去努力蒐集，很感覺歉愧。本文僅只是嘗試性的略論。雖然很簡略，也許可能作爲概說的參考。

本文採用社會學的觀點，主要從兩點出發。首先，武官羣——包括武官以及有任職資格的武舉（武科舉人）與武學的學生——仍然是官。不拘他們如何被輕視還是屬於統治階級，只是說他們在統治階級之中的地位，相對而言，遠低於文官和有文資的人。轉過來說，他們的身分是可以欺壓士兵以及一般平民的。其次，他們在統治階級之中所受到的歧視——正和一切的歧視相同——一定會產生企圖補償的行爲。同時，又會產生違反法規的不良行爲，使這種歧視更爲加深。

在宋代的官僚政府下，士大夫必須遵守禮法的規定。而武官羣就不一定受到同樣的道德拘束。淳熙七年（一一八〇）有如下的記載①：

芮輝奏：「竊見吏部選法，小使臣遭喪，不解官，給式假百日。欲除緣邊職任，及現從軍與歸正歸朝揀汰指使等官，並軍功補授雜流出身人，依舊以百日為限。此外，小使臣如蔭補子弟，宜守家法。取應宗室武舉出身之類，皆自科舉中來，自合悉遵三年之制。」上曰：「小使臣多是從軍或雜流出身，及沿邊職任，所以不以禮法責之。其蔭補子弟，取應宗室武舉人、豈可不遵三年之制；可依奏。」

以這項記載爲例證，可以說明武官羣的出身是混合的。有一部分，原本就屬於統治階級。因爲沒有取得文職文資，不是士大夫，才轉入武途。

上引記載沒有說明投考武舉的是什麼出身。其實，有的是考進士落第的。「進士兩處投下文字。失解後，旋看兵法，權習弓箭兵馬，意務苟進。就試日，多懷匿文字，飾以虛辭，弓兵不甚精習。」②有的是不及格的太學生，「多去從武舉，」目的只是爲了科舉的資格。「夫科以武名，不得雄健喜功之士，徒啓其僥倖名爵之心。」③關於武舉，下文再和武學一起討論。

上引記載也沒有提到所謂雜流之中，還有其他的統治階級分子，因爲犯罪，才避入軍隊。有名的大將余玠，就是一例。「蘄州人。家貧，落魄無行。喜功名，好大言。少爲白鹿洞諸生。嘗

①〔皇宋兩朝中興聖政〕（影印本），卷五八，頁八——九。
②〔宋會要輯稿〕（影印本，以下簡稱〔宋會要〕），「選舉」，卷十七，頁十六。
③〔文獻通考〕（萬有文庫本），卷二四，頁三四二。

攜客入茶肆，毆賣茶翁死。脫身走襄淮。時，趙葵爲淮東制置司，玠作長短句上謁。葵壯之，留之幕中。」④後來建功，擔任武職，擊退蒙古兵，鎮守四川，又立大功。他原來是否「家貧」，頗可容疑。至少，他曾有機會在白鹿洞讀書，已經有書生的身分。再看他對於賣茶平民的態度，毆人至死，事後脫身，更是跡近以統治階級的身分自居。

所謂雜流之中，還有若干人，是和統治階級建立特殊關係的。有的是「豪民」，於「武臣門館」，以「牒帖」的方式取得武臣屬下「牙職」的名義，因此而「凌駕州鄉」⑤。而某些武職，又可以接近皇室外戚，使他們的子弟，成爲士大夫。歷史上名畫家米黻（即米芾，字元章），據說，就是這種背景出身。「其先以武幹顯。母閻氏，與宣仁后有藩邸之舊，以恩入仕。」⑥從武官羣再轉進而爲士大夫，下文還要討論。

總上而言，武官羣中原來就是或滲透而成爲統治階級分子的，絕非少數。當然在南宋初期，因忠義投軍的平民，有功任職的，也很多。同時，大批招安羣盜，都是平民出身⑦。但這情形是在巨變時的例外，並非常態。不論出身如何，取得武官武資以後，就屬於統治階級了。而他們的背境來歷，又多半習慣於不合正當法度的手段，自然很難期待他們遵守禮法，合乎純粹士大夫的一般水準。

④〔宋史〕（四部備要本）卷四一六，本傳，頁三。
⑤〔宋會要〕，「職官」，卷四八，頁九六——九七。
⑥〔京口耆舊傳〕（粵雅堂叢書），卷一，頁一——二。
⑦請參閱拙作，「包容政治的特點」〔中國學人〕（香港，新亞書院），第五期（一九七二年七月，已收入本書）、註③。

關於武舉武學，還需要補充說明。「宋有武舉武選。咸平時令兩制館閣詳定入官資序故事，而未嘗行。仁宗天聖八年（一〇三〇），親試武舉十二人。先閱其騎射，而後試之。」⑧試的是文字，所以王安石批評這制度的不合理。他說：「武舉復試墨義，則亦學究之流，無補於事。」⑨而且考取了武舉之後，並不一定擔任軍職。南宋隆興元年（一一六三）有人主張，乾道二年（一一六六）又有人重申前議，「請以試舉登第者，悉處之軍中。帝以問洪適。適對曰：武舉人以文墨進，雜於卒伍，非便也。帝曰：累經任者，可以將佐處之。」⑩這節對話，明說武舉並不精於武藝，是公認的事實。同時又明白承認，武舉的資格是爲了任官。需要用高級軍職利誘，他們才願意擔當軍事的任務。足證武舉不過是另一種仕途而已。前文提及落第進士與太學生改考武舉，勢所必至。

范仲淹等人，在慶曆變法時，首次興辦武學。但是幾個月以後就廢除了。「以議者言，古名將如諸葛亮、羊祜、杜預等，豈專學孫吳故也。」王安石新法的理想之一，是培養軍事人員。所以熙寧五年（一〇七二）「樞密院言，古者出師，受成於學。文武弛張，其道一也。乞復置武學。詔於武成王廟置學。」⑪然而新法時代，武學並不見有多大成效。這理想還是不合社會的現實。能入武學的，先需要有相當的教育程度。縱使不考墨義，也還是限於統治階級以及和這階級

⑧〔文獻通考〕，卷三四，頁三二二。
⑨〔宋史〕，卷一五七，選舉三，頁十四。
⑩同上，頁十六。
⑪〔文獻通考〕，卷五七，頁五一七。

有關的子弟。而這些人的態度，是選擇仕途的優劣。後來紹述，復行新法，「諸州置武學……入流比文額大優。」用這種降低水準的利誘，於是「隸學者眾」⑫。這又何嘗是新法的原意，相反的，這是北宋亡國時只重形式的陋政。南宋初，重立武學，不久就「屋舍頹弊」。仍舊是同一原因；統治階級的分子，不認爲武學是優越的仕途。「少有士人就試。所以權將下省人填闕。」⑬

說明了武官羣出身的各種情形，再討論他們因爲重文輕武，受到歧視，而尋求補償。第一，在服裝方面，在社會上表現他們的身分，高於平民。北宋中葉張方平這樣說⑭：

> 臣聞太祖訓齊諸軍，法制甚嚴。軍人不得衣皂，但許衣褐。其制不得過膝，豈有紅紫之服；葱韭不得入營門，豈知魚肉之味；每請月糧時，……不許雇車乘，須令自負。……今則異矣；……一例新紫羅衫，紅羅袍肚，白綾袴，絲鞋，青紗帽，拖長紳帶。鮮華爛然。其服裝少敝，固已恥於眾也。一青紗帽，市估千錢。至於衫袴，蓋一身之服，不啻萬錢。

用絲織品的彩色服裝，或其他奢侈的消費品，只能向平民誇耀。第二，進一步的補償，是模仿士大夫。南宋中葉，不但經濟更繁榮，文化水準也不斷提高。開禧二年（一二〇六）下詔戒飭武臣「毋得倣學文臣好尚，……矯飾清談虛名無實之人」⑮。這詔令是在解除道學之禁的後四年。但

⑫〔宋會要〕，「崇儒」，卷三，頁二八。又〔宋史〕，卷一五七，「選舉」三，頁十五。
⑬〔宋會要〕，同上註，頁三七。又參閱頁三四，及〔宋史〕，同上註。
⑭〔續資治通鑑長編〕（影印拾補本），卷一六三，頁十一。又張方平，〔樂全集〕（四庫珍本），卷十八，頁十五。
⑮〔宋會要〕，「職官」，卷七九，頁十八。

既無懲罰規定，也無執行方法。武官羣以文風自飾，標榜兼通文武，何從禁止？

第三，根本的補償，是以武官武資爲進身之階。遇有可能，換成文資。北宋時，「許從官三人薦擧」，就可以換。南宋初，「令敦武郎以下，聽召保官二人，以經義詩賦求試，……鎖廳應進士第。」因此許多武士，包括本是太學生，改取武擧身分之後的，都「更習程文，褒衣大袖，專效（文科）擧子」。在光宗紹熙元年（一一九〇），一度不許武臣試換文資。而寧宗即位不久，又「復武科鎖換令」⑯。統治階級岐視軍職的態度，使屬於這背景出身的人，很難因得任武官而滿足。「士大夫一入軍中，便竊議而鄙笑之，指爲濁流。」⑰而「武擧進士，甫得賜第，多棄所學。必欲鎖試換文。回視兵書戎器，往往恥談而羞道之。」⑱這由武轉文的仕途，到了寧宗嘉定十三年（一二二〇），朝廷正式承認，以爲合理，「庶幾文武兼通」⑲。甚至面臨軍事行動，有人還主張特獎武官，「先換文資，以勵邊功」⑳。

武官一方面是補償，提高身分，而另一方面，因爲不安心供職，就難免從事於違反法規的行動。北宋盛時，歐陽修早已感嘆，軍隊欠乏紀律，求賞圖利㉑。南宋初年，更是軍紀蕩然。「金

---

⑯〔文獻通考〕，卷三四，頁三二三。又〔宋史〕，卷一五七，「選擧」三，頁十七——十八。
⑰〔建炎以來繫年要錄〕（國學基本叢書），卷一〇六，頁二一。
⑱〔宋會要〕，「選擧」，卷十八，頁十七。
⑲同上，頁十八——十九。
⑳〔宋代蜀文輯存〕（影印本），卷七二，頁十七。又〔宋會要〕，「職官」，卷六二，頁十五。
㉑歐陽修，〔歐陽永叔集〕（國學基本叢書），卷七，頁五〇，「本論」。

人既去，而襲逐之師繼至。官兵盜賊，劫掠一同。城市鄉村，搜索殆遍。……兵將所過縱暴，而唯事誅求。噭噭之聲，比比皆是。」㉒並且，在北宋中葉，早有吸收盜賊參加軍隊的辦法。理由是「不收為兵，則恐為盜」㉓。南宋則以召安為國策，安撫羣盜，軍紀更不堪問。稱為官軍，而「追迹盜賊所不至之處，發人之廪，錄人之橐，鞭笞百姓，執縛婦女。所過騷然，與盜賊無異。」㉔武官掌兵，另有「後司」，執行司法權。不但百姓無從訴苦，連士兵也無法訴冤。「後司人吏，或非理鍛鍊，或輕重任情。賄賂得行，姦弊百出。軍中寃抑，無所赴愬。」㉕

退役武官，往往任為巡檢、縣尉等職。名為捕盜，實際上沿襲軍中的作風，形同搶掠。「巡檢武人，其間多出軍伍，至有不識字劃者。」㉖縣尉橫行，舞弊得賞，尤其是在沿海各地。據說㉗：

> 今格當作尉者，希覬酬賞。多擬窠闕於濱海州縣。故其到官之初，不務弭盜而願多盜。鍛鍊傍及於無辜，牽連湊足於人數。有本非兇惡強盜，而用財買囑，故入其罪者。有以任內所獲之盜，積一名兩名，而湊成全伙者。亦有蹣跚跛曳，而稱馬前三步，躬親鬪敵

㉒〔建炎以來繫年要錄〕，卷四一，頁九。
㉓〔歐陽永叔集〕，卷七，頁六三，「原弊」。
㉔孫覿，〔鴻慶居士集〕（常州先哲叢書），卷十一，頁六。
㉕〔宋會要〕，「職官」，卷五，頁五四。
㉖同上，「職官」，卷三，頁七七。
㉗同上，「職官」，卷四八，頁八四。

者，妄冒成賞。

上司也不調查審察，所以還可以陞官㉘：

方今改秩之法，惟盜賞為僥倖。牽合附會，上官通融。惟以金錢，賂遺吏胥，蔑不濟事。所謂馬前捕獲，徒虛語爾。

軍隊沒有紀律的另一面，就是增加軍費。從南宋初年起，已經說「竭天下之財，祇足以養兵。兵籍日眾，財用日窘」㉙。是眞的養了士兵嗎？不然。軍費的大部分，是將領武官所得。「今日之兵，隸張俊者，則曰張家軍。隸岳飛者，則曰岳家軍。」㉚上級是統治分子，支配軍費，迹近行使所有權。四川軍隊用費，有數字比例。「官員之數，比軍兵之數，約計六分之一。軍兵請給錢，比官員請給，不及十分之一。卽是冗濫，在官員，不在軍兵。」㉛這樣不平等的分配，絕不限於四川。政府支出浩大的軍費，「軍士顧未嘗得一溫飽」㉜。因爲「自將佐等而上之，則有至數十百倍之多」㉝。

武官除了極爲優厚的收入之外，還有額外營利。岳飛忠義，反被秦檜所誣，高宗默許而死，

㉘ 同上，「職官」，卷四八，頁八八。
㉙〔建炎以來繫年要錄〕，卷五四，頁十六。
㉚ 同上，卷一三七，頁四。
㉛ 同上，卷一一一，頁九。
㉜〔續資治通鑑〕（標點新校本），卷一五一，頁四〇四七。
㉝〔宋會要〕，「職官」，卷三二，頁十六。

這是千古的悲劇。然而他的軍隊經商收稅，並非純屬誣告㉞：

> 先是，湖北轉運判官汪叔詹以書白秦檜。言岳飛頃於鄭渚置酒庫，日售數百緡。襄陽置通貨，場利復不貲。……上謂檜曰，聞飛軍中有錢二千萬緡。昨遣人問之。飛對所有之數，蓋十之九。人言固不妄也。

至於張俊，有名好財。「喜殖產。其罷兵而歸也，歲收租米六十萬斛。」㉟南宋商業，大爲發展。武官雖受文官歧視，但可以利用職權，以商業的方式謀利。同時，又用所得利潤去投資，取得地主和豪富的身分。

南宋商業化，影響到武官的風氣，始終未改。淳熙十一年（一一八四），曾有命令：「詔諸軍將佐屯駐去處，自今不許私置田宅、房廊、質庫、邸店，及私自興販營運。」㊱從這詔書，可見商業活動種類之多。將領如此，他們下屬輔佐的武官亦復有之。而這禁令，顯然有兩項缺陷，不能收效。一是並未規定，如何監察，如何懲罰。僅說不許，形同具文。二則禁令也只限於屯駐所在地。在近地經商，或在原籍投資，同樣可以憑藉武官的身分和勢力，有何差異？南宋亡國以前，賈似道籌劃軍費，有兩大措施。一是眾所週知的公田法，以公田收入，直接供給軍費，引起

㉞〔皇宋中興兩朝聖政〕，卷二七，頁十六。

㉟〔建炎以來繫年要錄〕，卷一三五，頁三。參閱丁傳靖，〔宋人軼事彙編〕（一九三五），卷十五，頁七四一；曹彥約，〔昌谷集〕（四庫珍本），卷三，頁十——十一；又汪藻，〔浮溪集〕（四庫珍本），卷一，頁一——九。

㊱〔皇宋中興兩朝聖政〕，卷六一，頁九。

大地主紛紛反對。二是比較未受充分注意，專對武將、武官的改革㊲。他派專員，行「打算法」，徹查軍中賬目弊端。凡欠缺公款的，概須賠償㊳。這事又引起武官羣的怨言。其實，在南宋末年，武官羣營利，已經積重難返。武官之外，武舉都尚且如此。「武舉中選……率授以榷酤之事。」㊴原因是百餘年來，武人與商業早已有了密切的關係。又豈是「打算法」一事可以改變的？

宋代重文輕武，直至南宋亡國都沒覺悟。帝顯德祐元年（一二七五）臨安危急，朝臣逃遁。太皇太后詔榜朝堂曰：「我朝三百餘年，待士大夫以禮。」而竟「接踵宵遁。平日讀聖賢書，自許謂何？」而仍以官爵呼助，「在其朝文武官，並轉兩資。」㊵對於在外的武官羣，可能有忠義勇士，還是輕視並未號召他們。

歧視武官羣，深深的反映宋代士大夫褊狹的作風。按照儒家理想，應該崇文尚武。文武雖有高下，同是統治階級。而士大夫不顧現實，區分仕途爲二，抑制武官羣，造成統治階級內部的矛盾。前文提到的余玠，在淳熙元年（一二四一），鎮守四川時，又重行提出警告。他有文武兩途的經驗，所以他說：「願陛下視文武之士爲一，勿令有所偏重。偏則必至於激。文武交激，非國

㊲〔宋史〕，卷四七四，「姦臣傳」，未載「打算法」之事。
㊳〔續資治通鑑〕，卷一七六，頁四八一二。
㊴〔文獻通考〕，卷三四，頁三二三。
㊵〔續資治通鑑〕，卷一八一，頁四九五〇。

之福。」㊶不僅這警告毫無效用，而且余玠因「專制四蜀，凡有奏疏，詞氣不謹」（與岳飛的悲劇有相似處），被朝廷猜疑。「及聞召，不自安。一夕暴卒，或謂仰藥死。」㊷

基本上，治國的責任的確在主持政權，領導統治階級的士大夫。事實上，除了文武之間的矛盾之外，士大夫對於武官羣的態度還另有一層矛盾。一方面歧視武臣羣，時加評擊。另一方面，又無法控制，縱容武臣羣若干不正當的行爲。所產生的惡果是由武轉文，武官欺兵士，武職掠奪平民，移用軍財，多方謀利。武官羣本身也早感覺到基本上誤國的是士大夫。北宋亡國之後，有人歸過於武臣敗戰，引起反駁。這節文字，相當精采。就便引用，以結束這極短的拙文㊸。

諸將皆忿。有令門下作論，以詆文臣者。其略曰：今日誤國者皆文臣。自蔡京壞亂紀綱，王黼收復燕雲之後，執政侍從以下，持節則喪節，守城則棄城。建議者執講和之論，奉使者持割地之說。提兵勤王則潰散，防河拒險則逃遁。自金人深入中原，蹂踐京東西、淮南之地，為王臣而棄地棄民，誤國敗事者，皆文臣也。間有竭節死難，當橫潰之衝者，皆武臣也。又其甚者，張邦昌為偽楚，劉豫為偽齊。非文臣，誰敢當之？

原載〔宋代史論叢〕（一九七四）

㊶〔宋史〕，卷四一六，本傳，頁三。
㊷〔續資治通鑑〕，卷一七四，頁四七三六。又〔宋史〕，同上註，頁五。
㊸〔建炎以來繫年要錄〕，卷四二，頁十二——十三。

岳飛

——從史學史和思想史來看

一　小引：忠的觀念

今天還要討論岳飛，是爲了什麼？主要是因爲現代的中國人，無論是在任何一個地區，都對於岳飛的「精忠報國」，有很深刻的印象。這個印象也就是整個中華民族對於忠的觀念的一個具體的反映。在這忠的觀念裏，有傳統文化的許多成分：上層的儒家解釋和一般社會上俗文學——小說、戲劇——的流傳。同時，這忠的觀念也隨著時代的發展，特別是堅韌的民族主義對於環境的反應，在繼續不斷的演化。其中最根本的問題是忠於誰？或忠於什麼？是忠君，也就是說忠於領導人，忠於領導集團。還是忠於國，也就是說愛國，愛民族。這篇短文是希望從史學史上和思想史上分析一下。至於偶然有幾點發現，也許可以補充前人未說的細節，那祇是無關緊要的小成果。

二　岳飛在歷史上地位的昇降

岳飛屢次打敗入侵的金兵，結果在和韓世忠、張俊三個大將一起被解除兵權之後，反倒被誣告陰謀造反。事實上並沒有可靠的罪證，而竟在獄中被害而死。這是宋高宗紹興十年（一一四一）的事。以後多少年都沒人敢提。一直過了二十年以後，金兵又來進攻，高宗也下令親征，往長江方面去布置防禦，這才開始追赦岳飛。第一步放寬的赦詔很妙：「蔡京、童貫、岳飛、張憲子孫家屬，現拘管州軍，並放令逐便。」①換言之，恢復他們的自由。這詔書把岳飛、張憲和北宋末年以來所有人痛恨的蔡京、童貫並列，是故意的强調，赦雖然是赦了，但還是國家的罪人。又過了兩年，隆興元年（一一六三）高宗內禪，孝宗繼位，很想自强，例如重新起用張浚，召見朱熹，許陳亮上書，在這時候才給還岳飛家的田宅②。等於是說取銷舊案，宣告無罪。但還不能追悼岳飛，因爲高宗仍舊在做太上皇，在背後主持大政。又等了七年，乾道六年（一一七〇），

① 畢沅〔續資治通鑑〕（一九五七。以下簡作〔續鑑〕），卷一三五，頁三五八五。李心傳，〔建炎以來繫年要錄〕（一九五六。以下簡作〔繫年〕），卷一九三，頁三二五二。

② 〔續鑑〕，卷一三八，頁三六七三—三六八二。

孝宗才答應鄂州地方人民的請求，立廟紀念岳飛，詔給忠烈廟額。一直到淳熙五年（一一七八）高宗已經很老，朝臣也全不是舊時的人物，孝宗才追諡岳飛為武穆③。最後，南宋企圖反攻金國。在寧宗嘉泰四年（一二〇四），立韓世忠廟，岳飛封鄂王，連很少有功的劉光世也封為鄜王④。這是因為政府要「風厲諸將」，是利用岳飛等舊日的聲望，並不是眞正的追念岳飛。

除了朝廷以外，南宋當時的士大夫，對於岳飛還不太看重。朱熹是很推崇他的，但也說他有若干缺點，這且留在第四節裏再詳細討論。同時，道學家在當時也還沒有控制全盤思想的力量。南宋的文人，作詩很多，可是哀悼頌揚岳飛的詩，比較有名的，也只有黃文雷等人的三兩首⑤。

在私著筆記之中，情形很不同，有很多稱讚岳飛的事蹟，同情他的千古奇寃，甚至有關於他生前神話式的記載和他死後迷信報應的傳說⑥。這些材料，都是和後來小說和戲劇的發展有關的。

可是在這許多筆記之中，王明清的〔玉照新志〕值得注意。這本書提到南宋能够站得住，沒有亡國，不能說秦檜沒有功勞⑦。另一處又說秦檜對於岳飛的遺族，也並沒趕盡殺絕⑧。固然這

③〔續鑑〕，卷一四一，頁三七八一。又卷一四六，頁三九〇五。參劉子健，「南宋君主與言官」，〔清華學報〕，一九七〇（已收入本書）。

④〔續鑑〕，卷一五七，頁四二二〇—四二二一。

⑤厲鶚，〔宋詩紀事〕（一七四六），卷六九，頁六。陳登原，〔國史舊聞〕（一九六二。以下簡作陳，〔舊聞〕），頁四〇一—四〇二。

⑥丁傳靖，〔宋人軼事彙編〕（一九三五。以下簡作〔軼彙〕），頁七二八—七三八。

⑦王明清，〔玉照新志〕（一九二一），卷四，頁十四，又卷五，頁一。參外山軍治，〔岳飛と秦檜〕（東京，一九三九。以下簡作外山，〔秦檜〕），頁一八八。

⑧〔玉照新志〕，卷五，頁一。〔軼彙〕，頁七三四。

本書並沒有否認岳飛死的寃枉，但至少是指出秦檜並不全錯，也就是間接暗示岳飛並不全對。這種看法，對於後代的史論，不免發生影響。這裏暫時不談，留在第三節裏討論。不過首先要解決一個疑問，〔玉照新志〕是否偏袒秦檜？粗看好像如此，其實不然。作者王明清的父親王銍，參加修史，不久被秦檜所罷。其兄王廉清藏有書籍材料，秦檜的兒子秦熺想來要去，他不肯⑨。據王明清自己說，秦家失勢以後，史局裏面，還是秦家留下那一派人所盤踞的⑩。既然王家兩代與秦家不合，他的筆記爲什麼還要替秦檜說點好話呢？〔四庫全書總目〕的斷語，的確是又審愼又中肯：「蓋當時相去甚近，毀譽糾紛，尚未論定……非好詆正人。」⑪所以我們不妨借用這句結論。一般來說，在南宋當時，因爲毀譽未定，岳飛的歷史地位，並不算高。

元代是整個中國第一次全部被異族統治。可是反抗的民族心理，也就在若干不同方面另找表現。第一，官修的〔宋史〕，多半是尊崇朱子以來的道學思想的宋代遺老，和受他們影響的史家。因此〔宋史〕中的「岳飛傳」和其他有關章節，大部分根據岳飛的孫子岳珂所編的〔金陀粹編〕和〔金陀續編〕，其中有些誇張⑫。這樣一來，岳飛在正史上的地位，就崇高無比了。第二，文人做詩追揚岳飛的也多起來了。最有名的出於趙孟頫。趙本來是宋代宗室的後人。他弔岳鄂王墳的七律，中間四句最有名：「南渡君臣輕社稷，中原父老望旌旗。英雄已死嗟何及？天下

⑨ 陸心源，〔宋史翼〕（一九六七），卷二七，頁二三。又卷二九，頁十。
⑩ 〔玉照新志〕，卷四，頁六。
⑪ 紀昀，〔四庫全書總目〕（一九二六），卷一四一，小說第二，頁五。
⑫ 錢大昕，〔潛研堂文集〕（四部叢刊），卷三十，頁十—十一。

中分遂不支。」⑬把岳飛被迫退兵，繼而寃死，和後來宋代亡國，連起來一起說。

第三，元代並不太注意去統治民間的思想。因此祭祀岳墳岳廟，有增無減。第四，講唱文學，可能在南宋就有岳飛的故事。到了元代，至少有兩種劇本：「東窗事犯」和「宋大將岳飛精忠」⑭。這也是下文要再討論的。

岳飛的歷史地位，經過明代，不但是達到了最高峯，並且是普遍了整個社會。第一，政府有意要表揚民族英雄。董其昌的湯陰縣岳祠記說得最明白：「旌忠者，我明之厲世，戡亂之時，表章尤急。雖非借材於異代，實可激恥於儒夫。」⑮第二，明代教育普遍發達。中科舉者固然多，在考試或在仕途中失意，借文章發洩感慨的更多。一看中國古史，有名武將，大半不文。稱爲武聖的關羽，也許能看〔春秋〕，究竟沒有作品。岳飛呢，不但有詩有詞⑯，而且尊重讀書人，喜歡接近文人⑰。他的確是最能引起士大夫共鳴的武將⑱。第三，時事的刺激。明英宗在土木之變

---

⑬ 李漢魂，〔岳武穆年譜〕（一九四七版，一九六一重印。本文所引多半是其中遺蹟部分。以下簡作李，〔年譜〕，「遺蹟」，頁一三八。

⑭ 馮其庸，「論古代岳飛劇中的愛國主義及其對投降派的批判」，〔光明日報〕，文學遺產副刊，四八〇，四八一，及四八七期，一九六四年九月廿七日，十月十一日，又十一月廿二日。以下簡作馮，「岳飛劇」。

⑮ 李，〔年譜〕，「遺蹟」，頁二四。

⑯ 〔宋詩紀事〕，卷四三，頁八－九。

⑰ 鄧廣銘，〔岳飛傳〕（一九五五。以下簡作鄧傳），頁五四－五七，又頁一九〇－一九一。

⑱ 鄧傳，頁三一。又 Hellmut Wilhelm, "From Myth to Myth: the Case of Yüeh Fei's Biography," Originally in *Confucian Personalities* (1962), later available in *Confucianism and Chinese Civilization* (1964) pp. 211-226, both edited by Arthur F. Wright.

被俘，景泰帝繼位。英宗復辟，結果有功的大將于謙被殺。這件悲劇，和岳飛近似，幾乎是歷史的重演。因此有若干文人，不便批評本朝大政，便以岳飛爲題，用岳飛有名的滿江紅那首詞牌，另塡新句⑲。最有名的是文徵明，題宋高宗賜岳飛手勅，現在藏在故宮博物館。其中突出的兩句。指出錯處不在秦檜，而主要是高宗自己要保持皇位：「豈不念，中原蹙？豈不念，徽欽辱？念徽欽既返，此身何屬？」⑳

岳飛歷史地位，在明代達於頂點，不僅是朝廷與文人的關係，民間信仰的力量更大。除了最普遍的說岳一類的小說，又產生了比較更好的戲劇，有「精忠記」和「精忠旗」兩種㉑。同時，民間已經把岳飛奉爲神明，和到處有關帝廟的情形差不多。在明末，政府承認這種社會現象，因此加封岳飛爲三界靖魔大帝㉒。

清代的統治，嚴防漢族不服從，用鎮壓式的控制，再加上利用式的駕馭，雙管齊下。從大處說，有文字獄、禁書等等的措施。另一方面，又竭力以聖訓等等的方式，灌輸忠孝的觀念。就岳飛來說，也是如此。因爲岳飛抗金，而滿人本來自稱後金，所以政府不祀岳飛㉓。可是乾隆皇帝

---

⑲ 參李宗鄴，〔滿江紅愛國詞百首〕（一九三八。以下簡作李，〔滿江紅〕）。這點解釋是本文作者的。

⑳ 李，〔滿江紅〕，頁十八，文徵明這詞，在他幾個集子裏都沒有，可能是清代編者，故意不選。參文徵明，〔莆田集〕（四庫珍本，文氏五家集）。又〔莆田集〕（明代藝術家集彙刊，一九六八），卷廿一—廿三，題跋。又〔文徵明畫傳〕（畫史彙稿，一九二九），卷五，「詩餘」。又卷六，題跋。

㉑ 馮，〔岳飛劇〕。

㉒ 李，〔年譜〕，頁三三七。又同書，「遺蹟」，頁十一。

㉓ 李，〔年譜〕，頁三三七。

自己却寫了兩首詩，表示一些讚許惋惜的感嘆㉔。在小說方面，沒有什麼新發展。在戲劇方面，反倒退步了。晚明已經有一齣叫「如是觀」，把歷史事實翻過來說，岳飛完全成功。這是如願以償式的幻想，在環境壓迫之下，別無出路，借岳飛的志願，出一口氣而已。京戲之中有一齣叫「請宋靈」，也屬於這類，說岳飛大敗金兵，而徽宗欽宗無顏回國，因而自殺，岳飛就把他們的遺體運回南宋㉕。所以，籠統說來，在清代的思想中，岳飛的地位從明代的頂點轉而下降。

雖然這樣，人民心目中的印象，究竟還是很强。例如在民國初年軍閥時代，盧永祥做浙江督軍，就重修岳王廟，並新立墓碑。後來馮玉祥也在廟中題過字㉖。在許多題聯中，最值得注意的是蔡元培的手筆。開頭一句就是「民族主義」㉗。時代的確是全變了。從九一八經過抗戰，岳飛是千萬人歌頌的民族英雄。「滿江紅」的詞，編成了流行歌曲㉘。日本一些學者，跟著軍閥走，早就從白鳥庫吉和羽田亨以下，致力於研究「征服王朝」。有一本書，專討論岳飛和秦檜，公然的把秦檜引爲汪精衞的前例㉙。可嘆這些日本學者，完全不認識中國的現實。在中國知識分子的階層，「滿江紅」成爲特殊的一體。凡是幾百年來，用這調子表現愛國思想的詞，在抗戰開始的

㉔ 李，〔年譜〕，「遺蹟」，頁三二。又頁一四四。
㉕ 馮，「岳飛劇」。
㉖ 李，〔年譜〕，「遺蹟」，頁一二一。又頁一三一—二。
㉗ 同上，頁一六二。
㉘ 鄧倂，頁一五九。英譯見註⑱所引 Wilhelm 一文，頁二二一。
㉙ 外山，〔秦檜〕，序文。又頁一九三。

時候編成專集㉚。在一般人民眼中，也是一樣。岳飛在河南老家的廟，在一九四〇年被戰爭燬了。可是很快的在一九四二年就由當地人捐款重修㉛。經過抗戰，岳飛的歷史地位又達到了一個新的頂點，是超出了舊社會的頂點，是民族主義的新頂點。

抗戰勝利以後，已經二十五年。可是對岳飛歷史地位的估價，又新出一些議論。主要的癥結，就是忠的觀念。來整理一下史學史，也就可以幫助我們對於思想史，多一層了解。

三　歷來歷史評價的檢討

這裏所謂歷史評價是廣義的。狹義的歷史記載和評論，雖然佔了大部分。但是除此之外，民間文學和戲劇也要包括進去。其次，以往的歷史評價往往把好些方面，混爲一談，因此不容易看得太清楚，這裏的檢討，建議分開三方面來分析——求和，殺岳飛，和決定做這兩件事的責任。

關於求和，上文提過，南宋的〔玉照新志〕早就提出在那時代有些人覺得兵力不敵，求和不能算錯。當然，另一方面反對屈服，力主準備實力，收復失地的奏章議論，數目相當多。在後代首先主張諒解南宋求和的史觀是明代的丘濬。他說：「秦於再造南宋，岳飛不能恢復。」這看法「時以爲確論也」㉜。其次是清代有名的王夫之所著的〔宋論〕。他比較平穩折衷。他說：「盡

㉚　李，〔滿江紅〕。

㉛　李，〔年譜〕，「遺蹟」，頁七—十。

㉜　郎瑛，〔七修類稿〕（一九五九），續稿，卷三，頁七八一。

南宋之力，充岳侯之志，益之以韓劉二吳，可以復汴京，收陝右乎？曰，可也。」再往北進，恢復北宋全部的領域，那就不可能了㉝。再其次是趙翼的〔廿二史劄記〕，讀歷史常用的一本參考書。他却又同意丘濬的看法：「此正高宗利害切己，量度時勢……卽專任韓岳諸人，能必成恢復之功乎？亦未必能也。」㉞有名的史學家錢大昕也有類似的見解，一般注意史評的人，也都熟悉㉟。可是另一方面，錢大昕對於南宋求和，還是表示遺恨的感慨。他有一首詩，其中四句說：「（徽宗欽宗）兩宮竟絕還歸望，（秦檜的）二策空矜聳動能。半壁偏安慚袖手，長城自壞（指岳飛）憤塡膺。」㊱

近五十年來的討論，意見雖然還有不同，但大體上趨於一致。在九一八以前，也有人以爲比較宋金兩方面的各種情勢，南宋的力量不够㊲。從九一八以後，絕對多數以爲南宋求和是錯誤的政策。力量不够，主要是懦弱的君臣，他們本身不能發揮領導作用㊳。至於說戰費對人民負擔太重，這一點尤其不能成立。因爲求和以後，南宋的賦稅反倒增加㊴。有的書是總論宋金兩國一百

㉝ 王夫之，〔宋論〕（國學基本叢書），卷十，頁一六六。

㉞ 趙翼，〔廿二史劄記〕（四部備要），卷廿六，頁十一。

㉟ 外山，〔秦檜〕，頁一八九。

㊱ 〔潛研堂文集〕，見註⑫，卷五，頁廿一。

㊲ 陳登元「秦檜評」，〔金陵學報〕，卷一，期一（一九三一），頁二七—四六。

㊳ 例如朱偰「宋金議和的新分析」，〔東方雜誌〕，卷三三，期十。陳天啓，「岳飛的民族英雄本色」，〔歷史教學〕（一九五一），期二，頁九二—九四。

㊴ 鄧廣銘，「南宋對金鬪爭中的幾個問題」，〔歷史研究〕，一九六三第二期，頁廿一—三二。

零十年間層出不窮的戰鬥，證明民間始終不甘求和，不惜拚著自己的血肉來抵抗㊵。換言之，在政府懦弱的前提下，求和是必然的結果。假定政策不同，就可能結果不同，至少情勢會因此而有轉變的。

求和對不對，是較大的問題，若干方面超出了本文所討論的範圍。因此用兩點來結束。第一點，就算南宋沒有力量反攻，連防衞淮河以北都未必有把握，這也並不一定需要急於求和。因爲金兵曾經渡過長江，自己決定退回去。再打過來，也同樣的沒有取勝的把握。在這種情勢下，南宋很可以暫時只守不攻，也不講和，用膠着方式的持久戰對敵下去。第二點，就算高宗想安穩的做偏安皇帝，官僚羣也想苟安，因此求和，但求和是一回事，殺岳飛又是另外一回事。並沒有決定性的因果關係。求和決不需要把一員最突出的大將殺掉。

關於殺岳飛，千古同聲，都覺得不對。例如〔宋史〕「岳飛傳」，結語是「論曰……高宗忍自棄中原，故忍殺飛。嗚呼寃哉，嗚呼寃哉。」㊶這在正史上是極重的句法。〔宋史紀事本末〕有張溥的評語曰：「帝之忌兄，而不欲其歸，其本心也。而性復畏敵。檜揣而持之，相得益深。……至於殺岳飛，而人道絕矣。」㊷在正史之中，明說一個中興君主，沒有人性，這是可能獨一無二的。

㊵ 沈起煒，〔宋金戰爭史略〕（一九五八）。
㊶ 〔宋史〕，卷三六五，「岳飛傳」。
㊷ 馮琦，〔宋史紀事本末〕，（國學基本叢書），卷七三，頁廿四。

在小說和戲劇裏面，重點不在求和，而在岳飛被害的悲劇。當然一部分是因爲被害比求和能具體的表達，能引起更大的同情。可是這重點也暗含著幾百年來一般人民的評價。如果皇帝和權臣甘願忍辱求和，則還罷了，爲什麼還要昧著良心，陷害忠良呢？

岳飛被殺，這是無可辯護的。可是就當時的軍政風氣來說，也並非是完全無法了解的罪惡。在抗金戰爭開始時，張浚在陝西就把一員大將曲端殺掉㊸。後來因爲張浚的兒子張栻，受理學家的尊重，所以歷史上往往不注意這件寃案㊹。南宋剛立國時，沒有多少兵，主要是靠召安收編一些民間的或非法的武裝集團。而這政策的慣例就是「用羣盜而廢其長」㊺。岳飛本人，平定洞庭湖的起義集團，收過來五六萬的兵卒，也是用這辦法，把領袖殺掉㊻。高宗用秦檜，重演宋太祖收兵權的措置㊼，把張韓岳三人內調，而把他們三支軍隊，改編爲直隸中央政府㊽。而事後發現，岳飛和他舊部將領張憲等仍舊維持聯絡。這才引起殺岳飛的決心，而張憲也同時處死㊾。

㊸ 上註同書，卷六八，頁六四。山内正博，「南宋建炎期の曲端勢力」，〔世界史の研究〕，期二六（一九六〇），頁十｜十九。這位近年來的日本學者對於南宋初軍事的研究，論文最多。散見一九五五到一九六二〔史林〕、〔史淵〕、〔東洋學報〕、〔東洋史研究〕等各雜誌。參日本宋史提要編纂協辦委員會，〔宋代研究文獻提要〕（一九六一）和京都人文科學研究所，〔東洋史類目〕（每年一冊）。

㊹ 陳登元，「秦檜評」，見註㊲，頁四二。

㊺ 王夫之，〔宋論〕，卷十，頁一六一。鄧傳，頁一四一｜一四二。

㊻ 鄧傳，頁一四一。趙儷生，「南宋初的鍾相楊么起義」，〔歷史教學〕（一九五四），期四七，頁一五｜一八。

㊼ 王夫之，〔宋論〕，卷十，頁一五〇｜一五一。

㊽ 〔繫年〕，卷一四〇，頁二二四七｜二二四九。末有雙行夾註引王次翁兒子所記當時的緊張情形，其他史料沒有那樣詳細。

㊾ 〔繫年〕，卷一四一，頁二二七一。又頁二二八二。指出朝廷命令張憲到杭州，張憲不敢去，而希望岳飛重掌兵權。又〔續鑑〕，卷一二四，頁三二八九。

附帶補充一點。一般說來，宋代是第一個朝代依靠非貴族，多半是考試出身的士大夫來支持。因此國策要優待儒者，不殺大臣。後來寫歷史的士大夫，不免過分頌揚這一項國策，而忽略了例外。岳飛雖然原是武臣，但在再收兵權之後，他的官位是樞密副使，是名為管軍政的文職，也是朝廷的大臣。把他處死，顯然違反自己的國策。連王夫之的〈宋論〉，可能是傳統史學中講宋代最好的著作，也不多提。另一個例外就是韓侂胄。因為對金用兵失敗，以宰相的地位，而在上朝的路上被暗殺，然後宣布罪狀，最後還把他的頭，從屍首上割下來，送到金國去。為了應付強敵，不惜犧牲道德標準，所謂儒家國家的本質，的確是應該批判的。

求和，殺岳飛，究竟是誰的責任？一般小說和戲劇都推在秦檜身上。只有「精忠旗」是唯一的例外。這個劇本指出政治不是那樣簡單。除了秦岳之間的矛盾，還有高宗和岳飛之間的矛盾，高宗和欽宗之間的矛盾㊿。幾百年來社會上的觀念，和岳廟連帶著的迷信也都痛罵秦檜，很少有罵高宗糊塗的。相反的，關於高宗，還有泥馬渡康王的天命傳說。這都可以證明君主專制的根深蒂固，連前朝皇帝都要避免批評。不但如此，大半的皇帝都可以說是享受「人上特權」，並不受儒教標準的約束。

不過，高級的歷史記載確是堅守儒教的理論標準。天子也是人，照樣要受仁義道德的衡量。例如上文所引的〈宋史〉和〈宋史紀事本末〉，都明說岳飛被害，主要的責任者是高宗，秦檜還在其次。最早的要算元代的鄭元祐，〈遂昌雜錄〉，頁十的一段的意見。〈四庫提要〉稱讚說：

㊿ 馮，「岳飛劇」。

「稱南宋和議，由高宗不由秦檜，可謂卓識」。最近而最透澈的是晚清學人俞正燮（曲園），在〔癸巳存稿〕卷八頁二三三指出當時一般官僚躲避責任的情況。他說：「宋高宗通觀大勢，不可不和。而君父之仇，不敢居其名。羣臣又內荏色厲，多旁觀之論，獨一秦檜，公任其事。」換言之，不得不用秦檜出面。高宗的政治手腕，實在是陰險巧滑。秦檜臨死，高宗去看他，斷定他的病絕不會好，立刻下令把秦檜父子一起罷免。事後又對楊存中說，秦檜死了：「朕今日始免靴中置刀矣。」史家又加一句說：「其畏之此。」⑤①連王夫之的〔宋論〕，在敍述秦檜當權的時候，勢力如何之大，竟連用了三次「可畏也」⑤②。這却是儒教歷史家受了高宗的騙。其實，高宗「靴中置刀」的話，只有他自己說過，毫無旁證。張邦昌在金兵支持下做傀儡皇帝，還自動偷偷跑回南宋。苗劉兵變，高宗被迫一度退位。結果後來這些人都被處死。秦檜勢力不管多大，絕無弑君篡位的可能。臨死，他的兒子只希望能保持政治地位而已。他們也毫無聯絡掌握兵權將官的痕跡。足見高宗是在秦檜死後，倒過頭來誣賴秦檜。那是爲什麼呢？簡單的說，是用巧妙的政治宣傳，借此洗刷高宗自己的責任。把以往的錯誤——包括求和，殺岳飛在內——都算成秦檜不好。秦檜當然也有責任，但是是次要的，他生前死後都受了高宗更深一層的利用。在歷史上，高宗是諉過於人，秦檜是一半負責，一半代人受過。跪在岳廟前不應該只有秦檜夫婦，也應當有高宗。

高宗本人爲什麼要求和殺岳飛呢？他儒弱的求和，許多書都講過，經過在金兵營中做質押，

⑤① 〔宋史紀事本末〕，卷七二，頁二三。
⑤② 王夫之，〔宋論〕，卷十，頁一七三。

從揚州倉皇逃過長江，從寧波逃到海上四十天等等的驚險，他是沒有膽量再繼續抗金的。好不容易能偏安，做皇帝，他是不想再打仗了。同時，他對於武將總不放心。宋太祖就是武將篡位。他深知五代的政變方式一貫如此，所以定下國策，嚴防武將。高宗本人經過苗劉兵變，一度丟了皇位，更是害怕。

近幾年最好一本〈岳飛傳〉的作者另有一篇文章說：「如果確是爲想防制武將跋扈而殺一儆百，則最先應當收拾的是劉光世和張俊，萬無殺岳飛之理。」認爲殺岳和「制裁武人一事全不相干」[53]。這意見是不對的。因爲張俊曾經面受高宗引用唐代郭子儀傳的教訓[54]。在內調樞密使後，立刻自動放棄兵權[55]。劉光世早就有退意，於是也跟著稱病退伍[56]。而岳飛從頭至尾總讓高宗不放心。

岳飛的個性强，「忠憤激烈，議論不挫於人」，不容易和人合作，是他的弱點[57]。而最犯高宗忌的是他在紹興七年（一一三七）向高宗提到皇位的問題。「岳飛曾面奏虜人欲立欽宗子來南京，欲以換南人耳目。乞皇子出閤（卽正式立爲皇太子），以定民心。時孝宗方十餘歲。高宗云，卿將兵在外，此事非卿所當預。」[58]高宗拒絕之後，岳飛還顯著不高興。因此高宗又告訴另

[53] 鄧文，見註[39]，頁三一。
[54] 〈繫年〉，卷一三九，頁二二二七。
[55] 〈繫年〉，卷一四〇，頁二二四八。又卷一四一，頁二二六六。〈續鑑〉，卷一二四，頁三二七〇—三二七一。
[56] 〈續鑑〉，卷一一八，頁三一三〇。又〈繫年〉，卷一四〇，頁二二五五。
[57] 〈宋史〉，卷三六五，〈岳飛傳〉。〈宋史紀事本末〉，卷七十，頁八十。〈續鑑〉，卷一二四，頁三三〇一。
[58] 黎靖德編，〈朱子語類〉（一九六二，以下只引書名），卷一二七，頁四九五四。

一個官說：「飛意似不悅，卿自以意開諭之。」[59]同年，岳飛因母喪守孝，沒得命令批准，先就把兵權交給張憲，從此高宗記得岳飛最信任的是張憲。事後，命令岳飛免除守孝，也不懲罰他不等命令擅先行動的過錯，並且特別召見，當面說：「卿前日奏陳輕率，朕實不怒卿。若怒卿，則必有行遣。」[60]這是優容敷衍的話。高宗心中怎會不懷疑岳飛對皇帝不尊敬，不順從？換言之，從高宗個人觀點來看，岳飛是可能不忠。

並且和岳飛往來的還有一個皇族，判大正宗事趙士㒟。這人曾到河南去向宋代歷朝皇帝的陵墓致敬，受到人民「夾道歡迎」[61]。當岳飛下獄時，他想草奏營救。還沒辦，「語泄，檜乃使言者論。頃岳飛進兵於陳蔡之間，乃密通書於士㒟，敘其悃愊，踪跡詭秘。」[62]因此，士㒟被免職。換言之，高宗要鞏固自己的皇位，不止像上文提到，文徵明所指出的，「念徽欽既返，此身何屬？」還不免顧慮到岳飛可能叛變。可能像苗劉之變那樣的，強迫高宗退位，傳位孝宗，也許還可能要求讓位，擁戴像士㒟這樣身分的皇族。

總之，岳飛被害，高宗的動機相當强，至少比秦檜的動機强得多。但是責任只在這兩個人嗎？本文以為不然。當時的士大夫和他們所接受的忠的觀念，都有關係。

---

[59] 〔續鑑〕，卷一一八，頁三一二四。
[60] 〔續鑑〕，卷一一八，頁三一三七—三一三八。
[61] 〔續鑑〕，卷一二一，頁三二一三。
[62] 〔續鑑〕，卷一四二，頁二二九〇。〔續鑑〕，卷一二四，頁三二九七。〔軼彙〕，卷十五，頁七三〇。高宗怕另有宗室奪位，這一點前人多半忽略了。

四　宋代官僚和儒學的忠君觀念

檢討歷史，無論是根據任何一個理論或觀點，都不能不就當時全盤的情形，把各種因素連接起來，才能講通。因爲生命、政治、或是社會都是多元的整體，息息相關。以前討論岳飛，多半只講皇帝、權臣、大將，還有「義勇」，或者叫做英勇抗金的人民。雖然有時提到士大夫，或者叫統治集團，也往往不再去仔細分析。其實，中國傳統的帝國，特別從宋代起，任用文官，尊崇儒學，這一個領導階層，是好也罷，是壞也罷，是另一個問題。他們的重要性，是絕不能忽視的。關於岳飛的問題，現在再建議討論下列的四方面。

第一，宋代官僚一向贊成收兵權。他們不但對宋太祖杯酒釋兵權的措置，歌功頌德，而且一貫主張重文輕武，軍隊最好也由文臣來掌握。高宗再收兵權，並不是從用秦檜開始。「初，張浚在相位，以諸大將久握重兵難制，欲漸取其兵屬督府，而以儒臣將之。……趙鼎繼相，王庶在樞府，復議用偏裨以分其勢。」都沒有做到。後來收韓張岳的三支軍隊，也是范同出的計劃，經過秦檜[63]，由高宗採納的。足見這是君主專政，官僚輔佐，共享權利的制度下，必然的結果。

第二，因爲重文輕武，所以有儒將。例如北宋的寇準、韓琦、范仲淹，北宋末的李綱[64]，和

[63] 〔續鑑〕，卷一二四，頁三二八一。〔繫年〕，卷一四〇，頁二二四七。

[64] 趙效宣，〔李綱年譜長編〕（一九六八）。西方近來也注意。加州大學待位生 John Haeger 研究李綱的論文，可能在一九七〇秋天寫完。本文作者被邀爲客座指導員。

南宋後來的虞允文[65]，都是儒將。不但如此，士大夫對於誰算儒將誰不算，有一定的觀念。例如北宋思想家程明道就說：「諸葛武侯，有儒者氣象。」[66]那末，岳飛算不算有儒者氣象呢？這個問題，在南宋並沒有明確的答覆。朱熹是讚許岳飛的。「曰：張韓所不及，却是他識道理也。又問岳侯以上者，當時有誰？曰：次第無人。」[67]但是沒明說他可以算儒將。又關於岳飛奏請立皇太子一事，朱熹說：「如飛武人，能慮及此，亦大故，是有見識，某向來在朝……欲拈此等事，尋數件相類者，一併上之。將其後裔，乞加些官爵以顯之，未及而罷。」[68]換言之，雖然贊許他，還是稱他爲武人。這可能有兩種關係。首先是岳飛的出身太低。例如上文提到岳飛守母喪，朝廷下令叫他復職。「飛堅執不肯出。（李）若虛曰：相公欲反耶？且相公河北一農夫耳。……可與朝廷相抗乎？」[69]其次是岳飛雖然能文，識理，但他英雄的氣質，就不合儒家的修養。朱子另有一段話，雖然沒有明指岳飛，也可以借來用爲朱子不稱岳飛爲儒將的解釋。他說，「今人率負才，以英雄自恃，以至持氣傲物，不能謹嚴，卒至於敗而已。」[70]假定岳飛懂得儒家修養，應該怎樣呢？王夫之的〔宋論〕就這樣推想過。「岳侯受禍之時，身猶未老。使其弢光斂采，力謝

---

[65] 陶晉生，〔金海陵帝的伐金與采石戰役的考實〕（一九六三）。
[66] 朱熹、張伯行編，〔近思錄〕，〔續近思錄〕（一九六二，以下只引書名），卷十四，頁三三二。
[67] 鄧傳，頁八四。
[68] 〔朱子語類〕，卷一二七，頁四九五四。
[69] 〔繫年〕，卷一一二，頁四—五。
[70] 〔續近思錄〕，卷十，頁一九二。

眾美之名。知難勇退，不爭旦夕之功。秦檜之死，固可待也。」⑪換言之，從宋代起一直到淸代，在儒將的觀念下，是不贊成英雄式的正義作風的。而且在官僚政治裏，不用虛僞掩飾的手段去應付環境，一定失敗的。

第三，當時的官僚究竟對岳飛怎麽樣？王夫之說了他一大段：「綴采敷文，網羅文士，……軍歸之，民歸之，游士墨客，淸流名宿，莫不歸之。」⑫其實這描寫誇張過分。不過，岳飛也至少認識一些官僚。但是在下獄以後，竟沒有一個文官敢替他說半句話。只有武將韓世忠去責問過秦檜⑬，只有宗室趙士㒟想去營救。除此之外，就只有建州一個布衣劉允升上書，說岳飛寃枉，結果劉也被處死⑭。那時候南宋還沒有恢復太學。一直到二十一年之後，岳飛後人已被赦還的第二年，才有兩個太學生上書，替他訟寃⑮。說來可恥，在岳飛子孫被充軍在湖南福建一帶山區的時候，還有地方官僚建議不給他們錢米，餓死他們。倒是秦檜把這書札「付岳氏」，表示他本人不想斬草除根。這種下井投石的「士大夫用心至是」，充分暴露了儒教國家的黑暗面⑯。

---

⑪ 王夫之，〔宋論〕，卷十，頁一六九。

⑫ 王夫之，〔宋論〕，卷十，頁一六八—一六九。

⑬ 〔續鑑〕，卷一二四，頁三二九五。又頁三三〇〇。〔繫年〕，卷一四二，頁二二八五。〔軼彙〕，卷十五，頁七三三。

⑭ 〔宋史紀事本末〕，卷七十，頁八十。

⑮ 王建秋，〔宋代太學與太學生〕（一九六五），頁十五。又頁三七〇—三七一。〔繫年〕，卷一九〇，頁三一七八—三一七九。徐夢莘，〔三朝北盟會編〕（一九六二），頁二三六，頁二—五。又卷二三七，頁七。

⑯ 〔玉照新志〕，卷五，頁一。〔軼彙〕，卷十五，頁七三四。

第四，也是最後的一方面，宋代儒學對於忠臣到底怎樣確定？北宋程伊川早就說過：「君子思不出其位」[77]。朱熹當然認爲岳飛是忠臣。可惜「高宗忌之」。這是因爲岳飛「有些毛病，然亦上面人不能駕馭他」[78]。然而，就朱熹整個的思想說來，他對於忠，還是着重在「事君」。在基本上，儒教是講上下名分的[79]。朱子說：「父子君臣，天下之定理，無所逃於天地之間。」[80]換言之，忠是忠君，主要是對個人的，和孝一樣。至於對國家民族大團體的忠，應該是受忠君的拘束的。像岳飛這樣的悲劇，對國家民族盡忠，不幸而被君主處死，那也只能如此。朱子又說過：「盡其道而死者，皆正命也。」[81]換言之，朱子也覺悟到忠君和忠於民族可能發生矛盾，但他沒法子打破傳統和時代的思想限制。

像朱子這樣的大學者，能理解到這種矛盾。一般人是不會的。例如胡銓在岳飛生前，紹興八年（一一三八），反對和議。高宗下令申斥說：「倘誠心於體國，但合輸忠。唯專意於取名，故茲眩眾。」[82]忠君是要服從的，不許引起輿論來批評朝政。又例如岳飛在獄中有個故事。「飛猶不伏。有獄子事飛甚謹，至是獄子倚門斜立，無恭謹之狀。飛異之。獄子曰，我平生以岳飛爲忠

---

[77]〔近思錄〕，卷七，頁二一〇。
[78]〔朱子語類〕，卷一三一，頁五一〇四。又頁五一〇六。
[79]參瞿同祖，〔中國法律與中國社會〕（一九四七）。這書有英文修正本。又參〔朱子語類〕，卷十，頁一七六。〔續近思錄〕，卷十四，頁一九六。
[80]〔近思錄〕，卷二，頁四九。
[81]〔續近思錄〕，卷七，頁一四〇。
[82]〔續鑑〕，卷一二一，頁三一九八。

義，故伏侍甚謹。今乃逆臣耳。飛請其故。曰，君臣不可疑，疑則爲亂。君疑臣則誅，臣疑君則反。君今疑臣矣。少保若不死，出獄則復疑於君，安得不反？反旣明甚，此所以爲逆臣也。飛感動，仰天移時。」[83]這段故事，當然是士大夫寫的，獄子的推理，未必那樣敏捷。也許事實上根本沒有這樣一個獄子。但不妨把獄子的角色，看做一般平民的象徵。也就是說，眞是上至天子，下至走卒，中間一大羣官僚，都是一樣想法。普及的儒學思想，早已經滲透了整個社會。忠只是忠君，沒有任何保留，也不容許再有任何矛盾。高層的儒學理論，像朱子所說那樣的，並不在實際上適用於社會。

岳飛是「精忠報國」。在傳統的普及的儒家思想，對於忠的觀念，這四個字眞是顚撲不破的結晶。要忠君，才能報國。如果不被認爲是忠君，在那政治圈裏，在那社會裏，根本就站不住，就無從再報國了[84]。

在儒教國家裏，君主和官僚政府的確是儘量利用一面倒的儒家教訓，來控制人民。但這有一個大矛盾。高層的儒學理論，始終不肯全面的向政治勢力低頭。相反的，它始終在這種矛盾中掙扎[85]。同時，這種一面倒的儒家教訓，終久是大失敗。南宋末，元兵到杭州，很多大官逃走。太

---

[83] 〔三朝北盟會編〕，卷二〇七，頁一—二。〔軼彙〕，卷十五，頁七三二。本文引語，用的是〔軼彙〕。

[84] 參甯可，「有關岳飛評價的幾個問題」，〔文史哲〕（一九五七年五月號），頁四十—四五。又參蘇金源、李春圃編，〔宋代三次農民起義史料彙編〕（一九六三），頁三一〇—三一二。又參 James P. Harrison, *The Communists and Chinese Peasant Rebellions* (1968), pp. 122, 125, and 227-8.

[85] 劉子健，「儒教國家の重層的性格について」，〔東方學〕，期二〇（一九六一），頁一—一七。

皇太后「詔榜朝堂曰：我朝三百餘年，待士大夫以禮。吾與嗣君遭家多難。爾大小臣未嘗有一言以救國者。……平日讀聖賢書，自許謂何？……生無面目對人，死亦何以見先帝？」(86)這詔書也毫無用處。幾百年來只是提倡忠君，對於君主個人忠，最多是對於領導集團忠，怎能救國？因爲儒教國家有這種的大矛盾，高層的儒學不得不在這種大矛盾中，不斷掙扎，所以自宋以來儒學理論時常出現反覆的檢討，更深的思考。

現在時代全變了，可是傳統思想還是有一部分動力。這種檢討，這種的批判還是需要。

原載〈中國學人〉二期（一九七〇）

補記

這短文有疏謬，承諸友指教，曾於次期（卽〈中國學人〉第三期）的論學書簡欄內，加以補正，順表謝意。可是後來又拜讀饒宗頤先生舊日的大作，自己也略有兩點新建議。借這重印的機會，一起再作簡短的彙述。

前已發表的補正，大致如下：

原文註(77)前，「君子思不出其位」一語，經屈萬里先生指教，原出〈易經〉。程頤引經而已。

原文註⑨前的一句話錯了。經王德毅先生指教。王銍是王明淸之父，藏書的王廉淸乃其兄。

(86)〈續鑑〉，卷一八一，頁四九五〇。

岳飛寃獄。

王明清《揮麈三錄》則引有一千五百餘字，而且文氣一變恭謹爲慷慨，足見當日諛秦風盛，不管（按，本書已更正）又順便提及秦檜在北宋亡時曾有趙氏狀。《大金弔伐錄》僅引二百餘字。而

以上各點，自不如「滿江紅」一詞的重要，世人莫不關心。筆者孤陋，在寫這短文之後，才蒙久極景仰的饒宗頤先生賜寄他的大作：「論岳武穆滿江紅詞」（馬來亞大學《斑苔學報》二號，一九六四）。

饒先生廣徵博引，大意如次。岳侯孫岳珂《金陀粹編》載岳侯詞，僅「小重山」一首。《古今詞話》評云，悲涼悱惻之至。《花草粹編》錄之，而疑其詞題。《全宋詞》有岳飛「滿江紅」，而題曰「登黃鶴樓有感」。且與通行怒髮衝冠一詞各異。各集皆不載，實出於杭州九曲叢祠忠顯廟，而此廟則建於淸代咸豐年間。

至於盡人皆知的「怒髮衝冠」這首詞，乃明代弘治十五年趙寬手書上石，並未說明出處。徐階等人的記載，即以爲眞。然淸代王昶《金石萃編》已指出署款皆不合宋式，似是明人僞記，近人余嘉錫先生《四庫提要辨證》更强調宋元人無記載，而突出於明代中葉以後。不過，膾炙人口，不知其爲贋本也。

此外，夏承燾先生也有大作：「岳飛滿江紅詞考辨」，見日本京都《中國文學報》十六册（一九六二），除同意《四庫提要辨證》外，指出「滿江紅」裏提到賀蘭山。這山在今甘肅河套西，在南宋時，屬於西夏，不屬金國。但弘治年間，情勢大異，王越大勝於賀蘭山，而趙寬刻「滿江

紅」恰巧在這戰勝後的四年。所以夏先生認爲這詞是表現明代的民族精神，更何況不久，通俗文學如〔精忠記〕就採用了這詞。

筆者略有兩點新建議，夏先生的說法，很近情理。「滿江紅」一定是明代中葉的作品，並且靠通俗文學流傳。可是賀蘭山這一點，似尚不能遽斷。因爲唐詩裏，從王維等起，常用賀蘭這名詞。後來就成爲象徵，意指邊山。並不一定專指眞正的那座山。當時是屬於那一國，不一定有關係。

最後一點，比較重要。岳飛的詩文，不獨全國歌誦的「滿江紅」，就是其他的製作，都可能經過幕客潤色。這是當時通行的，更何況岳飛以精忠過人，並不以文學修養見長？

紹興九年（一一三九），南宋宣布講和，岳飛利用賀表，表示反對：「願定謀於全勝，期收地於兩河。唾手燕雲，終欲復仇而報國。誓心天地，尚令稽首以稱藩。」〔建炎以來繫年要錄〕卷一二五，跟著說明：「飛幕客左承務郎張節夫之文也。秦檜讀之大怒。」錢士升〔南宋書〕，卷一五，介紹張節夫，說是「河朔人，豪邁尚氣節」。

這只是一例。朋友如有興趣，大可寫一篇岳飛的幕僚，這些人事蹟湮沒，原因有二，一是他們後來被秦檜貶謫監視。二是傳統史家，時常犯了崇拜個人英雄的毛病，不注意輔佐人才，這是今後史學應當改良的。了解人物必須從人羣裏去看。

一九八六年六月補記

教育與道學

略論宋代地方官學和私學的消長

宋代興學①，奠定了中國文化近千年廣大和深厚的基礎。配合的因素很多，舉其大者而言：技術上有印刷術的進步和傳播，經濟上有都市和商業繁榮的支持，政治上有政府的注意，社會上

① 選這題目，是紀念和董同龢兄一起辦學的一段因緣。在清華班次低，不認識他。後來哈佛碰見，常一起在洪煨蓮先生家聊天。他愛吃八寶飯，洪先生送他一個外號，叫「八寶飯教授」，也是暗指科目雖然不同，隔行而能談論到一起，很有意思。因爲相聚的時間不長，相知也不深。兩年前籌辦史丹福大學中國語文研習所（研習這名稱是劉王惠箴取的，董兄以爲得體），才有機會多接觸。董兄名義是諮詢員，實際上一大半是義務幫忙，見義勇爲，希望美國留學生增加人數，超過以往的紀錄，多讓他們認識中國社會，全部請中國同仁教課，而儘量採用兩國間最有效的教學法，然後再進一步，國內國外的語文教員多通聲氣，從語言學和文法學的觀點，來改善教學法，編製教材。辦了一年，就擴展爲美國各大學的中國語文聯合研習所。學生現有近五十人之多。而不幸董兄竟已逝世，謹以此題追念。

有士大夫階層在官在鄉在家族團體中的倡導，甚至窮鄉僻壤，也逐漸出現了三家村的教書匠。這種發展是劃時代的，眞有深遠的決定性的。高階層文化的準繩，經過地方的各種教育，廣泛的滲透到平民階層，於是滿街的人，儘管不認得幾個字，也能說得出幾句聖人的話。就這廣泛深遠的滲透而言，地方上的官學，尤其是私學，比起國子監太學重要得多。就文化延續而論，也是如此。蒙古入侵，鄙視儒生。首先挽救這厄運的，是地方軍人。一面向蒙古人妥協，一面培植地方勢力，維持社會秩序，在他們統治的地區內，招士興學②。後來才有元朝的新政策，重開科擧，奬勵儒學。明清兩代，文風更盛，這文化的傳統，更根深蒂固，甚至弄到連改革都困難了。

這個大題目，以往已有不少論著。許多周知的史實，無需再重複。可是多數作品，側重中央。以中國地區之大，今後的研究實在應該對於地方性的題目，多多努力。有些論者，以往注意到宋代的地方教育，並且指出若干的成就弊端和困難③。本文再提出一些補充修正和分析。其中更著重一個中心問題，就是私學和官學兩方面的前後消長。

第一點，北宋最初的四十年，地方上很少有正式學校。所謂四大書院之稱，言過其實。〔文獻通考〕首先承認：「是時未有州縣之學，先有鄉黨之學。」接下去却列擧廬山白鹿洞，徐州石鼓書院，應天府書院，和潭州嶽麓書院，說「宋興之初，天下四書院。……此外則又有……嵩陽

② 孫克寬，〔元初儒學〕（一九五三）下同；又〔蒙古漢軍與漢文化研究〕（一九五八）。姚從吾，「金元之際元好問對於保全中原學統文化的貢獻」，〔大陸雜誌〕，卷二六，期三，頁一——一二；又〔東北史論叢〕（一九五九），下冊，頁三七六——四〇一，「忽必烈對於漢化態度的分析」

③ 趙鐵寒，「宋代的州學」，〔大陸雜誌〕卷七，期一〇——一一，頁三〇五——三〇九，又頁三四一——三四三。

茅山，後來無聞。獨四書院之名著。」④〔玉海〕也提到四大書院，而列舉不同，以爲是白鹿洞，嶽麓，應天，和嵩陽⑤。其實都是南宋名儒朱熹呂祖謙他們，在若干舊址廢址，重新興辦私學，推崇久已中斷的往事。應天府書院根本是半官性的，不能算鄉黨之學（見下文）。只因名臣范仲淹在那裏讀過書，有文頌揚，所以也在推崇之列⑥。但根據有關五代的史料，〔宋會要輯稿〕，和〔續資治通鑑長編〕，一類的史料，可以看出宋初少數書院，規模很有限。對於這些學院，政府經過地方官的申請，只是稍予獎贈而已。無非是賜額，賜國子監書，賜九經，任掌書院者爲小官，或賜官銜仍舊回去教書，或加賜赴闕召見再回去教書的旅費，這時還沒有賜田的。

至於白鹿洞在南宋最有名，而就北宋初期而言，簡直是反證。太平興國二年（九十九），「乞賜九經」。三年後，「洞主」自己請求「以其田入官」，換了個小差使到別的地方去任職，這書院根本廢了。〔續長編〕值得詳引：「以江州白鹿洞主明起爲蔡州褒陽縣主簿。白鹿洞在廬山之陽，常聚生徒數百人。李煜僭竊時，割美田數十頃，歲取其租廩給之。選太學之通經者，授以他官，俾領洞事，日爲諸生講誦。至是起建議，以其田入官，故爵之。白鹿洞由是漸廢矣。」⑦可

④〔文獻通考〕（萬有文庫本），卷四六，頁四三一。其說似近於〔宋會要輯稿〕，崇儒二，頁四一。但〔續通考〕的編者，似未見〔宋會要〕，卷三〇，頁三二四一，反倒引用〔玉海〕，見下註。

⑤王應麟，〔玉海〕（元刊本，一九六三影印）；卷一一二，頁三〇。

⑥可參考的文章很多，主要是朱熹，〔朱文公集〕，卷二〇，「申修白鹿洞書院狀」，又卷七九，「重修石鼓書院記」。呂祖謙，〔呂東萊集〕（續金華叢書本），卷六，「白鹿洞書院記」概述參見盛朗西，〔中國書院制度〕（一九四三），頁一一——二八。又鈴木虎雄「朱子の白鹿洞書院しについて」〔懷德〕一八期。

⑦李燾，〔續資治通鑑長編〕（一八六一新定影印本），卷一八，頁九；又卷二一，頁五。

見這書院本就不是鄉黨之學。既是南唐官方支持，而北宋以文治自詡，何以反倒要收其美田，聽其荒廢呢？這有大小兩套原因，大原因是北宋初平天下，吸取江南文物，並不重用，更不想培養江南人才，例如：「平諸國，盡收其圖籍。惟蜀、江南多，得蜀書一萬，江南書一萬餘卷。又下詔開獻書之路。」⑧而當初南唐興辦的書院，還要向新朝「乞賜九經」。相形之下，可見中央集權之強，地方教育之弱。小原因是這類書院本身的缺點。五代時許多文人，避隱山地，讀書授徒。在廬山一帶的比較最多。但白鹿洞並非純粹儒家作風，洞主這名稱，就能體會到一些駁雜的意味。至於聚的生徒，有的是本地人，有的是避隱的，也有的是亡命的。例如：「蒯鼇，宣城人，工屬文……然居鄉博飲無行，不爲人士所容。乃去入廬山國學，亡賴尤甚。晚乃勵風操……至後主末，始登仕版。迨國亡，銓授未及，遂不復謀仕……亟隱居廬山，數年卒。」和他同稱廬山三害的另一人更不好學。「盧絳……讀書稍通大旨……每以博奕角觝爲事。舉進士不中，遂棄去。爲吉州回運務計吏，盜庫金。事覺，乃更儒服亡命江湖間……入廬山白鹿洞書院。猶亡賴，以屠販爲事，多脅取同舍生金，又特榷貨摴賣於山中，將人短長索賕謝，人皆患苦之。與諸葛濤，蒯鼇，號爲廬山三害。朱弼爲國子助教，將捕治其罪，復亡去。」⑨宋朝政府對於可能潛伏前朝舊臣，窩藏不法文氓的書院，當然聽其停廢。

第二點，北宋立國以後四十年到八十年間，還並沒有積極的鼓勵地方教育。只是經過官員申

⑧〔太平治迹統類〕（適園叢書本），卷三，頁一。

⑨吳任臣，〔十國春秋〕（一九六二影印清本），散見卷二八——三〇。馬令撰，〔南唐書〕（清刊本），散見卷一三——一四。蒯盧二人，見〔十國春秋〕，卷二八，頁一二——一三；又卷三〇，頁五——六。

請，對於少數私學，予以優待，或准許開辦少數的半官性或官立的學校。幾件事情在咸平四年（一〇〇一）配合起來產生一個新政策。首先，因爲知州請求，「以國子監經籍，賜潭州岳麓山書院。」同年「邢昺等校訂周禮儀禮公羊穀梁傳正義……命模印頒行……於是九經疏義悉具矣。」這才「詔諸路州縣，有聚徒講誦之所，並賜九經」⑩。〔宋論〕說：「咸平四年，詔賜九經於聚徒講誦之所，與州縣學校等，此書院之始也。」⑪這考語很正確。「與州縣學校等」應該是解釋爲等於也算有了州縣學校，這才是書院的開始。〔通考〕〔玉海〕等說宋初就有書院，不確。

在這時期，應天府書院最大。由私人捐款發起，却變爲半官性的學校。應天府是宋朝的南京，離京城不遠，不像江南那樣地方，會讓政府不放心。五代戚同文在那裏教書有名。他有七個弟子，兩個兒子都在宋朝任官。大中祥符二年（一〇〇九），「府民曹誠，以貲募工，就戚同文所居，造舍百五十間，聚書千餘卷，博延生徒，講習甚盛。府奏其事。上嘉之，詔賜額曰應天府書院，命奉禮郎戚舜賓主之，仍令本府幕職官提學。又署誠助教。舜賓，同文孫。」⑫對於這半官性的學校，最初也還沒有什麼優待。成立了將近二十年，才詔免「地基稅錢」⑬。

政府賜田給學校，是仁宗初，天聖元年二年間（一〇二三——一〇二四）才開的例。賜江寧

---

⑩〔續長篇〕，卷四八，頁一一；又卷四九，頁二及頁九。

⑪王夫之，〔宋論〕（四部叢刊本），卷三，頁四五。

⑫〔續長篇〕，卷七一，頁九，又參閱〔宋會要輯稿〕，崇儒二，頁二。捐款興學，可以得官。救災納粟助軍等，也可以得官。將來打算另寫一篇關於宋代捐官的問題。

⑬〔宋會要〕，崇儒二，頁三。

府茅山書院田三頃，並以供學生飲食。這書院後無聞，恐怕是管理不善，經費缺乏，慢慢衰廢了⑭。最著名的是兗州，知州孫奭建立學舍四十餘間，又以「己俸贍養」，在離任的時候請正式撥給該州「職田十頃」⑮。這先例成功，才產生更進一步的新政策。地方長官願意興學，可以申請，經中央批准撥田做經費。「命藩輔皆得立學。其後諸傍郡多願立學者，詔悉可之。稍增賜之田，如兗州。」⑯這裏可以看出先由士大夫階層提倡，政府才慢慢放棄對地方聚徒的警戒心，而用財力來補助。士大夫提倡，願意立學，也並不全是爲了當地居民，其中也有的是爲了他們自己隨任子弟的需要。例如西安，「寄往官員頗多，子弟輩不務肯構，唯咨嘲謔輕薄，鬥諜詞訟……到任後奏乞建置府學……現有本府及諸州修業進士一百三十七人……風俗稍變。」⑰

第三點，政府積極的命令地方辦官學，是慶曆四年（一〇四四）慶曆改革時的新政策。那時士大夫階層的發言權已經提高很多，對於宋初國策，能略加改變。雖然慶曆改革，因爲官僚間朋黨之間的爭執，不久就結束了⑱。但有少數的新政策是繼續下去的，地方興學，即其一例。可是推行這新政策，地方政府所能籌劃的經費，往往不够，要靠當地私人的力量來捐助。而另一方

⑭ 同上，頁一四。
⑮ 同上，頁三；〔宋史〕卷四三一「儒林傳」內關於孫奭事迹，沒提他在兗州興學。也許當時這事不被重視。
⑯ 〔通考〕，卷四六，頁四三一。
⑰ 王昶，〔金石萃編〕（清刊本），卷一三二，頁一六——二二，范雍在永興軍爲西安府學一牒與中書劄子，時景祐元年（一〇三四）。
⑱ 拙著，〔歐陽修的治學與從政〕（一九六三），下編，第五章「慶曆改革及其失敗」。又"An Early Sung Reformer: Fan Chung-yen," *Chinese Thought and Institutions*, ed. by J. K. Fairbank (1957), pp. 105-131.

面，官辦學校已經產生一些壞影響。

這項新政策的來歷，〔宋會要輯稿〕說得最清楚：「自明道景祐間累詔州郡立學，賜田給書，學校相繼而興。近制惟藩鎭立學，潁爲支郡，（蔡）齊以爲請而特許之……時大郡始有學，而小郡猶未置也。慶曆詔諸路府軍監各令立學，學者二百人以上，許更置縣學。」⑲各書上關於這個詔書，常常用「慨然」二字，這可能有幾層含義。一是仁宗爲改革派言論所感動；二是仁宗下決心放棄以往消極需要呈請而經特准的政策，積極的創立前所未有的新制度，責成地方政府興學；三是慷慨的用國家財力來供給。但是賜田十頃，實際上是不够發展維持的。有的地方將就的把孔廟擴充一下。就是那樣，也還靠當地士大夫地主階層「率其私錢一百五十萬以助」⑳。有的地方是把犯法的寺院財產充公，改設學校㉑，或撥用其他涉訟的土地。例如鄆州，所需經費相當大，「有美田……訟不解……即爲奏請，得田二千五百畝有奇，與民耕作，歲輸錢百萬，是爲新田……實三倍於其舊。」爲什麼要這樣多的經費呢？主要是供給學生生活，沒有這新田的時候，「新學成，顧苦在後。有田磽瘠，食不能百生。游學之士或自罷去。」㉒游學之中也有弊端。而官廳興建，往往是貪汚機會。慨然新定的政策，在第二年就另下詔書查弊：「今後有學州縣，毋得輒容非本土人居止聽習。若吏以繕修爲名而斂會民財者，按學之。」㉓

⑲〔宋會要〕崇儒二，頁三——四。
⑳歐陽修，〔歐陽永叔集〕（國學基本叢書），卷五，頁三四，「吉州學記」，又參見卷八，頁一七——一八。
㉑〔金石萃編〕，卷一三九，頁一九——二〇，「京兆府府學新移石經記」，唐代就有這辦法。
㉒同上，卷一三九，頁一七——一九，「鄆州州學新田記」。
㉓〔通考〕，卷四六，頁四三二。

在這時期，地方官學初興，弊端還不大，而對於各地教育的裨益很多。宋代文化的提高擴展與漸漸的深入民間，實在是這時期才開始的。不過官學興，間接的對於私學的發展並不完全有利。一般而論，私學就不免相形見絀，停留或退居於準備學校性的小規模，不容易再有發展。例如這時期三位最有名的私學教授，石守道，孫復，胡瑗。孫胡兩人都去太學任教，對於太學固然好，而他們自己原有的學校就衰落了。胡瑗的例證，尤其重要。「下湖州取先生之法，以爲太學法，至今著爲令。後十餘年，（按：是一〇五六年）先生始來居太學……禮部貢擧歲所得士，先生弟子十常居四五。」㉔在熙寧年間還有「門人在朝……數十輩」㉕。但同時「學者非王氏不宗，而先生之學不絕如縷」㉖。到了南宋初年，已經是要費力搜求，才能找到胡瑗的遺書和往事㉗。到朱熹時，他說：「問安定平日所講論今有傳否？曰並無。……如當初取湖州學法，以爲太學法，今此法無。今日法乃蔡京之法。」㉘官學易受政治影響而引起弊端，下文再說。這裏是證明最有名的地方私學，從這時期起到南宋初年，反倒有退步的現象。這並不是說全都如此。北宋

㉔〔歐陽永叔集〕，卷三，頁九八——九九，「胡瑗墓表」。參閱范仲淹，〔范文正公集〕（歲寒堂本），「尺牘」，卷下，頁三——五；又〔續長篇〕，卷一八四，頁一四——一五。

㉕莊仲方，〔南宋文範〕（光緒十四年本），卷二四，頁一二，崔敦禮，「平江府教授廳壁記」。參閱〔宋元學案〕，卷一，「安定學案」。

㉖王梓材，馮雲濠，〔宋元學案補遺〕（四明叢書一九六二影印），卷一，「安定學案」，頁一三。

㉗〔南宋文範〕，卷四七，頁四，汪藻，「胡先生言行錄序」。

㉘朱熹，〔朱子語類〕（宋本明覆刊一九六二影印），卷一二九，頁六。又卷一〇六，頁一四，「屢欲尋訪湖學舊規，尚也未獲」。

後半期，洛學蜀學很有名。這是因爲兩區都有其特殊背景。洛陽是歷代以來的文化中心，致仕的權貴往往聚合一些名士。四川少大亂，經濟又很繁榮。洛蜀而外，就是閩學，官學較少，而沿海大地方民間的經濟條件優厚，因此到了南宋，傳播浙東和江西極一時之盛㉙。

第四點，王安石變法，如眾周知，目標更大，想用各級學校經常考驗遞升到太學，來根本代替舊有的科舉制度。本文只補充幾點。充實地方官學的主張，不限新法一派。而在新法之下，學校經費仍舊不够。元祐也並沒有全部廢除新法。地方學校應該多有學官的目標，並沒有變。只是經費還是沒有方法增加。而對於新法時的行政弊端，却注意改善。換言之，若干基本問題，經過新舊兩派執政，仍舊得不到解決。宋敏求在熙寧元年（一〇六八）說：「州縣有學舍而無學官。四方之士輕去鄉里者，以求師也。諸州置學官，三歲一下，務得士三百人。」㉚蘇軾在翌年說地方學校「唯空名僅存」㉛。所以熙寧四年（一〇七一）命令各路轉運司選差學官，州軍一律發學田十頃，「有田不及者益之，多者聽如故。」到元豐元年（一〇七八）各州有學官者共五十三處㉜。更可見要辦得有規模，十頃舊額多半不够的。舊派領袖司馬光也說：「諸州……學校大抵多取丁憂及停閑官員，以爲師長……游戲其間，未嘗講習。」㉝而元豐年間，「諸州學或不置教授」。

㉙ 參閱何佑森，「兩宋學風之地理分佈」〔新亞學報〕卷一，期一。
㉚ 〔宋會要〕，「崇儒」一，頁三〇—三一。
㉛ 〔通考〕，卷三一，頁二九三。
㉜ 〔宋會要〕，「崇儒」二，頁五。
㉝ 司馬光，〔溫國文正集〕（四部叢刊本），卷三九，頁一一，「議學校貢舉狀」。參閱趙汝愚，〔國朝名臣奏議〕（宋刊本），卷七八—七九兩卷。

元祐元年至七年（一〇八六—一〇九二）舊派執政，對選派學官，或用薦舉，或經歷任，或循資考績，多所規定，這裏不必詳說。但結果到了紹聖年間（一〇九四—一〇九七），還有人說：「今州郡未有學官處，可量士人多寡而增置之。」或要長官擇郡官之有學問者兼領。根本困難是地方官學經費少，待遇低，一般官僚風氣「重內輕外」，在中央做官，就不肯去外地，更不肯去做清苦的學官。學官不太充實，官學的弊端也少人監督。元祐八年（一〇九三）詔：「諸州元無縣學處輒創修，及舊學舍損壞，許令人戶備錢物修整者，各杖一百。以尚書省言，外路多違法科，率造學故也。」㉞擾民取財，當然不對，但經費和維持費，沒有完善的財政和行政管理的制度，也是事實。

第五點，北宋末期，從蔡京假恢復新法之名，而行擅權任私之實起，到他下台，已無從挽救，直到亡國為止，這段演化最為混亂㉟。地方官學的情形，也是這混亂的縮影。從崇寧元年（一一〇二）起，大舉擴充州學縣學，行三舍法，並增加經費。比新法當初的規模大得多，但從政和元年（一一一一）前後起反又縮減一些費用，挪去供應君主的浪費，因此大失士人之心。宣和三年（一一二一），又取消三舍法。而在擴充和增加經費的過程中，弊端大起。官學裏的風紀，也非常差。蔡京最初的目的就不正當。他要利用學校來收買人心，同時限制言論。立黨禁，在官學裏設立「自訟齋」令人「洗腦」，放棄批評性的學說，這是周知的，不必多說。州學縣學裏作

㉞〔宋會要〕，「崇儒」二，頁六。
㉟拙著 *Reform in Sung China* (1959), pp. 9-10 又 80-97。參閱 John Meskill 選編，*Wang An Shih, Practical Reformer* (1962).

文，有「時忌」，更可以看出普遍的不自由的束縛。「州縣學考試，未校文字精弱，先問時忌有無。語涉時忌，雖其工不敢取。時忌如曰休兵以息民，節用以豐財，罷不急之務，淸入仕之流。諸如此語，熙豐紹聖間（按：卽新法時及復行新法的初期），試者共用不忌，今悉絀之。」㊱這種教育政策的結果，絕不會好的。

蔡京的魄力相當大。令「天下皆置學」，至少「二三州共置一學」。因爲「有司病費廣難贍」㊲，就決定一個大的新政策，除原有學田外，以常平款項補充，以「戶絕田土物業，契勘養士合用數撥充。如不足，以諸色係官田宅物業補足。」行三舍法㊳。徽宗還很得意，拒絕批評，詔書裏誇口說：「世知以爲官冗，而不知多士以寧之美。」㊴崇寧二年（一一〇三），又增置縣學和州縣小學，並規定州縣學校敕令格式。以經費規模制度而論，眞是前所難望的充備。但慢慢的也覺得花費太多，變來變去。大觀四年（一一一〇）縣學和州縣小學，不再供給飲食。次年修正細節，縣學的教諭等，是州學選差派去的學生，還是算州學的人，「依條給食」或「月給食錢」。政和二年，（一一一二）有詔書說，「今學校之興……浸失本旨。至參以科舉罷廢，縣學給食之法，害令惑眾者非一。」又過了兩年，再令一部分學校「罷支食錢」。最初擴充，撥用常平款項。後來別的開支增加，常平又感缺乏。「詔訪聞比來學司取撥過戶絕田產房頃畝不少，遂致常

㊱〔通考〕卷四六，頁四三三。
㊲同上，頁四三一—四三三。
㊳〔宋會要〕，「崇儒」二，頁七—八。
㊴同上，「職官」四，頁一四。

平錢本，寖以闕少，有害歛散。可令諸路學事司，取大觀四年前詔諸州以前三年贍學支費過實數內，取支費錢穀最多一年爲準，仍增加五分以備養士外，餘剩田舍，盡數撥還元管係官司。」㊵政和三年(一一一三)，又「詔諸路已撥良田贍學，提擧學事司更不撥還常平價錢」。只是限制不得再另外撥田了㊶。朝令夕改，尚不止此。宣和三年(一一二一)，根本改變。「詔罷天下三舍」。州學縣學縮減爲舊有的規模，自然也就裁省贍學之費，只保留三舍法前原有的田產。凡是在實行三舍法這些年內所「添置」的田產，一律「拘收」㊷。拘收到那裏去了呢？其實，因爲賬目不清，管理不嚴，在執行拘收時，「虧欠失陷」，被吞沒的很多。而拘收到的，是「撥借充漕計」㊸。什麼是漕計呢？原來是君主的浪費奢侈。「神宗皇帝修講常平之政，置提擧官。錢穀充足，不可勝校。崇寧中始取以充學校養士之費。政和中又取以供花石應奉之資。僅費三十年，所有無幾。」㊹這段記載可以看神宗的英明，徽宗眞是個敗家子！同時也看到王安石的新法財政，相當成功，南宋以來的評論，往往有偏見，功則歸諸神宗，過則算在王安石與新黨小人頭上。還有各種記載中，特別罵花石綱。其中罷三舍法，裁減經費，直接影響到士人的待遇，恐怕這是惡評的小原因之一。

㊵ 同上，「崇儒」二，頁一五—一六，又頁二三。詔見〔宋大詔令集〕（影印本），卷一五七頁五九二。
㊶ 同上，「崇儒」二，頁一六又頁二〇。
㊷ 同上，「崇儒」二，頁三〇—三一。
㊸ 同上，「崇儒」卷內未說明，見「職官」四，頁三二。
㊹ 同上，「職官」四三，頁一四—一五。

地方官學，在經費充足的時候，也並沒有辦好。經費增加，行政弊端也增加。大觀二年（一一〇八）有詔：「養士之類，舍宇之數費，用之多寡，田業之頃畝，載之圖籍，掌在有司。累年於茲，廢闕不具，失職爲甚。」㊺於是決定用衙役來幫管。「諸路學費房廊，止是科差剩員一名收掠，其間侵欺盜用，失陷官錢……許依州縣法，召募庫子一名，專行收納。其或少處，亦乞權令本州庫子兼管。」其實，庫子又何嘗一定可靠？至於田產，從頭就有弊端，有勢力的大家，有時「請託州縣，因緣爲姦」，把田產高價賣給官學做贍學田宅㊻。除了舞弊以外，還有飽食終日的浪費。「州官燕犒，破贍學錢，乃無限定之數，往往廣有支用。」對於學生，也「務爲豐腆飲食」㊼。

在這種情形下，學風怎樣會好？「諸州教授，有或多務出入，罕在學校……有未嘗升堂者，往往止託逐經學諭，撰成口義，傳之諸齋，抄錄上簿而已，未嘗親措一詞於其間。」有的是忙著在校外活動，貼補收入，「爲人撰啓簡牘語之類」㊽。教授如此，學生更糟。其中有「富家子弟，初不知書，第捐數百緡錢，求人試補入學，遂免身役。」有近似「官戶」的優待㊾。政和三年（一一一三）訂定學規㊿。但風氣已壞。有的「在學毆鬥爭訟，至或殺人。」多半是家庭利用

㊺〔宋大詔令集〕，卷一五七，頁五九二。
㊻〔宋會要〕，「崇儒」二，頁一三—一四。
㊼同上，「崇儒」二，頁一五，又頁一八。
㊽同上，「崇儒」二，頁一九，又頁二八。
㊾〔通考〕卷四六，頁四三三。參閱〔宋會要〕，「崇儒」二，頁三〇。
㊿〔宋會要〕，「崇儒」二，頁二四，又頁二八。

「學籍」的特殊身分，包攬詞訟，「其父兄盡以辭訴之事付之，校爭錐刀之末。」還有掛名學籍，自己來佃賃官學田產，或「開坊場」(51)。北宋末期，大規模興辦官學，名爲提倡教育，適得其反。因此秀才之稱，已被人輕視(52)。但人事消長往往有一種補償律 (law of compensation)。官學失敗，而從熙寧以來較爲消沉的私學，又被人重視而逐漸發展起來。整個教育的傳播，還是在推廣。

第六點，南宋的官學，也是沒有解決北宋學制所遭逢的若干問題，學官的品質，學生的風氣，學產的被侵和經費的困難。另一方面，私人的學校，却大量增加，雖然經費也困難，可是教和學的水準一般說來都比較好，甚至比北宋的程度還高。南宋初，急於軍事，教育被認爲「不急之務」，州學縣學多半停辦。建炎二年（一一二八）規定設置教授的有四十三州。繼而又罷，「任滿更不差人」，將就由科舉出身的行政官吏兼任。後來又再設教官，並且可以和太學的官員互轉。簡而言之，一般不受重視，陷入簡陋停滯的狀況(53)。舒璘，是奉化人，朱熹，陳傅良的朋友。在他給其他朋友的幾封信中，說明了學官地位之低和學生風氣之差：「邈等處江右漕幕，隨行逐隊，無補公家。既罷而不敢傍緣，爲僥倖圖，遂分教於此。始至，士子循習敝陋。鋪啜之

(51) 參見「金石萃編」，卷一三四，頁二三—二五。蔡京未當權時，在元豐三年，曾有編修諸路學制的經驗，見「續長編」，卷三〇二，頁六。

(52) 洪邁，「容齋三筆」（四部叢刊），卷二，頁八。

(53) 「宋會要」，「崇儒」二，頁三三—三四。宋留正（等），「皇宋中興兩朝聖政」（影印宛委別藏本），卷一七，頁一〇；又卷一七，頁六詳見趙鐵寒，「宋代的州學」，「大陸雜誌」，卷七，期一〇—一一，頁三〇五—三〇九又三四一—三四三。

餘，渙然而散。不惟學不知講，而廉恥亦喪。」以下幾封信，常常提到努力教授兩年，不見成效。還有一信，分析這情形：「大抵歙中學校寥落，非吾鄉比。學糧無幾，日給僅四十輩，歲終又以匱告。鄉來，處學（按卽走讀和寄宿生），皆苟二餐而去，蕩然不修。」54

經費少，在紹興廿一年（一一五一）時，曾經討論過。北宋將亡國時，學田盡歸常平司。南宋初年，學田錢糧也歸戶部拘催。都是因爲應付軍事需要。紹興十三年（一一四三），雖然明令「諸州軍將舊贍學錢糧，撥還養士」，未必全能做到55。此外，經過變亂，「贍學公田，多爲權勢之家侵佔」56。那時政府也無力興學，只有沿襲老辦法，把買了僧道度牒而後來成爲絕產的，和僧道違法擅置，並無敕額的庵院，一概「撥充贍學之用」57。事隔未久，紹興廿四年（一一五四），又發現撥給贍學支用的，又被地方政府撥入別項「侵移兌用」58。據趙鐵寒兄的研究，州學的經費不够，從北宋中葉起到南宋，靠五種辦法籌措：由地方長官籌措或捐助；將爭訟不決的田產充公斷爲學產；請求轉運使暫借一筆款，賤價買入隣郡訟爭的田產，再以收租償還借款；刻書販賣來補充經費，自給自足；實在無法，請鄉黨父老供給伙食，等於爲他們自己的親友設立膳

54 舒璘，〔舒文靖公類稿〕（同治本），卷一，頁八—九。
55 〔宋會要〕，「崇儒」二，頁三二，又頁三六—三七。
56 李心傳，〔建炎以來繫年要錄〕（光緒八年本），卷一六二，頁二〇，參閱〔通考〕，卷四六，頁四三四；又〔宋會要〕，「崇儒」二，頁三八，略同。
57 〔宋會要〕，「崇儒」二，頁三八。
58 〔繫年要錄〕，卷一六七，頁二。

費獎學金⑲。這裏再補充很小的幾點。有時，是學生集體自己捐款買地，但這不過是三五個特例⑳。許多官學舊房，「久已浸敝，頹障墮級，棟扶欂柱，岌岌搖動，如坐漏舟中。」㉑就是有好官設法籌措，還得靠本地士紳捐助。有時，計劃新建學址，要經過前後十五年，三任縣令的繼續努力㉒。根本的原因是政府與多數官僚，認爲「勸學養士，迂濶弗切，何啻虛文？」㉓官學情形如此不好，但是許多道學大儒，自辦私學，「名賢戾止，士大夫講習之所，自爲建置」，在理宗一朝（一二二五—一二六四）尤其多㉔。此外還有親族社團的組織，辦族學，鄉學，義學。文風之盛，主要不是靠官學，而是靠私學。

最後，略作結語。北宋初期，地方上沒有官學，而有規模的私學也極少。北宋中期，私學興，官學也開始有了。經過慶曆變法，官學漸見增多。經過王安石的新政，更見擴展，凌駕私學之上。但主要限制，官學的經費還是不够，蔡京大事興學，撥用常平款項，官學極盛。但後來一面減費，一面有弊端，又告不支。最大的失敗還是把學風弄壞，一蹶不振。南宋政府也沒有恢復

⑲ 趙鐵寒，「宋代的州學」，〔大陸雜誌〕，卷七，期一一，頁三四二—三四三。

⑳ 董兆熊，〔南宋文錄〕（光緒本），卷二二，頁一，查籥，「杜御史莘老行狀」。又卷一〇，頁四，王庭珪，「重修安福縣學記。」

㉑ 〔南宋文範〕，卷四四，頁九，葉適，「瑞安縣重修縣學記」。

㉒ 同上註。又傅增湘，〔宋代蜀文輯存〕（一九四三印），卷六一，頁一四—一五，史容，「儒學記」，又卷六七，頁一〇，楊輔，「遂寧縣遷學記」。

㉓ 〔蜀文輯存〕卷六〇，頁九。梁介，「增贍學田記」。

㉔ 〔續通考〕，卷五〇，頁三二四一。

之道，官學根本沒有中興。教育的重擔，還靠優秀的學者，私人來領導。

附帶贅上私學的演變和分類。富貴之家，延請家館，這不必說。可是清寒子弟而有社會關係的，有時也可以去附讀沾光[65]。唐人常在佛教寺院讀書[66]。這途徑在宋代已漸衰微。政府官員甚至會對於和尚讀書發生懷疑。「洪擬……聞有僧聚書數千卷，誦讀晨夜不休。擬識其姦，曰是非釋子所為，異時必挾此之動眾。歸語鍾離令逐出之。其後果謀不軌，即張懷素。」[67]私人書院，源起五代，是代佛寺而興的。范仲淹就是一個好例。先在長白山醴泉寺讀書。每天兩升米，十幾根鹽菜，半盂醋，一點鹽。後來就改入應天府書院，生活好得多[68]。北宋中葉這類清寒出身的名臣，出守地方，往往興辦學校。還有許多賢士，職位不高，却自辦私學。這些人之中，還有更進一步辦族學鄉學義學的。這都是起於北宋中葉，而盛於南宋，在世界社會教育史上放一異彩，而對於近千年來中國文化的滲透平民階層，貢獻最大。

原載〔紀念董作賓、董同龢兩先生論文集〕上冊（一九六五）

---

[65] 拙著，〔歐陽修的治學與從政〕，頁一三二。

[66] 嚴耕望，「唐人讀書山林寺院之風尚」，〔中央研究院歷史語言研究所集刊〕，第三〇本，下冊，頁六八九—七二八。

[67] 〔闕名〕，〔京口耆舊傳〕（粵雅堂叢書），卷四，頁一五。

[68] 〔范文正公集〕，「年譜」，頁四；又卷七，頁一—二，南京書院題名記。參閱彭乘，〔墨客揮犀〕（稗海本冊三四）卷三，頁二。匆忙間寫這稿時，很麻煩傅斯年圖書館王寶先先生，附言誌謝。

宋代考場弊端

——兼論士風問題

最近一年來才有機會向李濟先生請教。他是鼓勵自由討論的，同時也知道我對於考古學和上古史茫無所知，所以常談談研究方法和研究精神，有時也涉及時下一般讀書人的風氣。這自然容易聯想到宋代類似的情形。另一位很受尊敬的前輩學者，京都大學的宮崎市定先生，曾經提出了宋代士風的問題①。因此我就借這題目，寫篇短文，獻給李先生，作爲慶祝的紀念。

宮崎先生指出〔名臣言行錄〕給人的印象是宋代士風醇良，彷彿是古今第一。中國有些學者也常作此論。可是這書本身在每個個人的條下，隱惡揚善。這人的缺點往往另見於旁人條下。這

① 宮崎市定，「宋代の士風」，〔史學雜誌〕，卷六二，期二。宮崎先生，一兩年内就要退休，已經把他幾十年來的作品整理出版，總名〔アジア史研究〕，不久就會刊行第四冊。

裏我們可以補充一點。許多正史和其他傳統式的傳記，時常採用同一筆法②。宮崎先生又指出〔名臣言行錄〕反映朱子一派的看法，有時並不完全公平。這是小處。這書的重要性是爲了當時新型的官僚階層樹立一個道德典範，影響到一千年來的士大夫。這類道德典範是接受君主專政的。例如忠君事上就顯得比官吏爲人民盡責更爲重要。關於這點，中外學者多半同意。本人也曾經提出過一點修正，認爲需要瞭解儒臣事君的雙重性格。儒家理論一方面受專制君主的利用，不爲所用的部分還遭受到摧殘和壓制。但另一方面儒家理論也迫使專制政權承認和容忍某些限度，而且還在這些限度之內不斷的和專制政權發生磨擦，要求改良③。這一點不在本題的範圍，就此打住。宮崎先生也提到當時許多史料，對於實際現象，有不少痛恨感嘆的記載。那末，宋代士風多半沒有一般印象中那樣好，可是究竟如何呢？

士風是由各方面各種因素綜合而成的現象，自然不能從任何單獨的角度去輕斷。本文是「大題小做」，限於一個片斷面。可是最終的目的，還要回到大問題上。所以首先要提到一點有關全盤的說明。簡單說，行爲是社會的道德典範和自私的名利慾望，兩者交織的混成品，本身就有矛盾。宋代士大夫的這種矛盾性特別大。他們把道德典範推進到前所未有的高度。可是他們自己所處的環境和本身的地位，也容易使他們自私的弱點，比前代更厲害。在當時，累代相承的世族門

② 參閱 A.F. Wright and D. Twitchett, *Confucian Personalities* (1962) 一書中 Twitchett 的序論。以及此書的拙評，見 *American Historical Review* (October 1963), pp. 144-145.
③ 拙著「儒教國家の雙重性格」，〔東方學〕，期二〇，頁一一九——一二五。

第已經不再多見。靠科擧出身的新型士大夫往往退無所據④。或是「曾經滄海難爲水」，不甘退守。從幼年讀書起到奉祠致仕⑤。身家利害的考慮是很嚴重的。「勸學文曰：書中自有黃金屋……又曰：賣金買書讀，讀書買金易……已萌貪妄。」⑥考試任官「爲干祿之路……抑由寵利所誘也」⑦。有的「至於無恥，則見利而已」⑧。何況宦海浮沉，風險莫測？有時也難免「只圖苟免……若不如此，其禍先及」⑨。根本弱點是「限於登進一途……使遷延坎坷……則士且爲困窮之淵藪。志之未果者，求爲農而力不任，且疾趨工賈」，無從另謀生計⑩。要醫治這容易讓人趨於自私的弱點，不得不從個人心理著手，以更高的道德典範，來培養心境，「恬退自守」，克制自私。南宋名儒致力於理學道學的功夫，其故在此。本來在一切的社會裏，高度的道德典範和一般的行爲水準，兩者之間，都有距離。在宋代，這距離比較大些。要討論整個的士風問題，必須顧量到這兩方面，他們之間的距離，和他們之間的相互關係。具體來說，〔名臣言行錄〕所代表的

④ 孫國棟，「唐宋之際社會門第之消融」，〔新亞學報〕，卷四，期一。參閱宮崎市定〔科擧〕（一九四六）一書。
⑤ 新亞書院有梁天錫君的畢業論文（一九六三），尚未刊行，題曰「宋代之祠祿制度及其考實」。
⑥ 李之彥，〔東谷所見〕（學海類編本），頁十六。
⑦ 張方平，〔樂全集〕（四庫珍本），卷八，頁三，「選擧論」。
⑧ 游酢，〔游定夫先生集〕（同治六年刊），卷六，頁一，「湊士風流」。
⑨ 張九成，〔橫浦文集〕（明本，一九二五印），「心傳」卷上，頁四。參閱鄒浩，〔道鄉集〕（同治九年刊），卷四〇，頁八，「馮貫首傳」。
⑩ 王夫之，〔宋論〕（四部叢刊），卷一，頁十五。參閱蘇轍，〔欒城集〕（四部叢刊），卷二一，頁五——六，「上皇帝書」，又見〔歷代名臣奏議〕，卷二六七。

道德典範，就是打了七折八扣以後，也還可能比其他時代較爲高些。但同時士人人數龐大，環境淆雜，其中自然良莠不齊，一定有許多不够當時社會公認道德標準，不合格的行爲。一般而論，因爲道德典範高了，被社會公認的標準也相當的提高了一些，所以實際的行爲水準也可能——這裏只是提示這可能性，或然性，並沒有證明——比較其他許多別的時代高一些。可是縱然能如此假定，也不太可能高出許多。移風換俗，千百萬人的日常言行，談何容易？

本文的題目是考場弊端。表面看來，好像多半會跳到士風不好的結論上去。這倒未必。「大題小做」並不容許輕易的「以小見大」，「由是觀之」的輕斷。本文的做法（approach）是這樣的：不從道德典範這方面來着手，而相反的來檢討當時的實況，按照當時社會公認的道德標準，被認爲是不合道德的行爲。這檢討還牽涉到制度，用制度來控制行爲，制度本身發生缺點，控制不住而產生弊端。確定了這些史實以後，問題是怎樣去解釋。對於整個的士風，就實際的行爲水準而言，能作什麼樣的推論？

首先引兩段〔宋史〕「選擧志」。一段是理宗朝（一二二五——一二六四）前後的情形，也可以說是一二〇〇年以後，南宋末期的現象：「擧人之弊凡五。曰傳義。曰換卷。曰易號。曰卷子外出。曰謄錄滅裂。」另一段是紹定二年（一二二九）有人說的：「擧人程文雷同，或一字不差。其弊有二。一則考官則受賄。或據暗記，或與全篇。一家分傳謄寫。一則老儒賣文場屋。一人傳十，十人傳百。考官不暇參稽。」⑪根據這兩段，和其他的材料，可以把考場弊病有系統的

⑪〔宋史〕（影印武英殿本），卷一五六，頁一三。

歸納爲以下各端。⑴考前預通人情關節和其他弊端。⑵投考時冒籍頂名。⑶入場時夾帶。⑷在考場內傳抄，代筆，換卷。⑸在閱卷時舞弊，使糊名謄錄等防弊的辦法失效。這五項弊端當然有互相關連的。除了這五項以外，還有連帶的缺點和弊端，也應當注意。⑹考官不暇細看的毛病。⑺胥吏和書舖的舞弊。還有⑻考生風潮。下文就分這八端討論。

⑴考前預通人情關節和其他弊端。唐朝是用公卷的，把預先做好的文章送去請大臣或貢院近臣評定。這些朝臣也有據其所知作公薦的權利。唐末五代，這制度已經隨著當時風氣變壞了。「公然交賂……故當時語云；及第不必讀書。」⑫宋朝剛立國，就重視加強君主的權力，不許朝臣有集團的勢力，要打破門生座師的親密關係。所以乾德元年（九六三），就禁止公薦。大臣也贊成如此。「薛居正知貢舉……漢州防禦使馬仁瑀嘗私以士屬……居正實不許而陽諾之……仁瑀乘醉携所屬士，謾罵居正。」⑬可是還許可有公卷。此後四十年間的公卷，不少是「詐他人之述作」，「倩人撰述文字」，「或用舊卷裝飾，重行書寫，或被傭書人，易換文本」。景德二年（一〇〇五），用在試紙前親書家狀的辦法，來考驗和所納公卷的筆跡是否相同。這辦法自然不够澈底。景德四年（一〇〇七），根本取消公卷，同時考卷採取糊名的嚴格制度，有入場搜夾帶，入場後對號入座等等的規定⑭。後來又加上考卷另行謄錄的辦法。在這種嚴格的制度下，不太容

---

⑫ 趙德麟，〔侯鯖錄〕（〔稗海〕本冊四二），卷四，頁三。

⑬ 李燾〔續資治通鑑長編〕（一九六一新定影印本），卷四，頁一八，又頁二一。參閱〔宋史〕卷一五五，頁一〇。費袞，〔梁谿漫志〕（涵芬樓宋元人說部書冊一五），卷一，頁七。王闢之，〔澠水燕談錄〕（同上冊三〇），卷九，頁七。荒木敏一，「宋代に於ける殿試成立の事實」，「東亞人文學報」卷三，期二。

⑭ 〔宋會要輯稿〕，選擧三，頁五——一〇。參閱〔宋史〕卷一五五，頁一〇。

易有人情關節。而考官也小心謹愼。連自己的親戚，也不敢通融。親戚却不免按照過去的習慣，有所期待，因而失望。例如「陳彭年，大中祥符中，同知貢擧……有甥不預選，怒入其第」，寫了一首打油詩大駡一頓⑮。

一〇〇七年所定的制度，在北宋中葉，實行得相當好。雖然其他的弊病也有，詳見以下各端，但在高官之間的人情關節方面，却沒什麼毛病。蘇頌在熙寧二年（一〇六九）覺得糊名謄錄的辦法不太好。按照儒家理論，應該「察訪本州行能之士……先納公卷，所以預知其學業趣向如何」⑯。但是這種建議，可能引起舊日公卷徇私的流弊，無法被採納。如衆周知，王安石新法，太學改用三舍法，經常考試。後來蔡京又大規模的推行學校制度。果然，這種流弊又出現了。士人「往往編集平昔所爲經義論策之類，猥以投贄文字爲名，交相請託。」這是被認爲不對的。那時的士風雖然已經壞了，可以還遵守舊章：「合格之文，有司之公取也，尚不許印賣。」因爲要預防抄襲，「使天下之士，各深造而自得之。」⑰

南宋時託人情關節的弊端，慢慢多起來了。主要是權要請託，但也還不敢公然爲之，有時要用暗示式的巧妙手段。例如秦檜先令人誦其孫之文，那人也不知用意何在。後來派他知貢擧，才

---

⑮ 龍袞，〔江南野錄〕（五朝小說大觀本），頁一〇三。

⑯ 蘇頌，〔蘇魏公文集〕（一九五九影印本），卷一五，頁六——九，「議貢擧法」。又〔通考〕（萬有文庫本），卷三一，頁二九三。

⑰ 〔宋會要〕「選擧」四，頁六。

恍然大悟，心照不宣⑱。可是不論秦檜的權勢如何大，手段如何巧妙，當他兒子孫子連連考中以後，就壓不住輿論的批評。紹興廿六年（一一五六），「依咸平二年（九九九）……詔……舉人內有權要親屬者，具名以聞。」⑲可是南宋中葉起，關節更多，主要是在閱卷時舞弊，詳見下文第五端。

⑵投考時冒籍頂名。北宋中葉就有冒籍問題，多半是冒開封府籍貫「寄名託籍，爲進取之便。」有的是不願還鄉，在京城裏機會多，機會好，有的也是因爲來往旅費問題⑳。熙寧九年（一〇七八），「修貢舉勑式。練亨甫言，自來諸路舉人，於開封府冒貫戶名應舉，計會書舖，行用錢物。以少約之，亦不下六七千，被告訐則抵犯刑憲終身。有司雖明知僞冒，終不能禁止。」只得另用方法防止，需要鄉貫十人具保㉑。

南宋仍有冒籍問題，屢令禁罰，但不生效。具保也不一定可靠，問題在地方政府的執行。「本州保明，給據前來赴試。其州郡往往鹵莽，多不照應。原降指揮，次第保明。止是隨狀給據，泛稱於貢舉條例，並無違碍。如此之類，十有四五。本監（按是國子監）臨時難以却回。再行保明，不免申取朝廷指揮。先後收試，然後勘會。其間或……無從稽考。」㉒並且冒籍又多了一條

---

⑱ 沈嘉轍（等），〔南宋雜事詩〕（道光九年刊本），卷六，頁四。
⑲ 李心傳，〔建炎以來繫年要錄〕（光緒八年），卷一七三，頁四。
⑳ 〔宋史〕，卷一五五，頁八，〔通考〕，宋三〇，頁二八六。〔續長編〕卷一〇八，頁一四。
㉑ 〔宋會要〕，「職官」二八，頁八，〔宋史〕，卷一五六，頁一八。
㉒ 同上，「崇儒」一，頁三八。

途徑：「州郡解額狹而擧不多。漕司數寬。士往往捨鄉貫而圖漕牒。」㉓冒籍以外，又有改名，連運找投考的機會㉔。既然本人可以換名字去再考，那末也就可以冒了旁人的名字，去替他代試㉕。這一種弊端很大，遠過於冒籍或改名的，留在下面第四端考場內代筆項下討論。

(3)入場時夾帶。一○○七年設立嚴格考試制度時，竟「解衣搜閱」。大中祥符五年（一○一二），認爲此法太嚴「失取士之禮」，予以取消。搜還是搜的，不再解衣了。放鬆了的搜查，在那一年，也抓到了挾書入場的有十八個人㉖。帶大本的書，實在太笨。北宋中葉時，技巧高得多，既然不解衣，就可以「公然懷挾文字，皆是小紙細書，抄節甚備。每寫一本，筆工獲錢三二十千。亦有十數人，共斂錢三二百千，雇請一人，虛作擧人名目，依例下家狀。入科場，只令懷挾文字。入至試院，其程式則他人代作。事不敗，則賴其懷挾，共相傳授。事敗則不過挾出一人。既本非應擧之人，雖敗別無刑責，而坐獲厚利」㉗。這樣巧妙的安排，已經不是長官根據詳細規定所能禁止或破獲的，主要在經手家狀，在場巡查的吏胥。北宋中葉，考官儘管公正，下面已經管不住了。此後三令五申，「學生懷挾代筆，監司互察。」㉘這種命令，等於具文，監司又

㉓〔通考〕，卷三二，頁三○○。〔宋史〕，卷一五六，頁四。又〔繫年要錄〕，卷一六○，頁一二。
㉔〔繫年要錄〕，卷一五五，頁一四。
㉕〔宋會要〕，「職官」十三，頁七；又「選擧」五，頁五。
㉖〔宋會要〕，「選擧」三，頁一○——一一。〔通考〕，卷三○，頁二八六。
㉗歐陽修，〔歐陽永叔集〕（國學基本叢書），卷一三，頁一四。
㉘〔宋大詔令集〕（一九六二影印本），卷一五七，頁五九三。

有什麼好辦法，逐一親自淸查？

北宋末葉，印刷發達，更爲方便。「鬻書者以三經新義，並莊老子說等，作小册刊行，可置掌握。人競求買，以備場屋檢閱之用。」南宋更如此。「書坊自經史子集事類，州縣所試程文，專刊小板，名曰夾袋册，高價競售，專爲懷挾之具，則書不必讀矣。」於是「令州縣拘收書坊夾袋册小板，並行焚毀，嚴令罪賞，不許貨賣。自臨安府書坊爲始」㉙。這當然禁絕不了。根本問題在考場的巡查。南宋晚期，不但是入場時夾帶，入場以後還可以再送夾帶進去。「蠅書滿庭，莫之憚也。……傳義以線，從地引入，飲食公然傳入，彈圓隨水注入。機巧百出。」或在「門外假手（按卽代筆），遞稿入院」㉚。

(4)在考場內傳抄，代筆，換卷。北宋初年，就用隔座的辦法，禁文字往復㉛。一〇〇七年的制度，規定將考場座位姓名，先一日公佈，入場驗明，對號入座，將來看卷時就可以注意到是否有因座位相近的可疑情形㉜。但上面第三端已經提過，北宋中葉，就有夾帶入場，分頭傳抄的布置。有時也發生有趣的事。「考官……發策首篇，士諤然莫知對。莫子純以小紙帖出所於柱間，士皆感之。」㉝這是予人方便的功德，但考場能在柱間帖條子大家看，足見如果要立意私相傳

㉙〔宋會要〕，選擧四，頁七。又「選擧」六，頁四九——五〇。
㉚同上，「選擧」六，頁三五。又頁三三。
㉛〔續長編〕，卷二六，頁一。
㉜〔宋史〕，卷一五五，頁七。〔宋會要〕，選擧三，頁九。
㉝〔南宋雜事詩〕，卷三，頁二〇，引〔四朝聞見錄〕。

義，不是太困難的。

北宋中葉，已經可以「雇倩一人……入科場，只令懷挾文字」（見上文第三端），那末想來倩人代筆，在技術上也可能做到。只是價錢恐怕很貴，而能代筆的人，自己已有功名，或很有希望考取功名，自然不願意。因此北宋代筆之弊，似乎很少。南宋情形不同，士人數多，相對的考中，入仕，陞遷的機會難得多，無聊文人肯做違法的事的就逐漸出現了。而以高價請人假手，最先似起於兩浙有勢力的富家，利用漕運解貢舉人的名額，去頂替考試。紹興十八年（一一四八）命令，立賞格，聽人告發，如果查獲，告發者可以補官㉞。但有錢的人，更不惜「憑藉多貲，密相賄賂，傳義假筆，……凡六七人，共撰一名程文，立爲高價，至數千緡……詔令禮部……許同試舉人陳告」㉟。這些禁令，都不太有效。淳熙十年（一一八三）的記載說：「近日科舉之弊，如假借戶貫，遷就服紀，增減歲甲，詭冒姓名，懷挾文書，暗計屬目，喧競場屋，詆訶主司，拆換家狀，改易試卷。如此等弊，不可勝數。」足見傳義的弊端，已不算一回事。而考場的秩序，主司也彈壓不住。但最嚴重的是，已經不太追究代筆了。這段記載接下去說：「而代筆一事，其弊尤甚。間有敗露，而官司不復窮治。」㊱既然政府不太深究，就「有一人代三名者，有二三人共爲一名者。」而「部胥書鋪，羣此爲姦，攙名納卷，入場代筆」㊲。「或以兄弟承之，或轉售

㉞〔宋史〕，卷一五六，頁五，〔宋會要〕，「選舉」一六，頁八。〔繫年要錄〕，卷一五七，頁二。
㉟〔宋會要〕，「職官」十三，頁一〇。
㊱同上，「選舉」五，頁五。
㊲同上，「選舉」六，頁一二，又頁二七。

同族。」㊳無論是「替名入試」，或「就院假手」，甚至有「身躐儒科而不能動筆」的㊴。這科舉制度，已經瀕於崩潰。

(5)在閱卷時舞弊，使糊名謄錄等防弊的辦法失效。考卷糊名，使閱卷人不知是誰的，無所徇私。唐朝曾一度試用過。宋朝在淳化三年（九九二）用於殿試，一〇〇七年用於省試，明道二年（一〇三三）用於各州㊵。雖然糊名，還能認字跡徇私。所以大中祥符四年（一〇一一）又細定謄寫封彌之法，大中祥符八年（一〇一五）正式設立謄錄院。果然此法行後「似少謗議」㊶。雖然糊名謄錄，還是可以有弊。例如「作暗記以私取」㊷。但這種辦法，究竟費事，而且不一定弄得準。

這些辦法很久沒有大弊。到了一二〇〇年以後。這樣嚴密的手續，竟也百病叢生。第一是換卷。「計賂吏胥，抽換場中之卷，雖一二千緡，亦不憚費。」「欲折換卷頭，以甲爲乙。謄寫程文，以僞爲眞。受他人之囑，毀壞有名試卷，亦可也。」「或第一場卷子已納。次日別作破題冒頭，密付封彌所人改抹。」㊸還有「不終場，次日併納首卷者。有徑自外潛得而入者。有密伺考

㊳〔宋史〕，卷一五六，頁一五。
㊴〔宋會要〕，「選舉」五，頁三〇。
㊵〔續長編〕，卷三三，頁二。論此制最詳的是 E.A. Kracke Jr., *Civil Service in Early Sung China* (1953), p. 67。
㊶〔續長編〕，卷八四，頁三，又頁八。
㊷〔宋會要〕，「職官」七九，頁三八，又「選舉」六，頁一六。
㊸同上，「選舉」六，頁二九，又頁五。又「選舉」五，頁二九。

中之號，則以所售白卷謄之」㊹。

第二是封彌本身有弊。糊名封彌，是換成號碼，「以千字文排去。其間相類，可以添改。如乃可為及，王可為玉，自可為百……之類，共一百五十四字」。這就容易偷換號碼。在手續上，「封彌既畢，撥歸謄錄。號簿付之吏手，姓名皆得而知。」㊺一方面是「封彌官不得其人，則吏因緣為姦……正緣州郡所差官，不過丞簿監當，素不經歷，又無事權，不能檢束吏姦。」另一方面也是胥吏飽有舞弊的經驗，不易管束㊻。更何況胥吏下面「所差封彌人，皆是市井流手充役，不懼條法，恣行作弊」㊼。

第三是謄錄人員太差。「率皆宣差局務。忽焉被命，莫得而稽及課工。善程書者或規避，不善者多強勉。始焉，蕲蕲成字，夜以繼日。鹵莽滅裂，十脫四五，顚倒句讀，反覆塗竄，有不可曉者。胥有利焉，則擇善者而授之書。」㊽所以謄錄也在胥吏的掌握中，可以高下其手。

第四是考官自己徇私。地方考場，胥吏妄為的機會多。高級考試，封彌謄錄的程序比較上不那樣壞，胥吏也膽小一點。可是考官也有接受「請託求囑」的，也有自動「觀望權要」的。「預知某士，係某官所牒，某官子弟係某經應舉，或憚其勢……或受其宛轉，或慕其虛譽，必與尋

㊹　同上，「選舉」五，頁三三。
㊺　同上，「選舉」六，頁二三。又頁三五。
㊻　同上，「選舉」廿二，頁一〇。
㊼　〔宋會要〕，「選舉」五，頁二九，又頁三三。
㊽　同上，「選舉」五，頁三四。

取，取媚上官，爲進身計。」㊾但誰去「尋取」卷子呢？又是吏胥。官如本身有缺點，等於受吏胥脅制，管不了他們許多弊病了。

⑹考官不暇細看。這是制度上一個缺點，却因此而也引起弊端。北宋這困難不大。南宋文風盛，「士子日盛，卷軸如山。有司不能面覩，迫於日限。」嘉泰二年（一二〇二），「日力不給，卽展其限」，還是看不過來㊿。又如「永嘉科擧極狼狽……三萬三千餘卷，考官例以雷同冗長視之。僅著兩三日，已厭惡矣。其間好文字，多不及考」(51)。在過累和厭惡的心情下，普通省勁的辦法就是，「但取破題，而終篇不暇考校。」(52)還有一個偷懶的法子是「令書吏讀而臥聽」。更糟的是「有謾取數卷應數。其餘或不加點抹，妄批一兩字於卷首，而初未嘗過目者」(53)。

⑺胥吏和書舖的舞弊。關於胥吏，宮崎先生曾另有一篇名文，指出宋代政府事務複雜化，中央政府的胥吏雖有薄薪，而地方政府的雜役，慢慢變成胥吏，却純靠弊端去取利。但無論中央地方，胥吏不但職業化，而且專門化，斡旋於官民之間，是中國近千年來政治制度的一個特點。官的貪汚，多半是胥吏配合的。唯有本身廉潔的官，才能够有希望對胥吏加以控制。他又指出北宋

㊾ 同上，「選擧」六，頁一六。參閱〔宋大詔令集〕，卷一五七，頁五九三。
㊿ 〔宋史〕，卷一五六，頁一四－一五。
(51) 李之彥，〔東谷隨筆〕，頁一八－一九。
(52) 〔宋會要〕，「選擧」五，頁三〇，又「選擧」六，頁一六。
(53) 同上，「選擧」廿二，頁一一，又頁二四。

胥吏還不多，而南宋所有衙門雜役已經全部胥吏化了㊹。這一個解釋，也大致可以適用在本文的小題目。北宋大中祥符五年（一〇一二），就有胥吏舞弊，考官不知的事情。詔書說：「陪隸之間，頗失防閑之術。卿等方當鎖宿，故不周知。」㊺這種弊病，南宋大起。

書舖是很值得注意的。士人富家未必直接勾結胥吏，多半經過書舖做媒介。北宋時考場弊端，與書舖有關，比和胥吏有關還早。上文提過，公卷假借他人文字，抄寫挾帶文字受雇混入考場，刊行夾帶小字書籍，都是書舖辦的事。此外，勾結官廳，辦理冒籍㊻。甚至定額之外有特奏名的考試，書舖人還可以和御藥院的太監，「通同作弊」，代找保舉的舉主二人，眞是手法通天㊼。

南宋空有法令，考卷「不經吏手」，考場中「嚴禁書舖等人」㊽。其實「凡富室經營，未有不由書舖」。「書舖與部監吏交通。此兩窠人常在（考場）簾裏。」還有「士人流落，浪同抄寫。」書舖找人「入場代筆」經過書舖「囑託改行，皆不之問」㊾。

㊹ 宮崎市定，「胥吏の陪備を中心として」，原載〔史林〕，卷三〇，期一，頁一〇—六三。現收入其〔アジア史研究〕，第三冊（一九六三），頁一四四—一七五。此外尚存一文，也值得參考，「王安石の吏士合一策」，〔桑原博士還曆紀念東洋史論叢〕（一九三一），頁八九一—九〇四。八五九—九〇四。

㊺ 〔宋大詔令集〕，卷一八八，頁六八七。

㊻ 見上文，即〔通考〕卷三〇，頁二八七。〔歐陽永叔集〕，卷一三，頁一四。〔宋會要〕，「選舉」四，頁七。又「職官」廿八，頁八。

㊼ 〔宋會要〕，「選舉」十三，頁八。

㊽ 〔宋史〕，卷一五六，頁一八，又頁二二。

㊾ 〔宋會要〕，「職官」六，頁三五—三九。又「選舉」六，，頁二七。又頁三五。

在考官和胥吏之下的考場巡邏，也有關係。他們可能發生兩種相反的毛病。第一種是胡塗的亂管。「未必究知事體，例多輕率。見士人適然相逢，便謂傳義。因旁近有他人所棄擲紙札之屬，及於座側，便執座上之人，以爲懷挾。士人必倉皇失措，莫能辯說。致使場屋，眾情不安。」[60]這是有點作威作福，也許暗含勒索敲詐。第二種毛病是胥吏和書舖包辦各種弊端之下所必有的現象，就是「往往袖手，不敢誰何」[61]。

(8)考生風潮，是最後一端。嚴格說來，不是弊端，只是附帶說明，因爲和整個士風有關。普通印象中較深的是北宋末太學生的愛國政治運動，而忽略了考生平時爲了自己功名的小風潮。這從北宋初端拱元年（九八八）就有，「謗議蜂起，或擊登聞鼓求別試。」因此次年考官「固請御試……以避請求，後遂爲例」[62]。其實不得不然，「主司者亦大不易，徇請求則害公，絕薦託則獲謗。王旦曰……必須臨軒親試。」[63]眞宗更覺得「士流紛競……欲鎭壓浮俗。」因此不服名次「率眾興訟」者，「決杖配隸」[64]。與訟起獄的案子還不多[65]。可是罵考官的風氣相當流行。咸平五年（一〇〇二），「陳恕知貢舉，所取士甚少……競爲謠詠譏刺。或刻木像其首，塗血擲於

[60] 〔宋會要〕，「選舉」五，頁六。
[61] 同上，「選舉」五，頁二六；又「選舉」六，頁三。
[62] 〔續長篇〕，卷二九，頁八〇。又〔通考〕，卷三〇，頁二八五。
[63] 同上，卷八三，頁九。
[64] 同上，卷四三，頁一二；又〔宋會要〕，「職官」六十四，頁二五。
[65] 劉摯，〔忠肅集〕（叢書集成），卷四，頁五六－五七。

庭。又縛葦為人，題恕姓名，列置衢路，過輒鞭之。」[66]嘉祐二年（一〇五七），歐陽修主試，提倡古文，在考場內就「鬨然」。發榜後，「羣聚詆斥之，至街司邏卒不能止。」因為「待試者恆六七千人。一有喧噪，其徒眾多，勢莫之禁」[67]。南宋又壞一些。有人被疑為冒籍，幾乎被同考的打死。考官題目出錯一字，也當場被打。考場內都不能維持秩序和應辦的手續。隆興元年（一一六三）的國子監報告說：「就試萬餘人，持眾喧呼。至有不請據，不納卷，不引保，平白入場，稱云失試卷。……就簾前請准備試卷。」[68]考生把考場秩序弄壞了，給胥吏書舖更多造了舞弊的機會。

檢討完了以上八端，看來考場中的士風似乎很不好。但這也不盡然。這些弊病，都是史實，可是只是一部分的事實，並不是全貌。引用像〈宋會要輯稿〉這類的資料，不能忽略了這類原始史料有它的特徵，「有事則長，無事則短」，不出事故的那些事實，是不會記載進去的。我們要從旁的史料裏才能發現並非所有考場，都有這麼多的弊端。例如竇敷：「頃歲科舉，朝廷禁挾燭之弊，嚴其科條。敷嘗督其事。棘闈一開，白袍百餘輩，裹飯而前，寂然無譁，須臾坐定。」[69]又如淳熙四年（一一七七），據上文來看，考場弊端已經是相當厲害的時期，可是史浩說：「臣

66 〈續長編〉，卷五一，頁一三。

67 〈通考〉，卷三〇，頁二八七。〈續長編〉，卷一八五，頁一。詳見拙著，〈歐陽修的治學與從政〉（一九六三），頁八九—九〇。

68 〈宋會要〉，「崇儒」一，頁三八。又「選舉」十六，頁三六。周密，〈齊東野語〉（五朝小說大觀本），頁二六五。

69 傅增湘，〈宋代蜀文輯存〉（一九四三印），卷六一，頁九。竇敷，「黔江修學記」。

僚論科場之弊，得旨申嚴行之。臣守福州，當爲規劃數十事。宿弊旣去，場屋整齊。試者二萬人，無一諠譁。臣當時措置曉示，編類成書……謹以上進禮部國子監看詳，乞下臨安府雕板印造成册遍諸州。詔從之。」⑳可見淸弊改良的辦法，未始沒有。主要還是缺乏能盡力執行的官員。法治無論有弊無弊，也還需要善於定法、執法的人治。不過，說同本題。凡是有好官主持的考場弊端是不會太多的。

同理，就是在弊端百出的考場中，也絕非全是舞弊的考生。張九成有這樣一段話：「或問科舉之學，亦壞人心術。近來學者唯讀時文，事剽竊，更不理會修身行己是何事。先生曰，汝所說，皆凡子也……本朝名公，多出科舉。時文中議論正當見得到處，皆是道理……科舉何嘗壞人？」㉑這類史料相當多，無需列舉。

本文是小題，對於宋代整個的士風問題，當然不能做一個肯定的結論。但願意就考場這一片斷面——有許多弊端，而並非完全如此的情形——來提出一個推論性的假設。如引論中所說，可以分三個層次，一般行爲水準，公認道德標準，和高度道德典範。宋代士人的一般行爲水準，本沒有提高多少。可是公認的道德標準是提高了。例如唐末五代，不以請託徇私爲恥。而在宋代就是權要託人，不像富商，往往不敢公然爲之，而是宛轉暗示。因爲一般行爲水準並不高多少，而公認的道德標準高了，就產生了若干的虛僞手段和巧妙安排。因爲有了這些流弊，而制度上又無

⑳ 留正（等），〔皇宋中興兩朝聖政〕（影印宛委別藏本），卷五五，頁一四。

㉑ 張九成，〔橫浦文集〕，「心傳」卷上，頁二〇—二一

法控制這些流弊，所以第一流的士人致力於更高度的道德典範，希望從心理上，教養上來挽救。他們是有苦悶的。張九成還有一段話：「或問好古之士，未嘗不欲行所學。及一旦入仕，往往與所學背馳，多不合時宜。豈所學未到耶？抑文章政事兩途也？先生曰：習俗便情，正理多礙。守道之士，難施設耳。」⑫要是撇開科場，離開政治遠的，數數各地在野的，辦學校的，提倡義田社會的，以詩書藝術自娛的士人來說，人數也不少——〔宋元學案〕和〔宋元學案補遺〕是這方面的好材料，——他們的士風是相當高的。而有了他們更高度的道德典範，經過社會教育的傳播和滲透，多少對於一般行爲水準和公認道德標準，有良好的影響⑬。這樣說來，宋代整個的士風還可能被認爲是比較別的時代好，是一個進步。

討論行爲，不能離開制度。討論一朝，時間有兩三百年之久，也不能不再細分時期。以考場這題目而論，五代沒有好制度，行爲就差。北宋初期，已有進步。一〇〇七年嚴密制度成立以後，北宋中期，水準最高。到了北宋晚朝，制度的弊端漸顯，又退步了。南宋跟著壞下去，但勉強還能掙扎了一個時期，維持相當水準。到了南宋後期，一二〇〇年以後，制度竟有崩潰的傾向，與政治有關的行爲水準更趨低落。這簡單的描述，可能適用於宋代士風其他方面和各種政治方面的分析。

---

⑫ 張九成，「心傳」卷中，頁五。

⑬ 劉王惠箴 Hui-chen Wang Liu, "An analysis of Chinese Clan Rules," *Confucianism in Action*, ed. D.S. Nivison and A.F. Wright (1959), pp. 63-96.

制度之所以發生弊端，甚至於崩潰，因素很多。其中有一個主因是制度不够應付新起來的現實環境。例如印刷發達，可以印成小書夾帶，而制度上還是不許解衣搜身，就很難應付。例如審驗入場考生，人數很多，難免假冒。但如果那時能採用指紋的鑑定或已經有了照相的技術，制度就多有應付這弊端的能力。宋代考場制度之所以有許多弊端，並不起於士大夫階層的士風先壞，而是起於一串連的其他的改變。富商興起，通過書舖，勾結胥吏。考生增加，找不到更多合格的能好好辦理考場中巡邏，封彌，和謄錄的人手。其中胥吏，尤占重要。他們成爲日常事務上和各方面接觸最多的核心。他們經驗最豐富，對於制度的漏洞最清楚。抓到考場作弊的士人，「詰之，則云，胥所授也。」⑭所以南宋葉適說，「公人世界」也。由於胥吏，士風跟著壞了。在明清兩代，考場制度，又比宋代嚴密。對於胥吏的控制，又多了些經驗。並且產生了又一個階層，就是專門職業化的幕府師爺來幫助官員應付專門職業化的胥吏。換言之，制度在環境裏掙扎。其實，士風又何嘗不然？

原載〔慶祝李濟先生七十歲論文集〕（一九六五）

⑭〔宋會要〕，「選擧」五，頁三三。匆忙間寫這稿時，很麻煩傅斯年圖書館王寶先先生，附言誌謝。

宋末所謂道統的成立

一 引言——分析的格局

講中國哲學史和思想史的著述很多，絕大部分是著重在哲學的體系和思想的內容，可是並不把這些哲學和思想跟當時的政治演變聯繫起來一塊兒討論。所以這些著述可以說只是哲學和思想本身的歷史，而這裏想提出來討論的是綜合的歷史，重新檢討哲學思想和政治兩者之間互有關聯的經過。事實上，哲學和思想絕不限於抽象的理論，常常受到政治環境的刺激而發生反應。有的反應是空論，並不影響到現實的政治。而有的反應的確對當時的政局有相當的刺激，捲入政治的糾紛，甚至成爲政治體制的一部分。這種情形，在宋代有很明顯的例證。當時人肯定有具體的體驗，只是不肯明說，也沒留下明確的記載。但我們仍可以找到線索，看宋代當時的情形是怎樣一回事。

宋代儒學，一面開展，一面深入。朱熹這一學派，尤其重要。在南宋末期，政府正式採用，承認它是道統。八百年來，這道統籠罩了儒家，甚至於中國整個的思想。所以在一般印象之中，朱子學派的學說一躍而爲道統，好像是脫穎而出。憑它優越的造詣，自然地被公認爲最合乎孔孟原意的源流。取得所謂道統的地位好像是理所當然，應該如此的。許多寫歷史的也就覺得沒有必要再去解釋這道統樹立的過程。而事實上，其中的掙扎和曲折，以及成爲道統的原因，都和政局很有些關聯，並不是很簡單的或純潔的，更絕不像後代儒家史學者所想像的那樣道貌岸然。

大概的經過是這樣的。北宋五子在北宋一代，並沒有取得領導的地位。到了南宋，經過朱熹等人的崇尚和提倡，他們的名望才越來越高。而朱子學派在朱熹在世之時，雖然超過其他學派，比陸九淵，比永嘉學派，比其他學派勢力稍大，但多數士大夫並不承認他是獨一無二的眞傳。更何況他的學派曾受到政治的迫害。在韓侂胄當政時，發生慶元黨禁，指摘他們自己標榜的道學，是左道旁門的僞學。參加文官考試，必須出具聲明和僞學無關。甘願低頭，在考卷上這樣聲明的儒生，何止數萬人？朱熹被貶斥，死於一二〇〇年。連他自己也不會預料到，慶元黨禁在幾年以後就取消了。但是他的學派並沒有因爲不再受迫害而很快就取得道統的地位。並且道學的稱呼，因爲一度被禁，也不便多用。所以一般改稱爲理學。理學大師如眞德秀、魏了翁在十三世紀初年曾一度被重用，但只是短期的。其他理學的士大夫在政府裏也沒占優勢。到了一二四一年，在全國已經被蒙古所占之後，南宋政府才正式頒布採取朱熹學派爲所謂道統。南宋繼續又支撐了不過二十多年，終於亡國。而道統在蒙古人統治之下却沒有動搖，反倒更擴展，深入民間。到了明淸兩代，更牢不可破。

從以上草略的簡述，已經可以看到樹立道統的過程，頗多波折。爲了分析簡便，暫且按下史實，先建議一個分析的格局，以免在運用史實的時候，頭緒紛繁。此外，這樣的分析可能對於其他時代、其他文化之中類似的經歷，能促進比較研究。但是務請讀者注意，這種分析的格局，是建議性的，不是定論，只是當作工具來幫助說明史籍的紀載。

中國式的帝國是儒敎國家，由兩大成分組成①。主要成分是專制皇權。老話所謂「以馬上得天下」，也就是說並非「秀才造反」所建立的。可是因爲「不能以馬上治天下」，所以組成政府，需要「秀才」，也就是用文人或知識分子參加，去鞏固地主層的權力。再通過地主層，確保大部分農民的服從。因爲文士、地主和農民本已信服儒敎，所以專制皇權也遷就、採用、尊重、以及利用儒敎來控制。儒敎是這國家的另一個成分，別有其理論的權威。雖然這理論的權威往往依附、支持和憑藉政治的權力，但權威和權力並非「二而一也」。儒敎的理論並不從政治圈裏產生。有些理論，相反的，往往對現存的政權採取超然、批評或甚至反對的態度。例如，儒生不去做官，而大講儒道。許多士大夫官僚反倒欽佩，還承認這些理論是儒敎的權威。後代曾經編過一個考八股文的笑話，考題只有兩個字：「子曰」。許多人不知怎樣下筆。一個取巧的考生，却想

① 拙著「儒教國家の雙重性格」（日文），〔東方學〕，廿期（一九六一），頁一——七。

出兩句有名的破題：「匹夫而爲萬世師，一言竟成天下法」（其實是蘇東坡的原句）。這雖然只是笑話，不妨用來描寫有些私儒的精神。他們希望從政治圈外，用理論的權威，打進政治圈裏去，影響政權。政權雖然時常壓制或干涉私儒，未必能一手掩盡私學。儒教的長期賡續，固然大部分仰仗和政權的結合，但在長期賡續中出現新理論，新權威，這動力的來由是出於私學。總之，政府用的官僚有他們的官樣文章，而站在政府控制之外的大儒另有其學風和學說②。

儒教國家的雙重成分，相互紛歧，各自趨向相反的方向發展，是有肯定的原因的。他們之間的距離和下列因素成正比。例如，印刷術的發達，書籍數量和種類的增加，學校數目、學生人數、特別是私學師生的增多，新學說出現的數目，新舊學說爭執的激化，而最重要的是私家儒學獻身理論的決心，也就是他們對於他們自己理想關心的深度。縱然如此，也還不能直接引起政局的變化。但是如果有這種情形，而恰巧同時政權本身發生了一些問題，例如他族侵犯，皇位承繼的爭執，在朝的官僚意見衝突，尤其是有派系的傾軋，那就很可能牽涉到儒學理論。如果有一派在野的學說抬頭，又得到一部分官僚的贊許頌揚，認爲這學說對，而當前政府所採用的舊學說不對，至少需要修正，甚至應該取而代之，這樣就構成儒學和政治雙重性的爭論。對於這種爭論，政府是無法熟視無睹的。

應付這種爭論，政府有三種可能的策略。第一是接受，就是說，政府正式採用這種學說，作

② 近年歐美思想界和社會學常作此論，姑舉一例。C.C. O'Brien and W.C. Venech ed., *Power and Consciousness* (1969).

爲國家的理論或理念。不僅如此，因爲思想上的規定，有關係的制度也同時有所改革。換言之，規定了思想權威，也改動了政治權力的分配。第二個可能的策略恰巧相反，政府對於思想界裏新興的、正在抬頭的學說，橫加鎭壓。有的時候，政權的壓迫得勝，被壓制的學說因而消沉。有的時候，並不如此簡單。在短期內，這學說硬被壓下去了。可是從長遠看，高壓並不成功。一方面，歷史上皇權的勢力不能滲透整個社會，甚至不能控制統治階層的某些方面。例如他們和政府看法不同，認爲倡導這種學說的學者們確有學問。這也就是說這些學者，在社會上受到的尊敬，政府沒法去摧殘。並且，高壓手段對於政府本身不利。國家既然崇儒，而反倒抑制一些博學鴻儒，顯然自相矛盾，自損威信。學者被壓迫，倒是小事。政權有失體面，所關非淺。在第一種和第二種可能的中間，還有第三種策略，就是包容式的籠絡和裝潢③。表面上，政府正式採用一種新學說，尊爲國家的理念。同時也給這派的幾個大儒高官尊位。並且在有些部門，例如禮儀、考試、誥令、典章之類，也尊重他們的意見。但是，這與第一種可能有很大的差別。實際上，政權的分配並不改動。切要的部門，例如國策、軍事、財政、重要的任免權，並不讓他們參與，也不採取他們的主張來改革制度。所以他們儘管想推行改革，事實上是束手無策。不僅如此，在包容他們之後，掌握大權的人還可以有托詞，回過頭來，譏評這些大儒，說他們名過其實，無非空

③ 包容原是政治上常用的手段。所謂包容政治是指一種政體，以包容爲適用的原則。見一九七三新版〔大英百科全書〕，中國歷史的部分，拙著宋代的一節。簡略的例證，見拙著「南宋的君主與言官」，〔清華學報〕，新八卷，一、二期（一九七〇），頁三四〇——三四九。（已收入本書）

論，對實務沒有幫助。無形中，掌權的人就可以理直氣壯，我行我素。

用以上分析的格局來看，南宋的「道學崇黜」（〔宋史紀事本末〕的原題），最初罷黜，後來又崇尚，並不奇怪。最初政府用的是第二種策略，加以高壓。後來改為第三式的包容，加以籠絡，用為裝潢。問題的焦點就在改變策略的過程。

二　北宋新儒學的希望和失望

解說朱熹等學派的崛起，不能不從北宋說起④。本文所談的不是哲學思想的由來，而是教育和思想相互的關係。儒家重視教育，雖然並不一定要依仗政府來辦學，可是北宋初期就開始重文輕武，信賴儒臣。按理來說，政府應該提倡教育，培養人才。多數史料也如此頌揚北宋。這是誇張的印象。在宋初，政府並不注重興學。至於儒教理念，只是沿用唐代的九經正義。新興的儒學絕大部分是出於私人學者的推動，推陳出新，提高水準。長江流域，經過科舉而新興的人才，特別是江西人和四川人，多半出身較低，並非名門望族的子弟。許多這種人才深信所學，對於當時現狀，很難滿意。當他們批評時政，要求改革時，不是被貶斥，就是置諸不理。一〇四三——一〇四四年，有慶曆變法。而其主因，並不是這些理想派的新儒者有多大勢力，而是政府自感威

④　大略的發展，見錢穆〔宋明理學概要〕（一九五三）及夏君虞〔宋學概要〕（一九三七）。日本學人寺田剛〔宋代教育史概說〕（一九六五）和麓保孝〔北宋に於ける儒學の展開〕（一九六七）。

脅。西北有西夏入侵，北方遼國乘機威脅，離都城開封不遠的地區同時發生幾次起義。慶曆變法的政綱中有一條，就是由政府來倡辦各地州學。可是變法不久就停止了，而且各州一時也找不出經費來辦學。雖然如此，這理想却從此存在。王安石在一〇六九——一〇八五年領導新法的大改革，又重新推行這理想。舊黨執政，取消新法，對於興學，却不反對。一〇九三——一一二五年，重行實施新法，徽宗昏庸自大而愛好文墨，因此各州各縣，居然都實現興學的理想。北宋新儒學的主流是要用理想來改變制度，居然成功了。

政府在各地設立學校，在中國歷史上，在世界歷史上，都是創舉。有的地區，財力不足，就由兩三州合設一所，許多官僚，並不贊成這樣興學。因爲官員的缺額少，已經粥少僧多，再加上大批州學出來的人才，如何容納？徽宗的詔書，大加反駁說：「世知以爲官冗，而不知多士以寧之美。」其實，他是學唐太宗，自覺得意。以爲興學之後，「天下英才，盡入吾彀中。」但過了幾年，政府也承認：「今學校之興……寖失本旨。」一一二一年，卽宣和三年，更倒行逆施，詔罷天下三舍學校，把本來辦學養士的費用，「取以供花石應奉之資」。無怪乎稗官小說千年來大罵花石綱，因爲這是直接剝奪知識分子的權益⑤。

數量多並不保證品質好。北宋末期，州學大興，而官紀腐敗。州學的內容，殊不堪問。許多

⑤ 拙著「略論宋代地方官學和私學的消長」，見〔歷史語言研究所集刊〕，卅六本一分（一九六五），頁二三七——二四八（已收入本書）。近年又看見兩條例證。見方大琮〔鐵菴方公文集〕（明本），卷十七，頁二三。又張守〔毗陵集〕（常州先哲叢書本），卷五，頁一。

學生並非爲了求學而來，而是爲了取得身分和免稅的優待，支取津貼，另謀前程。新儒學的理想：用新制度，由政府來興學，竟變成一場惡夢。許多忠實的儒士寧可去私學教書。在他們心中，憂慮很深。興學而結果如此，儒教的希望安在？

北宋中葉，已經注意經義的注疏和解釋。慶曆變法的領導羣，自稱是正學。可是這初代的先鋒，興趣很廣，經史子集，金石圖版，琴棋書畫，都去發展。他們既不成爲一個學派，彼此之間，有關經學的解釋，往往不同。有的還覺得經世之學和實際經驗，比經學還重要。後來王安石領導新法，就確信經學是爲政之本，考試標準以新學爲重。他自己寫的〈周官新義〉，尤須重視。這就引起很多其他學者的反對，認爲用一家私學，排斥其他說法。何況黨爭已起，正是火上澆油。徽宗用蔡京等重行新法，已經失去原來理想的精神。黨爭也退化成結黨營私。許多正直的學者，更是不免憂心忡忡。重視經學而竟造成這種惡果，難道經學靠不住嗎？爲什麽儒教的經典不能致用呢？

不久，大難臨頭。金兵渡河，二帝被擄，中原盡失，北宋亡國。南宋退保淮河長江，忍辱求和，一度還稱臣納貢，接受金國的册封。在這憂患裏生長的青年學人，往往百思不得其解。北宋政府儘管有很多缺點，但就崇儒而言，遠勝前代⑥。既然如此，何以會落到國破家亡。難道尊重儒教不對嗎？有的說法歸罪於權臣蒙蔽，有的說法更把權臣得勢歸罪於黨爭，有的說法又進一步

⑥ 即以〈宋會要輯稿〉之中「崇儒」這部門的篇幅，也可想見宋人當時自己覺得如此。但「崇儒」，卷二，頁一四，也提到州學腐化。

把黨爭之起，歸罪於新法，因爲新法壞了祖宗之法，所以才會國破家亡。話儘管這樣說，新法究竟沒有這樣大罪。就是那些權臣，也未嘗不是小人儒，讀過聖賢書的。想來想去，北宋的儒學一定還另有更基本的缺陷，才無法挽救厄運。但這缺陷到底是什麼呢⑦？

宋代儒學，確另有其生氣，用疑古態度，批評精神，孜孜不倦，尋求眞理。南宋初期的青年學人也要整理國故，去找儒敎基本的線索。在這些人之中，朱熹最爲淵博，長於綜合，集其大成⑧。朱子學派的答案是儒學基本上有缺陷，因爲它忽略了北宋五子的一脈眞傳。就事變而言，北宋五子在他們當時和身後，並沒多大影響⑨。程頤爭論新法，參加舊黨，較爲知名，但也不居於領導地位。這並不奇怪，因爲當時儒學主流側重經世，側重制度，而在朱子學派回頭來看，儒學最大的毛病就在這裏，應當重視基本哲理。

朱熹和他的師友，認爲北宋儒者多半太浮，缺乏形而上學的基礎。這正是北宋五子的貢獻。把宇宙論弄清楚，才能把孔子以下的倫理哲學講明白，才能把源出儒敎以外的若干精華吸收進來，綜合在一起。非有這樣綜合的一套整體，絕不能把五經一直講到眼前，排除道家的信念，對抗佛敎的信仰。非有這樣一套整體，絕不能把宇宙的看法和日常生活結合起來，使所感所思所行都有它永恒的道德意義。這就是北宋儒學所缺和朱子學派等大聲疾呼的要義。因此，做學問有內

⑦ 黎靖德編，〔朱子語類〕（一九六二影印），卷一〇七，頁四三〇六。
⑧ 參考錢穆，〔朱子新學案〕（一九七一），凡五冊。
⑨ 王稱所編的〔東都事略〕，成書約在一一八六，已在朱子晚年，可以證明當時人的心目中北宋五子並不占重要地位。

外兩面，內則正心誠意，外則格物致知。內外互通，才成整體。這並不是說北宋所重的經世和制度並不重要，而是說那只是儒學行諸於外的一部分，居於次要。

三 提出所謂道統的問題

在朱子學派看來，道存在於人的心中，人的性情中。道在天地萬物之間，無所不包。這不是唸幾本書就能通的。以改進當時士大夫的習俗風氣而論，用朱熹自己的話說：「那裏是一時做得。少是四、五十年，多是一、二百年醞釀」，方能改好」⑩，雖然積重難返，而挽救世道人心，刻不容緩，所以一定要宣揚倡導。這是南宋儒學新起的運動。

推動這新的運動，其方法也與眾不同，先要「正名」。朱子學派自稱淵源於伊洛。伊川是程頤的字，點明師承，上接北宋五子，以標榜得到儒學眞髓。此學派簡稱洛學。洛陽這名稱要略加解釋，洛陽不僅是五子影響的範圍，而且是北宋文化中心，再往遠推，是漢文化從東周以來傳統的基地。同時還有現實的關係。從政治上說，洛陽已經淪陷，在金國領域之內。這又要略加說明。金國也崇尚儒學，〈金史〉是有偏見的，沒有多說，金人文集流傳雖然很少，但還有足够的史料可以看到儒學在金國仍舊保存著。換言之，儒學並非南宋所獨有。可是標明洛學，等於說洛

⑩ 〈朱子語類〉，卷一〇八，頁四三三六——四三三七。又參卷一二九，頁五〇一一。批評北宋士大夫，沿及清初，如王夫之〈宋論〉（國學基本叢書本），卷一三，頁二〇一——二〇二。

陽的地方儘管淪陷，而洛陽的學問却並沒有讓金人搶去，現在移到南宋方復興。金國的儒學，只是糟粕。南宋的儒學，才是精華。只此一家，別無分號。

說到這裏，就牽涉到朝代正統的問題。北宋史家，時有討論。司馬光的巨著〈資治通鑑〉，以曹魏為三國時代的正統。朱熹就大不謂然，力主以蜀漢為正統。政治史如此，同理，在儒家宗派之間，也有正統。換言之，儒教遍天下，更要爭取領導地位的道統。

討論儒家的道統，我們不能忽略了佛教的刺激和影響。唐、宋禪宗盛起，在士大夫的階層中，影響很大。禪宗就有五祖六祖衣鉢如何相傳的糾紛，彼此爭奪單線式的正統。佛教有它的正統，儒家怎倒沒有呢？

唐代韓愈早有此說，以為孔子之學，從子思傳到孟子。而孟子以後，道失其統。但這主張，北宋士大夫並沒有接受。慶曆正學，雖然以正自居，還只說是學，不自稱為道統。在慶曆之後，王安石竭力推行他的學說，稱為新學，一名王學，也不敢說是道統。

朱子學派的新運動，對於道統特別重視。他們要以漢抗夷，確定南宋是正統。他們要保存國粹，確定洛學是道統。因此，他們把韓愈的舊說擴而大之。孟子以後，千年絕學，一直到北宋五子才重新發現。其實在北宋末、南宋初，都還沒有人講道統。楊時南歸，程顥「目送之曰：吾道南矣。」即使暗含道統的意思，至少沒有明說。南宋初年，一些人推崇楊時，怎樣說呢？「渡江，東南學者推（楊）時為程氏正宗」，或者說他是「洛學大宗」⑪，也還沒有標明是道統。

⑪ 〔宋史〕，卷四二七，「程顥傳」。黃宗羲，〔宋元學案〕（萬有文庫本），卷八，頁二八。

暫且按下這統字不說，先討論這道字。所有的士大夫那個不是儒家？那個不覺得他們懂得道？像二程那樣常提這道字，當時已經被人「訕笑」⑫。南宋初年，趙鼎在朝，尊尚程學，以清除北宋王學的末流，「輕薄者遂有伊川三魂之目」。他們嘲笑趙鼎是伊川的尊魂，王居正是強魂，因爲他個性很强，而楊時是還魂，因爲他死後不久，名望大高⑬。

〔宋史〕破例，特別另立「道學傳」。但不得不承認說「道學之名，古無是也」。那麼這名詞怎樣起來的呢？其實，朱子學派和當時類似的一些學人，時常講道，引起不少反感。有人反唇相譏，起個綽號，叫他們道學。「道學乃越中輕薄名」也⑭。以程氏洛學正宗之道爲唯一的道，的確不容易取得其他學人的接受。例如葉適並不反對道學，而且在朱熹受政治攻擊時，還出頭代辯。可是葉適就說：「道學之名，起於近世儒者。其意曰，舉天下之學，…獨我能致之云爾。」葉適也懷疑，他反問說：「嗚呼，道果止於孟子而遂絕邪？其果至是而復傳邪。」⑮

現在，再討論道統。據清代史家錢大昕的考證：「道統二字，始見於李元綱〔聖門事業圖〕。其第一圖曰傳道正統，以明道伊川承孟子。其書成於乾道壬辰(卽一一七二)，與朱文公同時。」⑯這是說道統二字初見於私人著述。但據本文作者所見，官書早有記載。最早的是〔建炎以來繫

⑫ 楊時，〔楊龜山文集〕（四部叢刊本），卷二，頁七，「與游定夫書」。
⑬ 李心傳，〔朝野雜記〕（國學基本叢書本），卷八，頁二。
⑭ 孫應時，〔燭湖集〕（一八〇三本），卷六，頁三——四。
⑮ 〔宋元學案〕，卷一四，頁一四，五七，六二。
⑯ 錢大昕，〔十駕齋養新錄〕（國學基本叢書本），卷十八，頁四二六。

年要錄」紹興六年（即一一三六）⑰。這是很自然的。南宋退保江南殘局，對金國降格相從，屈居藩邦。對內更需要安定人心，強調自己還是正統。因此，關心國勢的學人，也注意到學術上的道統，要尊尙洛學。

但政治正統與學術道統，畢竟不是一回事。南宋初年的政府願意有學人主張道統，以壯聲勢。但實際上並不採用這種說法。何況大臣之間，意見不同，有的沿用王學，有的無所依違，並不贊成洛學或程學，多數根本不談道統。而洛學中人，也明白儒教國家的雙重性格，政治權力是另一回事，他們只爭取思想權威，主張道統，隱然表示不受政治力量的支配。南宋人後來曾有過一種道統圖，兼及政治正統。以宋太祖繼周文王、周武王，而以周敦頤繼孔孟⑱。這種思想，就是表示不但有道統，而且對政權是獨立的，並列的。這種氣度，又豈是輕薄的譏諷所能打倒的？人家挖苦他們，送他們道學綽號。他們並不在意，正好自認是道學，並進一步地鼓吹他們的道學就是道統。他們也不理會政府是否承認，因爲他們強調的重點和最要緊的事業，不在政治方面，而是在學術、文化和社會方面。

四　朱子學派的教學和社會活動

朱子學派，在思想史上，的確超過其他學派。它的寬度、深度，都占上峰。許多哲學史已經

⑰ 李心傳，「建炎以來繫年要錄」（國學基本叢書本），卷一〇一，頁一五，朱震存謝良佐之子。當時，道統二字必已是通用名詞。後來，朱子學派加以規定，才成為他們用的專指名詞。

⑱ 傅增湘輯，「蜀文輯存」，卷九四，頁二五。文及翁，「道統圖后跋」，見新編「名公文啓雲錦」，卷六。文及翁是南宋晚期人，傳見「宋史翼」，卷三四。

分析很多，這裏無需再提。要提出的是另外一個問題。思想上占上峰，並不一定就會成爲學術權威，更不一定變爲政府頒布的道統。本節討論的是這一學派的作風。所用材料，爲簡便計，限於〔宋元學案〕一本書。這本書，當然有它的偏差⑲，主要是隱惡揚善。揚善這方面不免誇張，但基本是可靠的。而本節的目的是分析這些史料。他們教學和活動的特色，錢穆早已指出是仿效禪宗，至少是「近於禪家參謁高僧，發疑問難」。這種討論，彈性極大。私人講學，和學校不同。「無地無書。來者亦不同時羣集，只是聞風慕向，倏去倏來。有一面數日卽去者，有暫留數日者。」⑳甚至於被謫遠地，弟子自動跟去。例如趙鼎謫潮州，王大寶從游。張浚謫連州，王的兒子也從游。這種例子很多。他們起居朝夕，都在坐而論道㉑。朱熹自己說：「一日不講學，則惕然常以爲憂。」他又說：「若使某一月，日不見客，必須大病一月。似今日一日與客說話，卻覺得意思舒暢。不知他們關著門不見人的，是如何過日？」㉒

朱子學派講學，不是只講書。從修身齊家，講到鄉約、社會各種題目，還講如何做人，如何改進團體生活㉓。朱熹和呂祖謙合編一書，名曰〔近思錄〕。這書陳榮捷有很精到的英譯，本文

---

⑲ 譏彈道學的有周密兩書：〔齊東野語〕（涵芬樓本），卷一一，頁七——八。〔志雅堂雜鈔〕（粵雅堂叢書本），卷一，頁三六——三八。又見潘永因，〔宋稗類鈔〕（一六六九本），卷六，頁三四——三五。此外，尚散見丁傳靖，〔宋人軼事彙編〕（一九三五）。〔宋元學案〕等於是理學派自集的長編。經全祖望的考訂，有所修正。但這書的偏差，主要不在未用上述等類的說部書，而在沒說明當時歷史的情況，〔宋史〕又多缺點，也出於理學家之手。糾正這歷史偏差，最方便的是畢沅〔續資治通鑑〕（中華書局標點本），以下簡稱〔續通鑑〕。

⑳ 錢穆，〔國史大綱〕（一九四七），下冊，頁五七三——五七四。

㉑ 〔宋元學案〕，卷八，頁八五。〔朱子語類〕，卷一一六，頁四五〇五。

㉒ 〔宋元學案〕，卷一二，頁八六。

㉓ 〔宋元學案〕散見很多。例如，卷八，頁六〇，六三，八五。卷一一，頁五四——五五。卷一二，頁七九——八〇。

不必細說。「近思」二字，是什麼意思呢？就是身邊手頭各種切實的事。這一切，又都歸諸於道，是個整體。朱熹自己說：「〈近思錄〉好看。〈四子〉（卽指〈四書〉），〈六經〉之階梯。〈近思錄〉，〈四子〉之階梯。」㉔這也就是說把儒教的道理和每天的生活完全打通。

一般說來，南宋政府沿襲北宋的政策，地方設學，然而成績很差。葉適的名言：「今州縣有學，宮室、廩餼，無所不備。置官立師，其過於漢、唐甚遠。」也就可以說，有史以來，世界第一。其實不眞正講學問，「而徒以聚食。」用儒家本身標準看來，是嚴重的道德問題。舒璘說的好：「士子循習敝陋，哺啜之餘，渙然而散。不惟學不知講，而廉恥亦喪。」㉕正因爲官辦的學校，無補世道人心，所以私人講學更變成主要的活動。

就地理分布而言，〈宋元學案〉的「序錄」，指出洛學入秦，入楚，入蜀，入吳，入浙。全祖望重加考證，指出洛學又入閩，入湖南㉖。其實，中心在浙江，而其分布遍於南宋全國。以四川爲例證，最爲明顯。北宋末，因爲逃避劉豫的僞政權，尹焞就「夜渡渭河，流離至蜀」㉗。可是並沒發生大作用。朱子學派在浙江樹立基礎之後，才努力在其他各地區倡導他們的學說，希望

㉔ 參陳榮捷英譯：*Reflections on Things at Hand: The Neo-Confucian Anthology* (1967)。經陳先生多年倡導，有哥倫比亞大學 Wm. Theodore de Bary ed., *Self and Society in Ming Thought* (1970)。

㉕ 葉適的名言，馬端臨引用，見〈文獻通考〉（萬有文庫本），卷四二，頁四〇〇。後一句話出於舒璘〈舒文靖公類稿〉（同治年間本），卷一，頁八——九。

㉖ 〈宋元學案〉的序。又參卷八，頁二一，二八，四四，七九。卷九，頁八，四四。卷一一，頁八六。卷一六。頁二〇，二七。

㉗ 〈宋元學案〉，卷八，頁七九。

改變風氣。例如黃榦的弟子吳昌裔，任四川眉州教授。「眉士故尚蘇學。先生取諸經，爲之講說。揭白鹿洞規。……釋奠儀，祀周程五賢，士習丕變。」㉘黃榦自己說：「苟得……數十人，布在四方，吾道其庶幾矣。」㉙這種希望，朱熹確是關鍵人物。「乾淳之盛，晦庵、南軒、東萊稱三先生。獨晦庵先生得年最高，講學最久。」㉚所以弟子和再傳弟子也最多，分布各方，最南到廣東，等於遍布於南宋全國。

師友和弟子——甚至可以說是信徒——分布各區，發生些什麼影響呢？他們絕不限於教學，而有其他各種相關的活動。上文剛提過，社會、鄉約以及其他公共的福利組織都在推行㉛。而且這些事，絕非公共和福利兩個概念所能概括。他們同時提高團體精神，增進人和人的關係——儒家基本精神。人和人的關係，簡而言之，就是所謂仁。儘管還是有不道德的行爲發生——那個社會沒有呢？——但至少大家所知道，了解的，和公認的水準愈來愈高。此外，這學派還倡導建祠，紀念先哲先賢㉜。凡是地方本籍出身的，曾在這地方任職的官，以及曾在本地講學的，只要

㉘〔宋元學案〕，卷一六，頁二七。
㉙〔宋元學案〕，卷一六，頁二三。
㉚〔宋元學案〕，卷一六，頁二〇。
㉛〔宋元學案〕，卷八，頁六〇，六三，八五。卷一一，頁五五，一〇七，一一七。卷一二，頁七九——八〇。辦社倉的很不少，並非朱熹一人。
㉜錢穆，〔國史大綱〕，下冊，頁二五八，引〔續文獻通考〕。這是理學已成道統之後的事。當時建立先賢祠，可參考各文集及方志的記載。參寺田剛，〔宋代教育史概說〕，頁二六五——二八〇，有補充說明。〔宋元學案〕反倒沒注意先賢祠對民間的重要性。

學問道德值得尊敬，都立祠。立祠絕不只以美觀瞻。這種建築頗有心理作用，無形中時時在提醒本地人，曾經有過好榜樣。你是本地人嗎？先哲先賢爲你增光，你可不要不學好，給本地丟臉。在祠中舉行的祭祀和其他儀式，更是和在教會做禮拜有類似的功效。這些祠堂，一方面對抗佛老廟觀，另一方面，也和佛老廟觀一樣，平日可以出借，舉行貿易，甚至娛樂性的活動。宋代商業活動，蒸蒸日上。讓他們借用祠堂，不也是希望提醒來到祠堂的商人和顧客對於道德的警覺嗎？

回到講學本身，這學派的師友弟子常常整頓現有的學校，恢復已經閉廢的，改善頹廢和腐化的官學，創辦新的官學，由地方官撥款去支持新的學校，或由地方紳士自願資助。取得這種必要的辦學經費，那會輕而易舉？先決條件是能獲取地方官和紳士——他們也是士大夫——的尊敬，承認這位老師的確出人頭地，才肯資助。否則是辦不起來的㉝。附帶提一點。這一個學派辦學校，用錢不多。他們不重視圖書設備㉞。主要關鍵是兩項，一是排定功課日程，打好根基，逐漸深入。所以這學派的領袖，寫了好幾種日程的書，詳細規定先讀那本書，再讀那本書，循序而進，懂得什麼是道。第二項關鍵就是講。他們不重視章句之學，經世致用，而是實踐和體驗。實踐就是怎樣去做人。體驗就是一面做，一面內省，和修道一樣。眞正領會做人的道理，還在心裏。換言之，平日生活，一擧一動，都是道。正如〔論語〕所說：「造次必於是，顚沛必於是。」明

㉝〔宋史〕，卷四三〇，「李燔傳」、「張洽傳」、「陳淳傳」。〔宋元學案〕，卷八，頁二一——二二，六〇。卷一一，頁九九。

㉞〔宋元學案〕，卷七〇，頁八九。又參同書，卷八，頁九一。卷九，頁七七。

代中葉王陽明講良知良能，滿街都是聖人，也就是從這關鍵出發的。

做這些教學和其他活動，有經費自然好。但在相反的情形下，沒有正式的學校可以講學，就不講了嗎？不然，就是在自己家裏關著，也要講學傳道。可是又怎樣維持生活呢？雖然並不正式收學費——中國社會早就有這習慣——學生要給老師束脩。過年過節，另外送禮。但私人在家講學，有了聲望，也不能多賺錢㉟。有了名，就有人來拜訪。按照社會習慣，必須招待客人，因此支出也就增加㊱。同時學生多了，就得選拔和協助清寒的好學生。換言之，還要維持他們的生活費用。尤其是從遠道而來的，要供應他們的膳宿㊲。如果開支如此增加，又怎樣措應呢？道學家在這方面並不迂。有了名，有人來求書法，求寫文章、墓表、壽序、上梁文，種類很多。地方官和紳士也有幫忙的，來講寫興學記、某某廳記、某某園記、詩序、文序、畫跋、題簽、鑑品。這些都有潤筆的資助㊳。

較爲實際的道學家，還帶著隨從或依靠他們的門人，刻書、售書㊴。如果有餘財，也不一定

㉟ 有的連生活都不能維持。〔宋元學案〕，卷一一，頁一二〇，有陳藻「閉門授徒，不足自給，至浮游江湖，崎嶇嶺海」。末兩句也可能含有販毒的意思。

㊱ 〔宋元學案〕，卷八，頁八五。

㊲ 〔宋元學案〕，卷八，頁一三。卷九，頁一二六。張伯行編，〔續近思錄〕（一九六二），頁三四，提到朱熹「諸生之自遠而至者，豆飯，藜羹，率與之共，往往稱貸于人以給用」。

㊳ 〔宋元學案〕，卷八，頁一九。〔朱子語類〕，卷一〇七，頁四三一三——四三一四。

㊴ 黃汝成輯，〔日知錄集釋〕（一九六二），卷一八，頁四二三，云：「宋元刻書，皆在書院。山長主之，通儒訂之。學者則互相易而傳播之。……板不貯官，而易印行。」這條可補充印刷史、商業史。

不去投資生利。可能有熟識的商人，搭上一股。但主要的還是買地，蓋房子。最能代表這派精神的是蓋一兩間精舍。有的是連著原來住房加蓋的，有的是在住房附近另造的。最好是依山傍水，風景幽靜㊵。精舍這名詞，本文不能多加考證。扼要地說，漢代大族名門就有，只是精緻書房的意思。南北朝道佛盛行，又另生新義。道士煉丹的房間，也叫精舍。佛教却以這名詞作爲梵文**Vihara**的譯稱，原意是禮拜敬神的屋子。總之，精舍是含有宗教意義的。到了宋代，儒家又把這名詞再拿回來，指讀書內省論道之處。雖然儒教不是宗教，但無疑地含有宗教性。精舍並非普通精緻的書房，而是儒家學者爲下功夫，修練吾道而專用的屋子。每天忙着講道，還有其他活動。活動愈多，愈需要有一處幽靜明淨的角落，退而深思，反省。

這些學人們日夜不休地進修。他們召來的門人亦復如此。如前所述，有的從幾百里的遠處慕名而來，有的從師數年之久，有的從師遠行，甚至去貶謫處㊶。也有的先從一師，偶去他師處請教，或者再改從他師，另學其他門徑，但仍舊和舊師保持聯繫。〔宋元學案〕把學友分作下列幾等：同調，學侶，講友㊷。最後一等，用現代話說，近似助教。有時代講，分小組討論。可見朱子學派重視問答、解說，和交換意見㊸。

㊵〔宋元學案〕，卷一二，頁七九。卷一六，頁四八。寺田剛，〔宋代教育史概說〕，頁二七八——二八〇。

㊶北宋早年，就有遠道從師的。見李燾，〔續資治通鑑長編〕，卷四四，頁一——二。北宋末，南宋初，漸多。見〔宋史〕，卷四二八，及四二九，羅從彥及李侗傳。〔宋元學案〕，卷八，頁二，六四。

㊷〔宋元學案〕，卷八，頁五七。又卷一五，頁八六，記蔡元定：「聞朱文公名，往歸之。文公叩其學，大驚曰：……不當在弟子列。四方事學者，必俾先從先生質正焉。」

㊸〔宋元學案〕，卷八，頁六〇。卷一一，頁一一二。

本節所據，因簡便關係，主要只用〔宋元學案〕一書。就作者所讀過的文集、語錄、詩集、隨筆而論，和本節所提到的要點，並無出入。總而言之，朱子學派確是儒學的新潮，就思想而言，有更深的新見解。就活動而言，走向民間。而最要緊的是他們有一種含有宗教性的精神。英文叫 **Veligiosity**㊹。他們講學，有點像基督徒的查經班和討論會。他們彼此之間的關係，有點像教友，基本上並不重視政治方面。

五　不合時宜和生活風格

凡是含有宗教性的學派，多半陷入一些缺點。例如過分嚴肅，也就過猶不及。又例如自以為是，對於大多數人感覺不滿，多所評論，以致引起許多反感，結果被排斥為「局外人」。近年英文流行的觀念，**alienation** 就是這個意思。而且也不一定是被人排斥，而是自己覺得「與眾不同」，甩到圈外去了，不免孤獨。有句老話，是「不合時宜」。蘇東坡就有此感，但他幽默。而嚴肅的道學家，是缺乏幽默感的。

暫且按下仕途，下文再說。先以詩為例，北宋大儒，多半也是詩家。南宋講道學的不然。「高宗好看黃山谷詩」，而尹焞勸道：「此人詩有何好處？陛下看他何用？」結果尹焞「未幾求去」

㊹ 舊同事杜維明兄，現任教加州大學，致力於研究儒學的宗教性，論文頗多，可參考。

㊺。朱熹的詩，選入〈千家詩〉等書，多半是因爲他道學聲望的關係，並非以詩名。當時劉克莊就說，道學家不善詩文。他們所編語錄、講義，有的也押韻，是爲了便於誦讀記憶，談不到文學㊻。最熟知而又顯著的例子，就是南宋亡國，王應麟力求賡續文化，普及平民。據說〈三字經〉就是他編的。這說法不可信。但他編辭典，考證淵博，名滿四海，而不擅詩文。史學也類似。北宋史學開拓很多，而朱子學派特重義理，未免忽略對歷史情況的了解。有名的〈東萊博議〉，就是好例子。章法、句法、用字都是寫議論文字的樣本。可是目的只在評論某人某事的好壞對錯。歷史可以褒貶，但褒貶決非史學的全貌。朱熹編的〈通鑑綱目〉，也全是褒貶。其實他只定了凡例，實際是學生編的。司馬光編〈資治通鑑〉，約了若干專家，分頭考訂〈長編〉，然後採定精要。以編年爲體，而注意制度變遷，以爲治亂之鑑。朱熹的〈綱目〉，對歷史發展，大多從略㊼。無非借用歷史，講世道人心。流行廣了，多數人反倒更忽略，造成史學的退步。

宋代士大夫，因爲當時各方面進步，不免輕視前代。南宋國勢衰弱，他們這種心理，不但不反省，反倒自信更強。魏晉六朝，缺點很多，不在他們眼下。就是漢唐兩大帝國，文武並盛，在

㊺〈宋元學案〉，卷八，頁七九。

㊻錢鍾書，〈宋詩選注〉（一九五八），頁一七二——三，引劉克莊語。參〈宋元學案〉，卷八，頁七九。〈建炎以來繫年要錄〉，卷五六，頁四三。〈日知錄集釋〉，卷一六，頁三九〇。卷一九，頁四五〇。

㊼〈日知錄集釋〉，卷二六，頁五九〇。顧炎武曰：「〈通鑑〉……凡亡國之臣，盜賊之佐，苟有一策，亦具錄之。朱子〈綱目〉，大半削去。」又同書，卷一七，頁三九二。

他們看來，距離儒家理想還遠㊽。由此觀之，彷彿前無古人。薄古是爲了厚今，但他們對於厚今，却又提不出具體可行的方案。

經學，當然是朱熹學派的主幹。對於注解、釋文、衍義，他們反復探討，確有不少發明。可是也有兩點弊端，一則在哲學史上，他們覺得從孟子以後，許多儒者，無甚可取。最推崇的只是北宋五子。其他有名人物，不是以爲學問較差，就是以爲政治主張有錯誤，或是私生活可議。其實這五子，在北宋當時，並沒太大影響。而在這學派看來，是直追孔孟，無與倫比。這就表現門戶的誇張之見。一有門戶之見，就引起第二點弊端，在本門之中，也互不相下。你這樣講，他又另有一說。朱熹批評考試說：「今人爲經義者，全不顧經文，務自立說，心粗膽大，敢爲新奇詭異之論。方考官命此題，已欲其立奇說矣。……遂使後生輩，爭爲新奇。」㊾其實，這批評何嘗不適用於他自己，以及類似的學派？至少，他們彼此之間，常有爭辯。朱熹、陸九淵鵝湖有名的辯論，是個特殊的討論會。平常大同小異的論爭，屢見不鮮。這些學派，不能團結起來發揮更大的力量，這是一個基本的缺陷。

朱子學派看不起科舉式的「時文」。做這類時文的，只是「文士」，算不上儒者㊿。更進一步說，他們對於整個科舉制度，深表不滿。從儒家理想說，最好是選拔學行兼優的人才。蘇東坡早

㊽〔宋元學案〕，卷八，頁一三——一四。

㊾〔朱子語類〕，卷一〇九，頁四三四三。參〔宋元學案〕，卷一二，頁八八，提及南宋晚年，「朱氏書年來盛行。立要津者，多自謂學在先生之門。而趣問外錯，使人太息」。

㊿〔宋元學案〕，卷八，頁三三。〔朱子語類〕，卷一〇九，頁四三五五——四三五九。

就看透，取人絕對不能憑幾篇詩文，某種經義，或特殊表現的行爲來判定。無論那種考試方法，都有毛病。可是朱子學派因爲特重經義，總還抱著希望，要用正確的經義來做考試的標準。但這希望就引起了矛盾。王安石就試行過這種理想。他們是不贊成王安石的，不便公然重新提出。所以朱熹說：「當時神宗令介甫（王安石字）造三經義，意思本好。只是介甫之學不正，不足以發明聖意，爲可惜耳。」㉛到了南宋晚年，朱子學派的理想畢竟實現了。從那時起，一直到二十世紀初年，〔四書〕都用朱注，但結果還是寫時文，那有聖意？費去億兆人腦力，何等可惜！

朱子學派，不滿當代制度。一入仕途，就感到不合時宜，往往屢起屢落，甚至急流勇退。在朱熹之前的胡安國曾進過講經筵。但在官十四年，擔任實際任務的職位，僅只六年。朱熹自己幾次婉辭進用。因爲他審度當時政局，很難立足，雖曾一度立朝，僅四十餘日而去。其實，在很多年以前，他早就「慨然有不仕之志」㉜。再另舉個極端的例證，來充分說明這些儒者的不合時宜。「劉淸之……言者論其以道學自負，於吏事非所長。財賦不理，倉庫匱乏，又與監司不和。乞與官祠。」㉝政府重視稅收，他却要替人民著想，和上官爭論，這怎能站得住？另一方面，政府還顧全崇儒的門面，他又並無私過，給他一個掛名宮觀的閑差，就包容住了。

不合時宜，而又深信要匡世濟人，那就只能在日常生活中表現一種特殊風格。一面是宣揚自

㉛ 參〔文獻通考〕，卷三二，頁二九九——三〇五。
㉜ 〔建炎以來繫年要錄〕，卷一八三，頁一二。參王應麟〔困學紀聞〕（國學基本叢書本），卷一五，頁一二一一。
㉝ 〔宋會要輯稿〕，「職官」，卷七二，頁四八。〔續通鑑〕，卷一四二，頁三八〇三。

己的立場，不同流合污；一面是希望因此而能喚起他人的覺悟。不能發動政治改革，轉而致力於社會改革的人，從古到今，常標榜他們特殊的生活方式，其故在此。

朱子學派因此特別推崇禮教，最好用古禮。儒家一貫强調禮節不只是儀式而已，而是用來節制人們的心理和行爲的。所以在擧行禮節的時候，一定要嚴肅。換言之，應當含有宗教的氣氛。禮節流行久了，就變成習俗，忘了本意。南宋當時，不但如此，有些儀式已經不合原意。所以朱子學派遇見機會，就勸人恢復古禮，從糾正風俗裏去提高道德。

他們個人的服裝和擧動，充分表現他們的不同凡俗。朱熹自己，「衣則以布爲之，濶袖皂緣。裳則用白紗，如廉溪畫像之服。」[54]在他晚年家居，更加這樣。「……遵用舊京故俗，輒以野服從事，大帶方履。」[55]據行狀追述，他每天生活，非常嚴肅。「未明而起，深衣幅巾方履，拜於家廟，以及先聖。退坐書室。几案必正，書籍器用必整。其飮食也，羹食行列有定位。匕箸擧處有定所。倦而休也，瞑目而坐。休而起也，整步徐行。」[56]和他作風近似的人不少，都是峨冠，濶袖，芒鞋，修容，端坐，粗飯，菜羹，出門則平步正視[57]。旁人一望而知是道學先生。朱熹有的門人，矯揉做作。有一個「拜跪語言頗怪」，陸九淵敎他取消「勝心」，以後他的「擧動

---

54 〔朱子語類〕，卷一○七，頁四三一○。
55 同上，頁四三一一。及張世南〔游宦紀聞〕（一九五八，香港刊，歷代小說筆記選本），卷三，頁五九三。
56 〔宋元學案〕，卷一二，頁八四，黃榦所撰。
57 散見各書。如〔文獻通考〕，卷三四，頁三二三。〔續通鑑〕，卷一五三，頁四一一八。〔宋元學案〕，卷八，頁八○。卷九，頁二六，二九，一二二，一三三。

言語，頗復常」[58]。有的門人，依附道學，並非眞信。道學被禁，就慌忙「變易衣冠，狎游市肆」[59]。

朱子學派和類似儒者的這種生活方式，顯然受到佛教，道教的影響。而且這影響不只是穿古式服裝。上文提到宗教性的精舍，並非孔孟的作風，已是一例。有人辭官隱居，往往自取別號，或名居士，或名隱君。有一位自稱「元中子」[60]。朱熹自己沒用這種稱呼，但他也常用儒家以外的詞彙。例如他說讀書是爲了「維持此心」，這有點像念經。又說「讀書如煉丹」[61]。

他們辯護自己的服裝，攻擊崇寧年間士大夫流行的時裝。他們說：「褒衣博帶，尙存元祐之風。矮帽幅巾，猶襲奸臣之體。」[62]矮帽是時裝，學蘇東坡，幅巾是仿效黃庭堅的風雅。而蘇黃二人，皆非朱熹等所喜。這樣去攻擊在位的士大夫，當然引起反攻，說朱子學派等人的生活方式大可懷疑。有一篇奏章說：「寓以吃菜事魔之妖術，……張浮駕誕。……餐粗食淡，衣褒帶博。」[63]結論是迹近邪說，恐怕還暗藏陰謀。反正這不像儒家正常的作風。就算有學問，也是僞學。改造社會，並沒見效，反倒因此而引起社會摩擦，甚至政治糾紛。

---

[58]〔宋元學案〕，卷一五，頁三六。
[59]〔宋史〕，卷四二九，「朱熹傳」。〔宋史〕編者，特將此點，寫在「朱熹傳」內，想含深意。
[60]〔宋元學案〕，卷八，頁一一三。
[61]〔朱子語類〕，卷一四，頁四四五七，四四六五。
[62]呂本中，〔師友雜志〕（叢書集成本），頁一一。
[63]〔宋元學案〕，卷一五，頁八七。

六　道學之禁是黨爭嗎？

從一一九五到一二〇二年，就是從寧宗即位應元元年起，到寧宗嘉泰二年爲止，有所謂慶元黨禁。正式規定道學是僞學，領袖被貶竄。其餘的不許做官，不許考試。在此期間，朱熹死於一二〇〇年。這些禁令取消後的第二年，即一二〇四年，仍繼續主政的韓侂胄計劃攻打金國。結果北伐失敗。

歷史上一向認爲慶元黨禁是黨爭。北宋先有范仲淹慶曆變法，被指爲黨，引起歐陽修寫了一篇有名的「朋黨論」。後有王安石的新法，反對者稱爲舊黨。繼而蔡京恢復新法，更變本加厲，懲罰舊黨，立黨人碑。連他們的後人和門人，都受排斥。這糾紛在南宋初年還有餘波。有的史著，更把漢唐宋明的黨爭，看成一類。這種看法是需要改正的。嚴格說，黨爭至少需要有一個企圖爭取或把持政權的集團。道學之禁，並非這樣情形。道學派根本不合時宜。雖然以教學和其他社會活動而論，他們無形中是一個集團，但他們並沒有企圖爭取政權。他們的議論絕比不了東漢的清議，因爲清議背後有貴族門第的政治勢力，顯然對政權有企圖。再看反對道學的那方面，韓侂胄以下出面攻擊道學的，約三十六人。其中只有十來個大官或言官，其他都是小官、地方官，甚至包括敎授⑭。無非趨炎附勢，下井投石，或挾嫌報復，不成其爲集團。所以這案子並非黨

⑭〔宋元學案〕，卷二四，頁二五——二八。

爭。

以上的解釋，並不是說道學和政治派系毫無關係，下文還會提到。道學家既不熟悉官場，而又要爭取儒家的權威，因此捲入官僚派系的傾軋。有時是被用爲羽翼的工具，有時就被反利用，成爲被攻擊的對象。

遠在南宋初定的時候，趙鼎就欽佩北宋五子之中的程頤。秦檜等人却仍是相沿王安石、蔡京這一派系。宋高宗兼收並蓄，看得明白，一一三六年就下個命令，凡是任免和考試，都不得以私學愛憎爲標準。孝宗在一一七八年，又重申此令[65]。

朱熹捲入政潮，開始於他彈劾唐仲友，這是一一八三年的事，平心而論，朱熹的攻擊也未免過火。全祖望考證，也認爲如此[66]。唐仲友能詩，治史，精於經學。而朱熹高舉道學的旗幟，說得他簡直不是儒者。這就無形中得罪許多官僚，弄得人人自危，有點不安感。因此同情唐仲友的人就反攻道學是私學。攻擊過火，是自己高抬身價，具有政治野心。這種反攻，也是不對。葉適就指出：「以道學之名歸之」，意在「殘害良善」[67]。當時執政的王淮，也看得明白，說朱唐互訐，不過是「秀才爭閑氣」[68]。這事就平息下來了。

假定朝局安定，根本不會發生慶元黨禁。這事的導火線幾起於皇室。光宗精神失常，宮中朝

---

[65] 「建炎以來繫年要錄」，卷八九，頁一六。參卷一〇七，頁一四——一五。卷一〇八，頁四，七。
[66] 「宋元學案」，卷一五，頁七二。
[67] 葉適「水心集」（四部備要本），卷一，頁二——七。又卷二，頁八。此外，尚有劉光祖也主張公道，見「蜀文輯存」，卷六八，頁一——三。卷六九，頁一五——一七。
[68] 周密，「齊東野語」（涵芬樓本），卷一七，頁一一。

中聯合起來，迫他禪退。這也是歷史上稀見的事。寧宗卽位後，朝廷勢力最大的就是趙汝愚。韓侂冑是外戚，因爲參加擁立寧宗，便進一步想取趙汝愚而代之，趙又常被道學派這些人贊許。韓去拉攏這班人，却被拒絕，抱恨在心。他怎樣才能把趙打下去呢？專制政治之下，最有效的慣技，就是暗指政敵於皇室不利。趙恰巧是遠房宗室，他曾經推崇道學，舉薦朱熹等人。這就可以指爲吸引朋黨，培植政治勢力。趙的地位已經極高，還在擴大勢力，試問野心何在？於是奏章迭上，紛擊道學。最露骨的奏章，說這些道學家評論長短，「肆無忌憚」，甚至「姍笑君父」。而趙汝愚呢，「則素懷不軌之心，非此曹莫與共事。」所以僞學之憂，僅次於邊患。「蓋前日爲僞學，至今變爲逆黨矣。」⑲ 逆黨——這是多大的罪名！再加上一些描寫，說道學等人，吃菜事魔，夕聚朝散，潛形匿迹，簡直像在陰謀造反。皇帝一看，豈不毛骨悚然？

這種捕風捉影地攻擊，竟立竿見影。趙汝愚立刻遠謫。寧宗自己無能，朝政全由韓侂冑支配。這是一一九五年到一一九六年的事。但是所謂僞學逆黨，到底是誰呢？考生入場，首先要聲明與僞學無干。官吏任免，也要審查關係。如果沒有名單，那個是僞學，那個不算僞學，根本無從肯定。鬧了一年多，到一一九七年，才列出五十九人，算是僞學罪人。

這張名單，還值得再補充分析。第一，經過這樣久，才勉强排出來。第二，七拼八湊，那裏是個政團？第三，並沒有找到不軌行動的證據，又怎樣會是逆黨？第四，也是最妙的一點，處罰輕重，露出了政治考慮的馬脚。朱熹聲望大，如果重罰，有人可能出來抱不平。所以罷免他爲平

⑲ 這是劉三杰的奏章，見〔續通鑑〕，卷一五四，頁四一四九——四一五〇。

民就算了。蔡元定，根本不是官吏，不在政界，而言論强烈，將他重罰遠謫，也不會有人出來替他說話。如果道學派確是黨爭，怎麽可能這樣措置？明明朱熹是領袖人物，反倒容他安居田野！

慶元黨禁，本也無可多說。而後來道學被尊爲道統之後，多少史籍，舊事重提。描寫這些被誣的正人君子，如何受苦受難，有點像宗教被迫害時的殉道者。事實上，這黨禁的執行，並不苛嚴。許多地方官明白其中究竟，也不去多事。何況其中也有不少佩服他們學問的。所以就是遠在貶所，也還可以半公開或非正式的教書講學。朝廷明令貶謫，反倒使道學傳播得更遠，更多。有的青年，不滿現狀，無意功名，反倒引起好奇心理，向他們去請教。不久，連韓侂胄自己都感覺，這禁令對於他自己的聲望不利，做得過火了。於是逐漸放鬆。一二〇二年，悄悄地取消這禁令，表示寬大⑳。又希望多數人擁護他，好向金國開戰。

七　宋末樹立所謂道統的原因和後果

歷來史籍都敬重朱熹等道學派。給人的印象是這樣的：道學很好，黨禁一去，自然發揚光大，被公認爲道統。政府跟著明令尊崇。其實不然，指爲道學則禁，易名理學則昌，其中浮沉，並非學術關係。一部分是政治運用，一部分是內外情勢。

黨禁解除以後，道學並沒有平步登天。對金戰敗，韓侂胄被暗殺，函首授敵，也是史所罕

⑳〔續通鑑〕，卷一五五，頁四一七二。卷一五五，頁四二九八。

見，全不合儒教精神。韓消滅了，風頭才轉。一二〇八年，追崇朱熹，只說他正學，意思是並非僞學，並沒提道學⑪。一二一二年，國子監採用朱注的〔論語〕和〔孟子〕，但還沒用他注的〔大學〕和〔中庸〕。用朱注，也沒說道統⑫。一二二〇年，才崇揚北宋五子中間的三位，也只說是先賢而已⑬。

這些事都是比較平淡的。一二二四年，皇室又出了大變故。寧宗死去，該是過繼的長子濟王嗣位。而史彌遠已經立朝十五、六年，竟矯詔立了過繼的次子，就是理宗。下令濟王改居湖州。當地貧民起義，就借他的名義，說被廢不合道理。這話是正確的。雖然他本人事前不知，事起也不敢同意，但起義失敗後，却罪及濟王，借此就把他賜死。先是廢立，終則賜死，儒士大夫，縱然不敢公然抗論，也憤憤不平。史彌遠歷代仕宦，熟諳政情，斷非韓侂胄所可望其項背，怎會不想補救的辦法？於是他就裝潢門面，崇揚儒學。具體辦法是起用德高望重的人，例如魏了翁、眞德秀等。他們已經是道學中的第二輩，但以道學而高居廟堂，還是第一次⑭。但顯貴並非顯要。他們有發言權，但說了並得不到採納。不久，他們也就去位了⑮。雖然如此，這也確證道學派在

⑪ 同上，卷一五八，頁四二七九，四二八二，四二九一。又卷一五九，頁四二九五。蔡元定也追贈官。

⑫ 同上，卷一五八，頁四二八一——四二八二。又卷一五九，頁四三一六。朱熹自己最重〔大學〕、〔中庸〕，朝廷當時還不肯一起採用。

⑬ 同上，卷一六一，頁四三八七。是周敦頤和程顥、程頤。又卷一五九，頁四三〇八——四三〇九。卷一六〇，頁四三五九。在褒揚的九年之前，著作郎李道傳曾建議過，朝廷沒理。想來還有許多大官不贊成。魏了翁又提五子，也沒成功。

⑭ 〔續通鑑〕，卷一六二，頁四四二二——四四二三：「欲收衆望，勸帝褒表老儒。」

⑮ 〔宋史〕「理宗本紀」，卷四一。

思想界執牛耳的聲望。否則，史彌遠何必借重他們？經過這段顯貴，自然蒸蒸日上；但也還沒人提到道統。

內政粗定，外患又起。一二二七年，蒙古滅了西夏。鄭清之，位在史彌遠之下，暗中推重道學派[76]。經他支持，國子監決定〔四書〕全部採用朱注[77]。一二三三年，蒙古占領北京採取耶律楚材的建議，興建孔廟[78]。這所向無敵的騎兵帝國，更一躍而兼為儒教國家。在這文武雙管齊下的威脅之下，半壁的金國朝不保夕。連隔著一片土地的宋朝，也不免震驚。同年，史彌遠死，鄭清之就公然重用魏了翁、真德秀，整頓警備[79]。可是魏、真二公，只能竭力重德任賢，並無具體安定經濟民生的政策，更談不到充實財力和邊防。一二三四年，南宋在別無良策的情況下，和蒙古聯合滅金，算是報了北宋亡國的大仇。另一方面，朝廷追崇北宋五子，又把五子和朱熹一起配祀孔廟。這一件事是喬行簡的主意。他曾在呂祖謙的門下。但他還怕有人反對，不敢以執政的地位首先提出。所以另找一個呂祖謙的門人，只是中級的言官，出面建議[80]。這樣做的目的，也是

---

(76) 鄭清之事，略有曲折。須參用〔續通鑑〕，卷一六四，頁四四六四，及〔宋史〕，卷四一四，本傳。鄭是樓昉的門人。可是史彌遠另用一個心腹李知孝，見〔宋史〕，卷四二二，本傳，故意也講些道學。而為人「變詐」，使鄭無從多幫助道學派。

(77) 〔續通鑑〕，卷一六四，頁四四五八。一二三七年，國子監又刊朱熹的〔通鑑綱目〕，見卷一六九，頁四六一〇。

(78) 〔續通鑑〕，卷一六七，頁四五四五，四五五四。

(79) 起用魏、真二人，還和地方變亂，國內治安有關。先任地方官，見〔續通鑑〕，卷一六六，頁四五二四。後來才主政，見卷一六七，頁四五六七。但真不久病故。魏任職不及兩年又辭。

(80) 徐僑，見〔續通鑑〕，卷一六七，頁四五六二。據〔宋史〕，卷四二二，他是呂祖謙的門人，後又從朱熹學，是喬行簡荐用的。喬從呂學，反對攻打金國，見〔宋史〕，卷四一七。

為了喚引人心，以壯聲勢。蒙古雖有孔廟，畢竟不如南宋隆重。既有北宋先賢，又有本朝近哲，南宋軍力縱弱，但深信國家有文化基礎，就不致於滅亡，足以維持歷史上一貫的南北並立。

蒙古和南宋的軍事，不在本文範圍之內。但兩者間的政治文化的宣傳競賽，不得不提。以往史籍，幾乎全都忽略。一二三七年，蒙古開始採用中原的考試制度。同年，理宗自己寫了一篇「道統贊」。後來宣傳說，一二三三年就已經寫了這篇文字，用韓愈的說法：孟子死後，千年無人繼承。然後說北宋五子，才又恢復道統。到了南宋，這道統才發揚光大。一二四一年，政府正式公布這御制「道統十三贊」，認為是國家理念[81]。但「道學」這名詞，因為四十年前，還被禁止，不便再用。所以換個字眼，並且解釋說，道統者，理學也。一些理學的儒者，也因而進用。

但這些舉動，都只是表面的，無從激動人心。進用的理學家，並沒掌權，多年都是賈似道主政。等到賈因為戰敗而被打倒，繼起的還是一些庸官。崇尚道統，不過是例行公事，根本毫無振作的效果。上行下效，一點不錯。理宗本人，就是偽善。表面上開經筵，聽理學。實際上酒色歌舞，昏天黑地。有一次明堂祭天，他竟因為前夕宴興，無法出場領導典禮[82]。如果眞採用理學，他就不該諡號理宗。〔宋史〕本紀的贊，也出於後來理學家的手筆，不得不婉轉地加以曲解。這贊文說：「……中年嗜欲既多，怠於政事。……經筵性命之講，徒資虛談，固無益也。雖然……

[81] 〔續通鑑〕，卷一七〇，頁四六三〇，提到一二三七年御制文字。原名「御制敬天法祖事親濟家四十八條」，是殿榜和殿記。但這文字還沒明說理學。「道統十三贊」才從堯舜講到孟子。

[82] 佚名，〔宋季三朝政要〕（學津討原本），卷一，頁一〇。

升濂洛九儒，表章朱熹《四書》，丕變士習。視前朝奸黨之碑，僞學之禁，並不大有徑庭也哉？身當季遠，弗獲大效。後世有以理學復古帝王之治者；……實自帝始焉。廟號曰理，其殆庶乎！」⑧³換言之，理學家感謝他提倡之功，不得不稱爲理宗。事實上，將就說得過去嗎？

從現代的觀點來看，道學或理學在南宋垂亡之際成爲道統，倒確有重大的後果。這與理宗怠於政事無關，而是在南宋亡國之後，忠於宋代不肯做蒙古官的儒者，致力於教學，深入民間。「國無異論，士無異習。」⑧⁴例如短短一本《三字經》，就是流播最廣的道統聖經。多少人念來念去，連不識字的人都會背幾句。講唱文學，在元代盛行，傳播的也是道統的道德標準。亡國之民，堅持固有的信念。因政治風波而頌揚的道統，在異族壓迫之下，竟擴大滲透而成爲漢族全社會的道統。恰巧蒙古政府也贊成用理學籠絡士大夫，因此理學暢行無阻。試想整個社會有一套完整的哲理，這後果多大。

可是，代價不輕。因爲有這一套道統，中國思想從此就進入一個新傳統的時代。一切生長和改進，跳不出這傳統的束縛。先是保存，繼而保守，終於硬化。其次，元、明、清三代，特別是清初，都知道怎樣利用道統的哲理，以忠孝君父來鞏固封建的政權。統治階級更利用這傳統，來保衞他們優越的私利。

總上所說，可以試提一點粗淺的建議，向讀者請敎。儒家思想在宋代政治上看來活躍，其實

---

⑧³《宋史》，「理宗本紀」，卷四五。

⑧⁴《日知錄集釋》，卷一四，頁三四八。

是苦悶的。北宋儒學大興，而北宋亡國。南宋再另起要求，新建理念。政治權力不採用，只好以教學，以社會方式倡導。至於道學被禁，只是受政治風波的牽累。後來升爲道統，也無非是受政治權力的利用，都沒有決定性的關係。反倒是在南宋亡國以後，繼續在教育，在社會各方面努力推進，才奠定儒家籠罩全盤的局面。皇朝權力，並不眞要實行儒家的學說，而儒家的思想權威也始終不敢對皇朝作正面的抗爭。這兩者之間的矛盾，是中國專制歷史，正統也罷，道統也罷，絕大的失敗。

原載〔文史〕第六輯（一九七九）

文化與社會

宋代文化變遷之一——馬球

近年來常在注意兩宋之間文化的差異。擴大一點說，也就是自唐至北宋中原型的文化，隨著經濟重心的南移和宋朝南遷，逐漸演成南宋以來的東南型①。明清的社會，可說較近於後者。尋求文化的改變，往往可以從些指標來看。馬球，看來是偏僻的題目，倒是一個好指標。四年前曾發表過一篇短文已經提出這觀點，並說明目的不在考證馬球②。這兩年來，又蒐集了較多的史料，——其中包括宋徽宗被俘北去，途中金將打馬球，要他賦詩，是向所未提的史料——因此決定再寫一篇較充分的文字，提供史學界同仁，同時請教。

① 張家駒，〔兩宋經濟重心的南移〕（一九五七）。
② 劉子健，「南宋中葉馬球衰落和文化的變遷」，〔歷史研究〕（一九八〇），二期，頁九九——一〇四。

五十年代時，已經有人寫「擊鞠」的球戲③。不幸有兩點犯規。一是不多提近代學人，如向達、羅香林，早有專著，描述唐代受西域文化的傳播。宮廷貴官，盛行馬球④。二是明明抄了許多書名和資料，看來好像是廣徵博引。其實是出於〔古今圖書集成〕和〔文獻通考〕，不過一字不提這些參考工具書，使後學無從沿流溯源，誤認爲望塵莫及。

〔古今圖書集成〕，抄的史料不少。但已經反映明清文人的偏見，不去深究球類的不同。誤以爲玩球是不正經的遊戲，都一樣。甚至還說「鞠」字可能就是後來的球字。又說「蹴擊一也」。踢也罷，打也罷，左右不過是球戲而已。雖然，也早有前代學人，加以駁正：〔唐書〕所載，但云擊球，不謂之鞠，其義甚明。意思是兩類球戲，並不相同。用二十世紀的見聞，去查〔古今圖書集成〕，只要注意一下，很容易區別。記載中凡有鞠，蹹，蹴，踢等字樣，都是有關踢球的。但是，當然並不是現代所謂的足球。記載中凡有駒，馳，騎，擊，打等字樣，都是指馬球，但也不全同於現代所謂的「波羅球 polo」⑤。

怎樣前人會把脚踢的球戲和騎馬用杖擊球的方式混爲一談呢？這是因爲球戲本身，在演變的

③ 莊申，「擊鞠」，〔大陸雜誌〕（一九五三），四卷，六期，頁一一七——一二二。

④ 向達，「長安打毬小考」，見〔唐代長安與西域文明〕（〔燕京學報〕專號之二，一九三三）；羅香林，「唐代波羅球戲考，」〔唐代文化史研究〕（一九四六）；增補本書名〔唐代文化史〕（一九五五）。羅先生說明向先生著書在前，他是再增加一些史料，同時也提到兩種參考工具書，即〔古今圖書集成〕和〔文獻通考〕。

⑤ 〔古今圖書集成〕，「博物彙編．藝術典」，卷八〇二（影印本），頁一〇六二——一〇七一。上註羅著也已提到。又可以參閱（宋人）黃朝英，〔緗素雜記〕（學海類編本），卷九，頁二。

過程中，不免有些混同。唐太宗先提到馬球，後來又說：「羣胡街裏打毬，欲令朕見。」⑥不在球場，而在街裏，可見不是馬球，但還是用東西去打的，不是用脚踢的。〔太平御覽〕引〔舊唐書〕，說宮中有「女伎乘驢擊毬」⑦，顯然是以驢代馬，跑得慢些。在北宋時，還有騎騾——介乎馬驢之間——或徒步擊球的⑧。這都是從馬球變化而來的。既然有徒步擊球，也就容易演爲徒步蹴球。這一變就把馬球和踢球分開了。

除了馬球和蹴球，順便提一下其他兩種：拋球和冰球。自唐以來，庭園之間，常有拋球之戲，尤其適合於婦女和兒童。據筆者本人經歷，英國在上海占有租界，離沿江的外灘，約有六七條馬路的地方，設立球場，是打西式網球的。中國人沿用舊名詞，名之曰「拋球場」。如果有二十世紀初的上海地圖，一定可以找到。冰球呢，不見於宋朝，因爲地區偏南，氣候較暖。而金朝在今日的北京，就有冰球⑨。清朝宮廷，供奉冰球之戲，就在北海，至少在道光年間（一八二一——一八五〇）還有⑩。在三十年代的北海，筆者見過老人上場自己練工。只用兩片冰刀，綁在普通的鞋子上，就溜的很好，用不着另穿專用的冰鞋⑪。

⑥ 封演，〔封氏聞見記校注〕（一九五八本），頁四七。
⑦ 〔古今圖書集成〕，卷八〇二，頁一〇六七，引〔唐書〕「郭知運傳」。
⑧ 〔古今圖書集成〕，卷八〇二，頁一〇六九，引〔宋史〕，卷一二一，「禮志」二十四（標點本）頁二八四一——二八四二。「又有步擊者，乘驢騾擊者。時令供奉者朋戲以爲樂云。」朋即分兩隊，見下文。又卷八一二，頁一〇七〇，引孟元老〔東京夢華錄〕（一九五六註本），卷七，頁四五：「各跨雕鞍花鞿驢子，分爲兩隊。」
⑨ 潘榮陛，〔帝京歲時紀勝〕（一九八一），頁一九。
⑩ 陳邦彥，〔歷代帝王成敗史〕（香港，無出版年），頁一〇六。
⑪ 據西友見告，北歐如瑞典，挪威的農村裡，也用同一方法，不必另穿冰鞋。

說完球類，回到馬球本題。它是怎樣打法的呢？北宋沿用唐代規定。分兩隊，名曰兩棚。每棚十六人，共三十二人。服錦衣，騎馴馬，馬鞍馬身上也裝飾得很華麗。手執月杖，即彎如新月形狀的板子⑫。伴以軍樂。兩隊爭搶，以射到對方門內為勝。球門很窄，據說寬不盈尺⑬，但是很高。據〔宋史〕，毬門高丈餘。此說合理。而〔東京夢華錄〕却說：「毬門約高三丈餘……留門一尺許。」⑭三丈之說，絕不可盡信。可能是球門上立竿結綵，老遠看過去，誤以為有三丈高。

馬球是西域傳來的。向達的書，以為可能從波斯傳來，可是無法確考。二十多年前陰法魯的論文以為從西藏發源。藏語說 pulu，可能是 polo 一字的來源。但當即有人提出，中國史上的馬球，與歐洲式叫「波羅」的馬球，可能無關，也未必是從西藏來的⑮。

以上略論馬球的方式和名稱。以下轉入本文的主幹，看它在歷史上反映一些什麼樣的文化？

---

⑫ 陳邦彥註⑩已引書，頁一〇四。又唐代女郎的〔魚玄機詩〕（四部備要本），頁三——四。至於分朋或分棚，見前註⑥引，〔封氏聞見記〕，頁一四。又王定保，〔唐摭言〕（叢書集成），卷三及五。

⑬ 〔古今圖書集成〕，卷八〇二，頁一〇六七，明人王紱：「端午賜觀騎射擊毬侍讌」詩，句云：「彩色球門不盈尺。」指寬也，非高度。又端午，即五月初五，同遼代金代習俗，見下文，並見王紱，〔王舍人詩集〕（四庫珍本），卷二，頁二三——二五。

⑭ 〔古今圖書集成〕，卷八〇二，頁一〇六九——一〇七〇。〔宋史〕「禮志」及〔東京夢華錄〕，均已見註⑧，不贅。

⑮ 陰法魯，「唐代西藏馬球傳入長安」，〔歷史研究〕（一九五九年），六期，頁四一——四四。又同刊，一九五九年八期，頁二〇「通訊」。陰先生文中又提到唐代大明宮的遺跡，有球場的石碑，已經出土。關於考古方面，本文不提。讀者可參閱〔考古〕及〔文物〕兩刊物。不但歷來史料常把宋代馬球和足球混為一談，近人寫作也如此。所以應當提出，周世榮，「足球紋銅鏡和宋代的足球遊戲」，〔文物〕（一九七七年）九期，頁八〇——八二。

可惜歷史家往往深入而反不會淺出。關於這個問題，說得簡捷了當的莫過於高陽先生，一位有名的小說家，兼史話家。他說唐代馬球，是禁軍之技，高門貴族的運動。當時馬球的地位，彷彿相當於現代各國社會中的高爾夫球，但劇烈得多。五代時候，隨著貴族門第的衰滅，已經不時興了。宋代一方面是軍中仍有專業性的馬球供奉，另一方面却又流行變為脚踢的蹴球。紈袴子弟，組有毬社。像〔水滸傳〕提的高俅，踢得好，端王（卽宋徽宗）喜歡，當卽留用，就是很好的例證。在元代，馬球蹴球都不大見記載。是否衰落，不敢確斷。到了明初，這種球戲，無疑問的衰滅，幾乎不為人所知⑯。換言之，貴族的統治階級，有尚武的遊戲。歐洲從中古以來，都是這樣。貴族失勢以後，尚武精神還在流傳。到了二十世紀早年，新統治分子還喜歡賽馬打獵。而中國，自唐至宋，代替貴族執政的是儒家式的士大夫官僚，只講文風。不但不懂體育，而且不贊成遊戲。文化之所以柔弱，從這指標來看，豁然貫通。

講起唐代，不妨就向、羅兩先生的專著，略加補充。唐太宗首先吸收這種西域文化。他說：「聞西蕃人好為打毬，比亦令習。」⑰這是開明態度，吸收外國文化的強點。但是將近一百年後，到了睿宗景雲元年（七一〇），遊戲的成分遠超過體育。正月，「上御梨園毬場。命文武三品以上拋球及分朋拔河……（有）衰老隨絙踣地，久之不能興。上及皇后，妃主臨觀，大笑。」

---

⑯ 高陽，〔明朝的皇帝〕（一九七三），頁一二八——一二九。細節可以參閱他其他兩本史話：〔李娃〕（無出版年，約在一九七〇左右）及〔少年游〕（同上）。

⑰ 封演，〔封氏聞見記校注〕，頁四七。

⑱當時反對這種球戲的不止儒家。有一個「山人」也上書某尚書說：「打毬一則損人，二則損馬」，何況「至危！」⑲可是批評不能挽救貴族的自瀆。到了晚唐，更是胡作非爲！武宗會昌四年（八四四），「詔石雄潞州兵環球場。晚牙，（郭）誼等至，唱名引入。凡諸將桀黠拒官軍者，悉執送京師。」石雄既殺仇人，「取其尸，置毬場斬剉之。」⑳僖宗廣明元年（八八〇），侯昌業以「上不親政事，專務遊戲……上疏極諫……賜死。」皇帝喜歡的遊戲是什麼呢？「上好騎射，劍槊，法算。至於音律，蒱博，無不精妙。好蹴鞠（註：蹋球），鬥鷄，……尤善擊毬。嘗謂優人石野豬曰，朕若應擊毬進士，須爲狀元。對曰，若遇堯舜作禮部侍郎，恐陛下不免駁放。」㉑倒是這位優人口才好，儒家批評遊戲，只說有流弊，未必中肯。僖宗準備避難四川，要先派將軍鎭守三川，但無法選定四人中的一人，竟「令四人擊毬賭三川」之任㉒。眞是以國事爲兒戲。

西方學人，早在一九〇六年，就介紹中國的馬球。論文內容大部分根據〔資治通鑑〕，只是採用儒家觀點，評論君子的得失㉓。這篇文字，向、羅兩位沒有注意到。可是看了他們的書，就

---

⑱ 司馬光，〔資治通鑑〕（標點本），卷二〇九，頁六六三九——六六四〇。
⑲ 同註⑰，頁四八。
⑳ 〔資治通鑑〕，卷二四八，頁八〇〇九。
㉑ 〔資治通鑑〕，卷二五三，頁八二二〇——八二二一。
㉒ 〔資治通鑑〕，卷二五三，頁八二二二。
㉓ Herbert A. Giles, "Football and Polo in China," *The Nineteenth Century and After* (London), Vol. 59, (1906), pp. 508-513.

了解到唐代政治的陰暗與殘暴，儒士沒有地位發言。例如唐穆宗暴死，唐敬宗遇弒，都和馬球有關。甚至武將暗殺政敵，叫他去打馬球，使他墮馬被踐而死。比較起來，後來宋代文明得多，道德標準高得多。唐代文物，固然壯美。例如一九三六年倫敦博覽會曾展出過打馬球的唐俑，一九五六年西安發掘大明宮遺址，找到了含元殿和毬場的石碑。這都令人嚮往，令人興奮。但這些文物又怎遮掩當時文化的醜惡㉔？

五代猶承唐風。四川的蜀主也打毬走馬。後唐莊宗却把毬場看得比告天的卽位壇還重。同光三年（九二五），「帝以義武節度使王都將入朝，欲闢球場，（張）憲曰：比以行宮闕廷爲毬場。前年陛下卽位於此，其壇不可毀。請闢毬場於宮西。數日，未成，帝命毀卽位壇，憲謂郭崇韜曰：此壇，主上所以禮上帝，始受（天）命之地也。若之何毀之？」㉕

筆者主要興趣在唐代以後，十世紀到十三世紀，也就是兩宋和遼金兩代，有時牽涉一點朝鮮。一方面北宋南宋的文化逐漸變化。而在北方，外族建立的帝國，一再擴充，因而伸長到黃河流域的中原地帶，終於蒙古勃興，破天荒的佔領中國全土。現在先敍述一下遼金和朝鮮關於馬球的情況。爲什麼呢？因爲，不能忽略的，他們仰慕大唐文化，自居爲唐代文化的承繼者。

遼太宗開南京爲析津府，也就是日後的北京。大內在城的西南隅皇城外三門之一是右掖門。又叫「千秋門，有樓閣。毬場在其南」㉖。打球的風氣，並不一定是游牧漁獵民族的習慣，反倒

㉔ 劉子健（一九八〇）文，見註②。又註⑤所引二書。
㉕ 〔辭海〕，孟昶條。〔資治通鑑〕，卷二七三，頁八九三〇。
㉖ 孫承澤（明末清初人），〔天府廣記〕（標點本，一九六二），卷五，頁四三。

是出於唐代以後在北邊王國的影響。遼穆宗——已經是第四個的開國君子——應曆三年（九五三）「如應州擊鞠……（後）漢遣使進毬衣及馬」㉗。

隨着遼代的漢化，有人反對馬球。遼聖宗統和七年（九八九）諫議大夫馬得臣「以上好擊球，上疏切諫」。他以爲：「有不宜者三……君臣同戲，不免分爭。君得臣愧，彼負此喜，一不宜。躍馬揮杖，縱橫馳騖，不顧上下之分。爭先取勝，失人臣禮，二不宜。輕萬乘之尊，圖一時之樂。萬一有銜勒（墮馬）之失，其如社稷太后何？三不宜。」㉘各種紀載，文字稍有出入。就此稍加解釋，以說明筆法。〔聖宗本紀〕和〔續資治通鑑〕都指出皇帝年輕，即位而未親政，「好擊球」而已。但是馬得臣傳，因爲要表揚忠諫，就說皇帝「擊鞠無度。」諫疏有什麼結果呢？本記說「大嘉納之」。好像接受勸告。其實是元人寫本紀的筆法，頌揚君主。而〔續資治通鑑〕就不再跟著本紀寫了，而引用馬得臣傳的原文，說皇帝只是「嘉嘆久之」，並沒有采納。

遼代君主擊毬，却並不是任何人隨便可以玩的。蕭孝忠於重熙七年（一〇三八），爲東京留守時，禁渤海人擊毬。孝忠言，「東京最爲重鎭，無從禽（打獵）之地。若非毬馬，何以習武？且天子以四海爲家，何分彼此（歧視渤海人）？宜弛其禁。從之。」㉙遼人軍事實力，已漸衰落，馬球不會流行的。不到九十年，即被女眞所滅。女眞兵到都城，遼臣「迎降。出丹鳳門毬場

㉗〔遼史〕（標點本），卷六，頁七一。又〔古今圖書集成〕，卷八〇二，頁一〇六八。

㉘〔遼史〕，卷八〇，頁一一七九——一一八〇。〔古今圖書集成〕，卷八〇二，頁一〇六三。又畢沅，〔續資治通鑑〕（標點本），卷一五，頁三五一。Giles 一九〇六年英文寫作（見註㉓），有英譯諫疏。

㉙〔遼史〕卷八一，頁一二五。

投拜」女眞㉚。

趁此說女眞，破遼後，成立金朝，不久破北宋，擄徽宗欽宗及開封所有宗室北去。至眞定府，令人「請徽廟看打毬。自（金）二太子以下，皆入毬場。……打毬罷，行酒。小頃，侍中劉彥宗具傳太子之意，跪奏云，聞上皇（卽徽宗）聖賢，欲覓一打毬詩。其請頗恭。徽廟云，自城破以來，無復好懷。遂作一詩詩寫付彥宗曰：錦袍駿馬曉棚分。一點星馳百騎奔，奪得頭籌須正過。無令綽撥入邪門。（原註：綽撥邪門，皆打毬家語）。彥宗捧讀稱嘆，卽與太子又番語，似講解其義。太子點頭，令諷誦數偏。乃起謝，徽廟亦謝其恭也。」㉛

金代定制擊球，是金世宗大定三年（卽南宋孝宗卽位第一年，隆興元年，一一六三）。世宗「復御常武殿，賜宴擊毬。自是，歲以爲常。」㉜〔遼史〕沒有提，〔金史〕則記載定制甚詳，因爲擊毬和拜天有關。「金因遼舊俗，以重五、中元、重九日行拜天之禮。……於常武殿築台爲拜天所。重五日質明……百官班俟於毬場樂亭南。皇帝……自毬場南門入，至拜天台。」拜天禮畢，「皇帝回輦至幄次，更衣。行射柳、擊毬之戲。亦遼俗也，金因尚之」。射柳是「插柳毬場爲兩行……削其皮而白之」。射柳畢，「已而擊毬。各乘所常習馬，持鞠杖。杖長數尺，其端如偃月。分其衆爲兩隊，共爭擊一毬。先於毬場南立雙桓，置板，下開一孔爲門，而加網爲囊。

㉚ 宇文懋昭，〔大金國志〕（〔史料續編〕，八六冊），卷二，頁一四。
㉛ 曹勛，〔北狩見聞錄〕（〔史料續編〕，八六冊），頁九——一〇。
㉜ 〔金史〕（標點本），世宗上，卷六，頁一三一。常武殿，見孫承澤，〔天府廣記〕，同註㉖。

能奪得鞠（即球）擊入網囊者爲勝。或曰，兩端對立兩門，互相排擊，各以出門爲勝。毬狀小如拳，以輕韌木。枵其中而朱之。皆所以習蹻捷也，既畢賜宴，歲以爲常。」㉝

金世宗時擊毬好像很流行，如獨吉義是大臣，「善女眞、契丹字，」但又任「河南路統軍都監，……日與官屬擊毬游宴」㉞。世宗本人，常以自娛。有時，大臣去世。「上方擊毬，聞訃遂罷」㉟。其時，已有人反對。大定八年（一一六八），「世宗擊毬於常武殿。」司天官馬貴中「上疏諫曰：陛下爲天下主，守宗廟社稷之重，圍獵擊毬皆危事也。前日皇太子墮馬，可以爲戒。臣願一切罷之。上曰：祖宗以武定天下，豈以承平遽忘之邪？皇統年間，（金熙宗年號，一一四一——一一四九），嘗罷此事。當時之人皆以爲非，朕所親見。故示天下以習武耳。」㊱世宗而且叫兒孫練習馬球，並不因曾墮馬而改變，也不因喪禮而暫停。「章宗爲原王。（世宗）詔習騎鞠。（完顏）守道諫曰：哀制中未可。帝（即世宗）曰：此習武備耳。（原王）自爲之則不可。從朕之命，庸何傷乎？然亦不可數也。」㊲換言之，不必常打馬球。

㉝〔金史〕，禮志八，卷三五，頁八二六——八二七。又參，卷八七，頁一九四四。〔古今圖書集成〕八二〇卷，頁一〇七〇，Giles 英文著作，見註㉓。又陶晋生 Tao Jing-shen, *The Jurchen in twelfth-century China: a Study in Sinioization* (1976), p. 76.

㉞〔金史〕，卷八六，頁一九一七。

㉟〔金史〕，卷八七，頁一九四四。

㊱〔金史〕，卷一三一，頁二八一三——二八一四。又卷六，頁一四一——一四二，較略，但指出馬貴中諫疏說：「陛下：又春秋高。」而畢沅，〔續資治通鑑〕，卷一四〇，頁三七四三，及〔古今圖書集成〕，卷八〇二，頁一〇七〇，皆漏此句。

㊲〔金史〕，卷八八，頁一九五八。

金代末年，情勢不同。宣宗明惠皇后，不願意繼位的哀宗打球。她「傳旨」告誡外戚撒合輦說：「汝諂事上。上之騎鞠皆汝所教。」㊳可是貴族式的風氣，並不容易改。蒙古用西夏人計，從西面進兵，攻金人汴都。「金元帥完顏延壽，以衆保少室山太平寨。元夕，擊毬爲嬉。」被蒙古輕襲而破㊴。

說完遼金，順便提一下朝鮮，因爲朝鮮同樣的接受唐文化。也同樣的在重五，卽端午節，擊球。現存的書，有〔武藝圖譜通志〕，一七九九年官撰。據賀光中君在漢城見到這書說：「擊球，圖式二，說六，譜圖八，毬場圖一。」他又說：「文字較（宋）史（禮）志爲詳明。卽圖譜亦一覽曉然。」還有一點更有興趣。據他統計，「高麗史中（在蒙古時代前），自太祖元年甲午習儀於球庭……前後所紀，不下五十一處……（自蒙古起），李朝前期實錄，尚有可稽。自孝宗以下，不復記載，則（球戲）亦式微矣。」㊵這和中國在南宋以來，很相似。蒙古時代，馬球反倒消失。是否因爲蒙古人善騎，反倒不喜歡在城裡面開闢而畢竟有局限的球場？是否因爲蒙古人不喜歡把馬球和拜天連在一起的許多儀式？尚待高明指教。

〔金史〕的編者，雖然宋遼金三史同時編輯，好像有些偏差觀念，彷彿覺得宋代沒有馬球。其實不然。一般人以爲宋代文弱，當然沒有武戲。實際上是從北宋到南宋中葉，漸趨文弱。這一

㊳〔金史〕，卷一一一，頁二四四九。但不見於后妃傳，參卷六四，頁一五三二——一五三四。〔古今圖書集成〕，卷八〇二，頁一〇七〇。

㊴畢沅，〔續資治通鑑〕，卷一六六，頁四五一二——四五一三。

㊵賀光中，「漢城讀書記」，〔華岡學報〕（一九六七年），四期，頁三三二——三三五。

個有決定性的文化變遷值得研究。

宋太祖喜實際，不重馬球。郭從儀「善飛白書」，又「善擊毬。嘗侍太祖於便殿，命擊之」。不是球場，所以「易衣跨驢，馳驟殿庭。周旋擊拂，曲盡其妙。既罷，上賜坐謂之曰：卿技固精矣，然非將相所爲。從義大慙」㊶。

宋太宗較重禮節。〔宋史〕「禮志」二十四說：「打毬本軍中戲。太宗令有司詳定其儀。三月，會鞠大明殿。」這和遼金不同，與拜天無關，而很近似歐洲習慣，君主親自出場，主持體育演習。「有司除地，豎木東西爲毬門，高丈餘。……左右分棚主之，以承旨二人守門，衞士二人持小紅旗唱籌（按：卽記分）。御龍官錦繡衣持哥舒棒，周衞毬場。……敎坊設龜茲部鼓樂（按：哥舒，龜茲都是西域，仍舊保持西域起源）……親王近臣節度觀察防禦團練使，刺史，駙馬都尉，諸司使副使，供奉官，殿直悉預。……天廐院供馴習馬，並鞍勒。帝乘馬出……宣召以次上馬，馬皆結尾。……內侍發金盒，出朱漆毬，擲殿前……帝擊毬……帝回馬，從臣奉觴上壽，貢物以賀。賜酒，卽列拜。飲畢上馬。帝再擊之，始命諸王大臣馳馬爭擊。……每朋得籌，卽插一旗架上以識之。……得籌則唱好。得籌者下馬稱謝。凡三籌畢（按：結束一局），乃御殿召從臣飮。」規定雖然如此，而史籍中並不屢次記載，可見不常舉行。事實上，北宋已經感到缺馬。馬球當然不流行，而變演爲其他形式。上引這段「禮志」最後幾句說得好：「又有步擊者，乘驢騾擊者，時令供

㊶〔宋史〕（標點本），卷二五二，頁八八五一。〔古今圖書集成〕，卷八〇二，頁一〇六九。童貫騎驢，見王明清，〔揮麈錄〕（標點本），二三一條。

奉者朋戲以爲樂云。」㊷這段記載很詳細，但未提毬仗。據〔事物紀原〕說：「毬杖非古，蓋唐世尙之，以資玩樂。」㊸這句話暗透兩點：宋代只是沿習前朝，而且一般與遼金不同，認爲馬球和練習武備，並無關係。不獨馬球本身變成儀式，馬球的服飾也變成點綴。例如「太宗命創方團毬帶，賜二府（卽中書和樞密）文臣」㊹。

北宋中葉，大臣中重視軍事的，還有打馬毬的。例如文彥博在四川益州，「嘗擊毬鈴轄（武將職名）廨，聞外喧甚」，發現是兵士犯法，不服杖責。文彥博「復呼入斬之。竟毬乃歸」㊺。絕大多數的士大夫不以球戲爲然。例如流傳的「唐明皇打毬圖，」就有詩譏諷：「三郎沉醉打毬回……明日應無諫疏來。」㊻但主要的反對理由是因爲士大夫子弟也沿襲了唐代貴族子弟的游蕩惡習，不去修身上進。例如李邦直說：「子弟……不率，而恣於毬鞠博簺，彈弋狗馬。」㊼對皇帝也這樣說。例如王十朋劄子：「旨酒之嗜，聲色之邇，毬馬馳騁之娛，有以累我修身之德

㊷〔宋史〕，卷一二一，頁二八四一——二八四二。〔古今圖書集成〕，同上註。至於龜茲樂，見〔宋史〕，「樂志」十七，卷一四二，頁三三六〇。

㊸高承，〔事物紀原〕（叢書集成本），旗旐樂章部，毬杖條，引〔宋朝會要〕。現存〔宋會要輯稿〕（一九三六），似無之。

㊹沈括，〔夢溪筆談〕（胡道靜校注，一九五六），三四條。在上冊，頁九二——九三。

㊺〔宋史〕，卷三一三，頁一〇二五七。〔古今圖書集成〕，卷八〇二，頁一〇六九。

㊻〔古今圖書集成〕，卷八〇二，頁一〇六七。「唐明皇擊毬圖」舊藏故宮博物院，見〔石渠寶笈〕，二篇。元代有王淵「仿李公麟唐明皇擊鞠圖」，見明代王砢玉，〔珊瑚網畫錄〕。

㊼〔宋文選〕（四庫珍本），卷二二，頁二。

乎？」㊽

當時馬球雖然不再風行，但從馬球演變出來或類似的球戲，反倒較盛。順便提一下與這些球戲有關的三件軼事。一、范仲淹教導滕元發，如其子。而滕「愛擊角毬。（范）文正每戒之不聽。一日，文正……怒，命取毬。令小吏直面以鐵槌碎之。球爲鐵所擊起，中小吏之額，小吏護痛間。滕在傍拱手微言曰，快哉！」㊾第二件軼事，有關王安石所領導的新政，據說皇族諸人對他不滿。「熙寧間，神宗與二王（神宗之弟）禁中打毬（按：不是馬球）。上問二王，欲賭何物？徐王曰，臣不別賭物。若贏時，只告罷了新法。」㊿

第三件是盡人皆知的，就是「水滸傳」裡的高俅，不是騎擊，而是精踢毬。據筆記說：「高俅者，本（蘇）東坡先生小史，筆札頗工。東坡……留以予曾文肅（曾布）……辭之。東坡以屬王晉卿。」王爲樞密都承旨，送篦刀給端王（卽後來的徽宗，上文提及他被俘，金人叫他做馬毬詩），遣高俅往。以下就是「水滸」借用的故事。「值王在園中蹴鞠。俅候報之際，睥睨不已。王呼來前，詢曰：汝亦解此技耶？俅曰：能之。漫令對蹴，遂愜王之意，大喜。」卽留用。後任最高軍職，「極其富貴」。徽宗避金人南逃。中途高俅以病辭。第二年，徽宗左右，「如童貫，梁師成輩皆坐誅，而俅獨死於牖下。」(51)

㊽ 王十朋，「梅溪王先生文集」（四部叢刊縮本），卷四，頁四四。

㊾ 「古今圖書集成」，卷八〇二，頁一〇六九；引范公稱，「過庭錄」。

㊿ 「古今圖書集成」，同上；引「紫微雜記」。

(51) 「古今圖書集成」，同上；引王明清，「揮麈錄」，二四六條，甚詳。賜高俅「風雲慶會」，見二一七條。參周世崇一文，見註⑮。

政治發展，有人事和偶然因素，往往多曲折，不是直線型或有簡單規律的。北宋亡國，南宋以東南沿海，江浙一帶，也就是太湖區域爲重心，都於杭州。宋高宗奠定基礎，自動退位。繼任是他的遠族養子孝宗。孝宗從來沒到過長江以北，但他偏偏喜歡騎馬射擊毬。「孝宗卽位……虜講和未定，內廷設射馳毬。……而曾覿、龍大淵挾聲勢，陰進退士大夫。」隆興二年（一一六四），著作郎劉夙輪對，直言：「殆左右近習盜陛下權爾。且長淮無一兵之戍，而陛下乃親技擊騁銜轡，豈緩急欲爲自將地乎?」豈不見近臣「墮馬失臂……摧折瀕死」㊾。有人爲皇帝巧辯，說：「親鞍馬以勵軍旅。」其實，徒然「勞於馳驅」㊿。而最可批評的是「引北人孫照，出入清禁，爲擊毬胡舞之戲。」雖然這樣批評，孝宗還是不肯「屏鞠戲」[54]。

不過書生之見，也不免偏差。當時對於金國使臣的外交禮節和娛樂，還有馬球一項，由軍人表演。「使人到闕筵宴，凡用樂人三百人，百戲軍七十人，築（撞）毬軍三十二人（按：每隊十六人，見上文），起立毬門行人三十二人，旗鼓四十人。並下臨安府差。」[55]還有更要緊的一點，宋孝宗除了自己娛樂和練武之外，又恢復馬球的典禮。到了南宋，已經不能使大臣參加球戲，但還要他們參觀。例如淳熙四年（一一七七），「閱球於選德殿」[56]。這次閱禮，恰巧有名

[52] 葉適，〔葉適集〕（標點本，一九六一），頁三〇一——三〇三。
[53] 薛季宣，〔浪語集〕（四庫珍本），卷一六，頁二——三。
[54] 畢沅，〔續資治通鑑〕，卷一三八，頁三六六三。又卷一三九，頁三七一九。又〔宋史〕，卷三八三，頁一一七八六。
[55] 〔宋史〕，「禮」二十二，卷一一九，頁二八一二。「築」字承哈佛楊聯陞先生指教，卽是撞字。周密，〔武林舊事〕（武林掌故叢編本），卷四，頁二四，不但和〔宋史〕「禮志」相符，而且有當時三十二人中爲首幾個人的姓名。
[56] 〔宋史〕，卷三四，頁六六四。畢沅，〔續資治通鑑〕，卷一四五，頁三八三九。又楊萬里，〔誠齋集〕（四部叢刊縮本），卷一二三，頁一一〇四。

臣周必大作較詳的記載，和〔宋史〕禮志的規定，略有出入，因爲多了一位皇太子。「有旨，令閤門依仿太宗太平興國二年（九七七）故事，宣宰執侍從正任，內宴，觀擊球。午時，入東華門，過選德殿，其後卽球場也。……至則分左右朋立班。樂作，上乘馬來。兩拜。上御芙蓉閣，羣臣起居。上乘馬擊球（按：等於現代的開球式）。下馬，再坐。皇太子以下奉觴稱賀。……上臨軒，羣臣分侍。皇太子乘馬擊球。次，左右朋擊。屢傳旨，實擊。擊既畢，上乘馬歸，羣臣少憩幕次。移刻，宴選德殿。」㊼典禮雖然舉行，臣下並不熱心。所以要屢傳旨意，要他們使勁打球。這和唐代風氣，大不相同。

馬球雖經孝宗愛好而提倡，頹勢已不可挽。又經過士大夫的屢屢勸誡，就從孝宗父子的時代起，不再在君主宮廷出現。這一個有決定性的轉捩點，它的經過是這樣的。孝宗不止是打毬，還射箭。乾道五年（一一六九），「帝御弧矢，以弦激，致目眚。」輔政的陳俊卿乘機上密疏勸誡。他說他知道孝宗「志圖恢復……以閱武備，激士氣耳。(但)陛下誠能任智謀之士，以爲腹心……尚何待區區馳射於百步之間哉?」同時，又提起馬球危險，甚於射箭。「況毬鞠之戲，本無益於用武。而激射（其球）之虞，銜橛（墮馬）之變，又有甚於弓矢者。間者陛下頗亦好之。臣屢獻言，未蒙省錄。」其實，另有諫官單時，也早說過「飲酒，擊毬二事。」孝宗的答覆是「擊球，朕放下多時。飲酒，朕自當戒」㊽。換言之，他只同意不常打馬球，不一定完全戒。

㊼ 周必大，〔文忠集〕（四庫珍本），卷五一，頁八——九，「丁酉歲恭和內宴御詩草跋」。

㊽ 畢沅，〔續資治通鑑〕，卷一四一，頁三七五九——三七六〇。

孝宗打馬球，確也發生過小故事。據筆記史料說他「銳志復古……時召諸將擊毬殿中。雖風雨亦張油弈，佈沙除地。羣臣……交章進諫，弗聽。一日，上親按鞠，折旋稍久。馬不勝勩，逸入廡間。簷甚低，觸于楣。夾陛驚嘑失色，亟奔湊。馬已馳而過。上手擁楣垂立，扶而下神采不動……皆稱萬歲。」⑲

又過了幾年，周必大終於勸動了孝宗。「上日御毬場，必大曰：固知陛下不忘閱武，然太祖二百年天下屬在聖躬，願自愛。上改容曰：卿言甚忠，得非虞銜橛之變乎？正以讎恥未雪，不欲自逸爾。」此後，常叫太子去打。孝宗選立這太子（卽光宗），是因爲他英武類己。但是周必大覺得太子也不應該冒險打馬球。於是又找了天文星象的機會再度進言。「金星近前星。武士擊毬，太子亦與，臣甚危之。上俾（周必大）語太子。必大曰：太子人子也。陛下命以驅馳，臣安敢勸以違命？陛下命之可也。」⑳在長期頻頻的勸告之後，士大夫終久勝利。正史說部，都不再提君主、太子、和大臣們舉行馬球的儀式或常打馬球的情形。

時間的巧合很有意思。一一六八年北方的士大夫勸金世宗放棄馬球。而在七十年代南方的儒臣也在差不多同時勸動宋孝宗。自此以後，在中國本部，很少聽見馬球。西域的文化傳統，曾經中原文化吸收的，慢慢稀薄。雖然杭州有些「與馬打球」的耍弄，「蹴鞠打球社」的活動，但已

---

⑲〔古今圖書集成〕，卷八〇二，頁一〇六九，引〔桯史〕。又岳珂，〔桯史〕〔歷代小說筆記選〕，頁五六四。關於油紙或油布，參 Giles（一九〇六）英文作品，見註㉓。

⑳〔宋史〕，卷三九一，頁一一九六八。

無關緊要[61]。長江下游東南部太湖區的文化，不免文弱。可是後者竟成爲中國文化的主流。

筆者孤陋，沒見元代關於馬球的史料。明代也很少，大致分兩類，一是軍中之戲。明太祖也像宋太宗、宋孝宗那樣，舉行表演。王紱有詩：「端午賜觀騎射擊球侍讌」。端午舉行，沿襲遼金舊俗。賜觀……侍讌等等，和南宋一樣。這詩說：「詔令禁苑開球場……金鞍寶勒紅纓新……忽聞有詔命分棚……球先到手人誇能……彩色球門不盈尺，巧中由來如破的……此技乃知聊爾嬉，聞心舉此重閱武。」[62]第二類是君主荒嬉。例如明武宗，卽正德皇帝。有諫疏批評他：「近歲以來，太監……劉瑾……〔等〕淫蕩上心，或擊毬走馬。」[63]不過明清兩代馬球的情況，雖然衰微，還有待研究。本校普林斯敦大學美術館藏有明末清初朱耷（八大山人）的花卉冊。其中一頁，題詩的起句是：「人打球來馬打球，年年二月百花洲。」這詩如何解釋，深望識者見教！

原載〔東方文化〕二〇卷一期（一九八二）

---

[61] 耐得翁，〔都城紀勝〕；又，吳自牧，〔夢粱錄〕；見孟元老等，〔東京夢華錄〕（外四種）（標點本，一九五六），頁九七——九八及二九九。

[62] 王紱，〔王舍人詩集〕，卷二，頁二三——二五。

[63] 高陽，〔明朝的皇帝〕，頁一一一。

補註：近日又見江少虞，〔宋朝事實類苑〕（一九八一，標點本），頁六八四云：「……今有步打、徒打、不徒則馬打，大有規制禮格，用意奇巧，取其精練者爲上。今聖精敏此藝，置供御打毬供俸……國朝士人柳三復最能之，丁晉公亦好焉……。」

比〔三字經〕更早的南宋啓蒙書

十幾年前，〔三字經〕這本書常被提到。當時我的好奇心觸及兩個問題：㈠〔三字經〕究竟是誰編的？㈡大概編在什麼時候？

爲這兩個問題曾走了美、英、荷蘭好些地方的圖書館，意外地發現有各科各行的〔三字經〕，甚至有革命性的三字句讀物。又發現有用吳語、閩南(厦門)語等方言來拼音的〔三字經〕本子，都是在太平天國前後出版的。足見〔三字經〕流傳之廣。

關於這本書的作者，可以肯定，不是宋末元初的王應麟，淸代學者就已經懷疑。上海張志公先生有專書討論啓蒙書的文體，他也提到編者可能不是王應麟。並且舉出明代屈大均的〔廣東新語〕，說〔三字經〕是宋末元初區適子編的。這說法頗有可能。區適子的生卒、事蹟可惜無可考。不過將這書附會是王應麟編的，也不難想像其中緣故。王是宋末很有名的大臣，曾閉門著述。例如他編的〈玉海〉，是空前巨大的辭典。又有一册小書，叫〈小學紺珠〉。這部書並非啓蒙書，可是却因王應麟編過這部書，後來提倡以及推銷〈三字經〉的便很可能以此爲藉口，硬說〈三字經〉也是他編的。明代印書翻書，張冠李戴的情形是司空見慣的。〈三字經〉編者的問題，暫且按下，有機會另行詳論。現在集中討論這書的時代。編者不論是王應麟，還是區適子，都是宋末元初的人。把他們說成編者，便意味著遺民爲了保持他們所心愛的文化，凝煉成一些三個字的口訣，力求其普及，在民間種下深根。

〈三字經〉這樣的書，是不會突然出現的。南宋時代的若干思想家、理學家、文人逐漸開始注意普及教育，可能已經有人編寫過一些通俗讀物，成爲〈三字經〉的前驅。

我的這個想法十餘年來沒有找到證據，最近無意中發現了！這便是載於陳淳〈北溪大全書〉卷一六頁六至八的〈訓蒙初誦〉。陳淳，見〈宋史〉卷四三〇、〈宋史新編〉卷一六二，又見〈宋元學案〉卷六八「北溪學案」。這書有影印的四庫全書珍本，尚非隨處都有，因此在這裏略爲摘錄一些。

〈訓蒙初誦〉云：「予得子，今三歲。近略學語，將以敎之，而集其書。因書〈易〉、〈書〉、〈詩〉、〈禮〉、〈語〉、〈孟〉、〈孝經〉中明白切要四字句，協之以韵，名曰〈訓童雅言〉。凡七十八章，一千二百四十八字。」

張志公先生的書說，七言五言四言都不如三個字一句的易於幼童唱讀習誦，這理論頗符事實。

陳淳說：「又以其初，未能長語也。則以三字先之。名曰〔啓蒙初誦〕。凡一十九章，二百二十八字。蓋聖學始終，大略見於此矣。」

比較〔三字經〕和這〔啓蒙初誦〕，有少數句子完全相同，例如「性相近，君臣義，父子親，長幼序。」有的有一個字不同，〔啓蒙初誦〕說「夫婦別」，而〔三字經〕說「夫婦從」。有的文句不同，而意思一樣。〔啓蒙初誦〕一開頭說了三句：「天地性，人爲貴，無不善。」而〔三字經〕另用兩句：「人之初，性本善。」更爲凝煉有力。可以推想到，自南宋至元初，陸續有人留心普及讀物，推敲字句，進行改編。

但這兩種書的內容，還有基本上的大差異。〔啓蒙初誦〕充分表現宋代士大夫階層模仿先秦到唐代的貴族價值觀，幾乎一半都在說士大夫的起居、容貌和言行。它從天地、人性、社會秩序說起，直說到：「居處恭，執事敬。……足容重，手容恭，目容端，色容莊，口容止，頭容直，氣容肅，立容德。」甚至告誡：「坐毋箕，立毋跛。」〔三字經〕却不同，它不限於士大夫，也能適用於平民家庭的讀書兒童。而又灌輸傳統社會中平常慣用的常識。諸如方向、四季、三才、三光、三綱、五常、六穀、六畜、七情、九族，以及〔四書〕、〔六經〕，從太古講到十七史，最後用動物的例證，勸兒童勉學。

不論是代表了士大夫仿貴族的立場，還是士大夫擴展到平民的立場，這兩種書都是替統治階層鞏固文化。既不提到多數人民所受到的壓迫、剝削和痛苦，更談不到社會正義、合理分配。但以舊社會的標準來說，〔啓蒙初誦〕是早出的嘗試，而〔三字經〕是成熟的結晶，內容豐富得多。也正因如此，〔啓蒙初誦〕早就沒沒無聞，埋在古籍堆裏，最近才又發現。課忙無暇細研，質諸各地高明，以爲如何？

原載〔文史〕二一輯（一九八四）

劉宰和賑饑

一　引言——本文的各層目的

本文有多方面多層的目的。先說較小的目的，其次各項，愈後愈重要。最後一項最重要。

㈠由小見大的研究方法。史料種類並不一定需要很多。如果發現了有興趣或有意義的問題，不妨先確定少數幾種主要的史料。經過細讀、分析、推論，也可以得到超出意想之外的成果。本文只是一篇例證。

㈡補正史學上的漏誤。〔京口耆舊傳〕一書，常被引用。一般沿用〔四庫提要〕，誤以爲作者佚名，其實是劉宰。爲了修鎭江的方志，編輯傳記，因而另成專書。除了這點，劉宰的生平，還有更重要的歷史意義。以往史籍的傳記和評論，對他的估價，低得太多。也可以說他是一個「無名英雄」。

㈢補充有關南宋地方政府的實況。劉宰早年，曾任江浙各地小官，有實際閱歷。中年四十四歲辭官，以後卽以鄉紳地位、私人財力創辦各種善擧。這類的書，也就反證地方政府失責，不做應該做的事。不但如此，而且竟沒有人因此而指摘政府失責！

㈣提出南宋式鄉紳的新類型。現代各方學者，已經從淸代鄉紳上溯，研究到明代鄉紳。宋代鄉紳，一般不太注意。從劉宰以及他友人的例證，可以看出南宋鄉紳，旣不是唐、五代、北宋殘餘的舊族，也不是北宋新興高官的名門。而與明淸兩代，更不相同。宮崎市定先生曾討論明末的鄉紳。見〔東洋史硏究〕，卷三三，期三（一九七四年），頁三二三——三六九。而南宋少數突出的鄉紳（並非多數鄉紳）自有其獨特的類型。

㈤私人救濟事業的規模。劉宰曾三次賑饑。嘉定七年，卽一二一四年，他第二次私人創立粥局，饑民很多，幸得友人響應捐助，才能繼續。翌年，農曆四月初，正當靑黃不接的難關，來粥局就食的，多達一萬五千多人！這樣巨大的規模，以私辦救濟而論，不但在中國，在世界歷史上，是極少見的！

㈥儒家對於社區和社團組織的態度。這是儒家一個基本的失敗，需要解釋，再加批判，何以關心社區福利以及救濟，像劉宰和他友人這類型的很少？何以多數士大夫讀聖賢書而不注意鄉里？從另一方面分析，像劉宰這樣的類型，時有善擧，但是何以不發展民間的社團組織？換言之，中國傳統社會，在國家之下，家庭宗族以外，社團組織何以不强？純以制度史的觀點，或純以思想史的分析，都不能取得滿意的解答。唯有把兩方面合在一起看，才能把握要點，看到階級性。

本文的目的大致如上。附帶說明行文的體裁。爲了傳播若干珍貴或不常見的史料，例如粥局的記載，不得不長段引用。其他史料，盡量採取簡短的引證，盡量插入語體文的敍述或分析。拙著，〔歐陽修的治學與從政〕一書，就是用這寫法。又因爲史料種類不多，文中就便提及出處。次要的參考，則另有附注。

二　列傳的類型與新提出的鄉紳類型

〔史記〕建立了所謂正史的體系。改修的仿編是同樣的。列傳部分，分卷排列，其意即在分人物爲若干類型。實際上，這方法近似現代的社會科學①。大的類型，有確定的名稱。其他若干類型，雖然沒有名稱，但從卷內人物的地位與事蹟看，也一望而知。但是還有許多官吏的列傳，彷彿大同小異，似乎沒有明顯的類型。其實，雖然只是小異，還是有區分的。因爲不够明顯，所以在卷末，加上「論」，指出這一小類型，有何共同的特徵。

傳統史家，常有意見，批評正史列傳，分類不妥當。在另編新史時，序文和凡例，常說明何

① 拙作 "Some Classifications of Bureaucrats in Chinese Historiography," *Confucianism in Action* (1959), pp. 165-181.

以改動列傳的次序。卷末的論，評價也不同。但仍然是傳統式的看法。現代學者，很難贊同。因爲傳統的分類法，限於成見，甚至偏見。總之，過於主觀。並且，傳統的類型陷於公式化，損害了史料價值②。本文還加一點批評，卷末的論，過重辭藻，等於所謂「以文害義」。因此不夠理想的標準，也沒有充分說明某小類型的共同特徵，但是本文不贊成浮淺的批評。只看見舊分類的缺點，而忽視了史家的用意所在。今後的研究應當先了解史料，才能加以批評。而且應當提出有力的新觀點，另外增加新的類型。

以劉宰爲例，他的本傳，見於〈宋史〉四〇一卷，〈宋史新編〉卷一五四（又見於〈南宋書〉卷四六，茲不論。而〈宋史翼〉等書，沒有他的傳。）這兩種傳記的內容，大致相同。且看卷末的論，如何解釋小類型？

宋史的論，認爲這卷的人物，「出處不齊，同歸於是而已。」最後論及劉宰，「飄然遠引，屢徵不起。」〈宋史〉這卷的大病，在首列辛棄疾。他和同卷餘人，不太近似。〈宋史新編〉去了辛棄疾，另加他人，編爲一卷。卷末的論，仍舊從出處的觀點立說，但比〈宋史〉明晰，分爲兩點。一方面是寧處而不再出仕的。「崔與之……劉宰……（理宗）端平初，並膺天子優寵，一歲數遷。……終不能羅而致之。」同卷，除崔、劉兩人外，有六個人，其中有劉的好友王遂。他們是出仕的，但不苟同權勢。「在諫垣則多彈擊，在講幄則多獻替。」因此，〈宋史新編〉的論，依然同意〈宋史〉的論。它的結句說：「或出或處，歸於是而已矣。」

② 參見 Denis Twitchett, "Problems of Chinese Biography," *Confucian Personalities* (1962), pp. 24-39.

現在我們了解了這兩種史書的分類法，然後加以批評。

第一，以分類法而論。傳統觀點，不但陷於出仕或不出仕的老套，並且忽略了本傳已有的內容。關鍵不在劉宰的不「出」仕，而在他如何自「處」。〈宋史〉本傳明明有史實：「施惠鄉邦，……三爲粥以與饑者，自冬徂夏，日食凡萬餘人。」〈宋史新編〉同，只少一「凡」字。正史和仿編的史書，過於偏重官僚的言行③，太忽略社會的活動。劉宰不再出仕，遠不如他善舉和賑饑的重要。他的文集（卽見下文），最初在淳祐二年（一二四二），就有好友王遂的序，指出他「屢召不起，則毅然……恤窮饑，撫存沒爲心」。後來又有明代王臯的序，明確指出劉的「文章道德」雖然高卓，「而所以加惠於鄉邦者，尤盛」。本文也以爲重點在此。列傳所代表的看法，拘於舊式，看不見新類型。而劉宰的確可以代表南宋一個新的類型：卽鄉紳以私人的地位，致力於社區的福利，尤其是救濟事業。

第二，以史料而論。〈宋史〉和〈宋史新編〉的分類，沒有看到關鍵。除了限於儒家官僚式的觀點以外，也是因爲未能多用史料。元人修〈宋史〉，很草率，這是周知的。明代柯維騏編〈宋史新編〉，恐或未用，或未見劉宰的〈漫塘文集〉。現存本在〈嘉業堂叢書〉，册一六二——一七一。是明版重刊，凡三十六卷。據其好友王遂的序：「略計平生之文，十未四五。其子……彙次之，名曰前集。而留後集，以待方來。」又據明代各序跋，只有前書。其〈語錄〉十卷，不

③ Etienne Balazs, *Chinese Civilization and Bureaucracy* (1964), pp. 129-149, "History as a Guide to Bureaucratic Practice."

傳。而最可惜的，劉宰身後有行狀，即王遂所撰。〔文集〕未載。明代人也未追索。〔文集〕後附錄，照抄〔宋史〕本傳。附了約有二百字的考異，自認只是「略爲辨證」，一無要點。另附「癸辛雜識」一則，敕命一道，祭文三通等，其傳記價值很小。

其實，〔京口耆舊傳〕最後一篇，就是劉的傳記，並且提及王遂「狀其行」。不知何以明清兩代都沒有參用。編〔宋史翼〕的陸心源，是清末專治宋史的大方家，也沒有注意。下節詳論此書，並據以補正簡譜。

用充分的史料，更可以確定劉宰可以被分類爲一個新的類型。

三　簡譜——補正〔京口耆舊傳〕

〔京口耆舊傳〕既然有劉宰傳，這書如何可能是他自己編著的？〔四庫提要〕的作者，可能因此不去再細看，就誤以爲這書的編著者佚名。豈知其中曲折，很有興趣。這書確是劉宰編著，而書末劉宰傳等，是他兒子增補的。

〔粵雅堂叢書〕現行本，附有余嘉錫〔四庫提要辨證〕。根據鎮江人陳慶年，〔橫山鄉人類稿〕的考證，大略如下：劉宰，〔漫塘文集〕卷八，頁三～四，有「同知鎮江史侍郎彌堅」。信中說，史約請他修方志，搜訪「前輩行治」。劉「期年就緒，名曰〔京口耆舊傳〕。」又用歷代鎮江各志考定。（見〔嘉定志〕卷一五。〔咸淳志〕，序文。元，〔至順志〕，卷一七。劉宰號漫塘，（咸淳志）誤作漫堂。）史於嘉定六年（一二一三）到任。翌年以教授盧憲修方志，並約劉助修。次年，劉完成傳記。（嘉定志）卽用爲資料。

（四庫提要辨證）進一步解釋。書內劉宰的父親不稱名，只稱居士。「劉宰傳」，稱宰爲公。可見這都是劉氏子孫增補。又「王遂傳」也稱遂爲公。王遂女兒，嫁劉宰子汝進。增補傳記的，可能就是劉汝進。經此考證，疑問全已解決。

劉宰傳記，自然是這篇較詳，見原書，卷九，頁九——一四。本文用爲主幹，分段節引，排成簡譜。引用時，簡稱爲傳。又加按語，簡稱爲按。按語引用劉的（漫塘文集），以及下文，都簡稱爲（集）。又參用其他史料，提出補充、修正，或疑問。但是按語力求簡短，只擧要點，以說明略歷。下文分題各節，再詳加討論。

傳：「宰字平國。其先滄州景城人。初徙丹陽，其後徙金壇。」按：兩縣都屬鎭江府。徙居的原因，傳未詳。祖先的身分，傳有記載，但細節尚須補充。他父親的實際生活、兄弟的景況和變遷，以及他本人的婚姻，傳諱言，更需要補充。以上各點，另詳第四節家世。簡譜以下，概倣此例，不再說明。

傳，末段云：「年七十四……終。」夾注又云：「考集中……則寶慶元年（一二二五），宰年六十。……當卒於（理宗）嘉熙二年（一二三八）。」按：據此，劉生於（孝宗）乾道元年（一一六五）。又考（集）中各事年代，皆合。

傳：「兩貢於鄉，俱第一。」按：（集），卷三三，頁一一云：「某年十六，入鄉校。」

傳：「其就南宮也，親舊饋遺，郡邑資送。誓不以一孔（卽錢孔）自汚。登（光宗）紹熙（元年）庚戌（一一九〇）第。」按：劉的確比較淸貧。除鄉校所得外，有時在人家中敎家館，維持生活。得進士，年二十六歲，才結婚。宋代新進士，每有家世較好的，希望聯姻。〔集〕云：「婚于嘉興陶氏。」又因而結識依陶家敎家館的林復之，接觸理學。〔集〕中有許多處，可見劉日後尊崇朱子學，但並無門戶。〔宋元學案補遺〕，將劉編入岳麓諸儒。〔至順志〕云，劉從黃榦游。兩異，而都沒有充分證明，另詳下文。

傳：「調建康之江寧尉。始至，置三帙，……卽手自句校，吏不能欺。……巫風盛行。公下令保伍，互相糾察。往往改業爲農。甲寅之旱，帥守命救荒，多所全活。」按：建康卽現代南京，離劉家鄉很近。〔集〕自云，登第新婚，其「時年少氣銳」。排斥流行信仰，重視農業，是儒家要旨。甲寅，卽紹熙五年（一一九四），劉初次有官辦的賑饑經驗，日後私人在鄉里辦理。又按：從〔集〕中推定，一一九三年在江寧任上，陶氏去世。四年後在眞州，才再娶。

傳：「初，公與同志者，嘆世道之薄，相約終任不求擧。獨公與……朱晞顏，始終不渝。（守帥張杓）旣擧公，（朱）因語之曰：……幸一往焉。公謝，……竟不往。」按：傳記這類記載，每據家人所述，而載於行狀，不免誇張。但此事大體屬實。參見〔集〕，卷二九，頁一一～一三，朱的墓志銘。又卷二，頁一〇。有懷友詩。序句說，江寧下任後，「離羣索居」。

傳：「調眞州法曹……。郡倉庫，皆……所領。公出納明允，雖太守不得專。守有貪墨者，屢延公以後堂之飮，若將有所欲言。酒二三行，公輒辭去。守將代去，又爲具甚盛，且以家奴（

卽女奴）執事。甫一酌，薦書出袖間。公力辭，色厲言溫。守竟不能私。」按：這段話，與前段所引的作風相同。不能接受薦擧，更不肯與貪官通融。但無旁證。又按〈集〉，調眞州，是一一九六年。次年，繼娶處州麗水梁氏。又因爲順從他父親的願望，在家鄉開始買田。因爲積蓄不足，竟賣去家用器物，來置田產。

傳：「會曹司以朝旨下州，責……狀稱不係僞學，不讀周程氏書，方許充考試（官）。公曰……首可斷，此狀不可得也。遂獨不與差（官）。」按：寧宗時，慶元黨禁，詆道學或理學爲僞學。一一九七年開始廣泛的排斥。凡有薦擧，槪須具狀否認④。劉並非眞正的道學派，但不肯屈服於這種壓迫。這段名言，〈宋史〉和〈宋史新編〉都有。想必根據呈報政府的行狀。又按：劉雖受此排斥，但仍得漕司韓梃擧爲練達科，見〈集〉，卷一四，頁七。

傳：「時學禁嚴切，上下迎承。公知時不可仕，而爲養不可已。」按：劉日後是在父親去世，安排弟兄生計，自己另置田產之後，才能辭官。

傳文有簡漏處。夾注云，「此書於眞州之後，不書泰興令，及官浙東幕，當以墓志補其闕。」按：〈宋史〉和〈宋史新編〉都說，「授泰興令」。又〈集〉，卷一四，頁七—一一，皆泰興時函啓。可是這些史料，並沒有年代。本文推測，可能是一二〇二—一二〇三。爲時很短，所以傳「不書」。因爲黨禁，未能遷官。眞州法曹，可能兩任六年，卽一一九六—一二〇二。而一二〇

④〔續資治通鑑〕（標點本），卷一五四，頁四一五二，參見拙作 "How Did a Neo-Confucian School Become the State Orthodoxy?" *Philosohy East and West*, Vol. 23, No. 4 (1973), p. 500.

二時，韓侂冑已後悔，將黨禁放寬。因此，劉才可能升爲縣令。到泰興不久，即丁父憂。〔集〕，卷三二，頁二六，「皇考……壙銘」云：他父親死於嘉泰（三年）癸亥，即一二〇三。丁憂時，安排家計，上文已提及。

傳：「丁……憂服除。入京默觀時勢，不樂仕，領岳祠以歸。」按：此段文字，省略過多。入京時間，當在一二〇五—一二〇六年間，〔宋史〕云：「父喪免，至京。韓侂冑方謀用兵。宰啓鄧友龍，薛叔似，極言輕挑兵端，爲國深害。」〔宋史新編〕同。〔集〕，卷一六，頁二—四，有「上鄧侍郎友龍」啓，以爲民力不足，不應該對金作戰，向鄧力主不可輕動的，是劉的友人吳漢英，見〔集〕，卷二八，頁一〇。〔集〕中未見給薛叔似的啓。薛在〔宋史〕與〔新編〕皆有傳。韓侂冑攻金，用爲兵部尚書。以劉宰當時的低級官階而論，其言論自難望生效。而且劉也和贊成作戰的人往來。他賀辛棄疾知鎮江，辛又贈他「五十鎰之饋」。見〔集〕，卷一五，頁一一—三。

又按：「領岳祠以歸」，是後在一二〇八的事。傳文給了一個錯誤印象。夾注云：「開禧間，入浙東幕。」大約在一二〇六年左右上任。〔宋史〕和〔新編〕都說，是「浙東倉司幹官」。〔集〕，卷一四，頁一四，也說是任幹官，足見劉對於倉庫出納的事項，最有經驗。

再按：劉在浙東任上時，還有一串重要的變化。各種記載，都隻字不提。本文從〔集〕中各節，可以考定。一二〇七年，朝政大變。韓侂冑被暗殺，錢象祖任右丞相⑤。劉很接近錢。曾爲錢代寫奏劄，見〔集〕，卷一三，頁一五—一七。劉又向錢進言，主張不用漕試及太學補試，而

⑤ 〔續資治通鑑〕，卷一五八，頁四二八一—四二八二。

由鄉校，卽州縣學推擧。見〈集〉，卷一三，頁八—一一。但劉還有更重要的意見，希望錢多用正人，否則，「事多掣肘」。見〈集〉，卷一六，頁三—四。所謂掣肘，可能指史彌遠的權勢日大。總之，錢並不採用劉的意見。所以政局雖然大變，劉反倒更看透朝廷，很難改善。另一方面，劉因爲與錢有關係，不願意受「入京考圖」之嫌，自請「且畀岳祠」。見〈集〉，卷六，頁一五—一六。而〈集〉卷三二，頁一三。「梁氏墓志」中云：「余卽佐浙東幕，意有所未愜，將告歸。」這幾句話，可能是暗指對朝政的消極反應。而同時，他又得病，終於堅決辭官。

傳：「嘉定更化，以堂審召。命且再下，不至。時相亦屢諷執政從官，貽書挽公。公峻辭以絕。」按：所謂更化，是嘉定元年一二〇八。韓侂冑旣死，史彌遠等人，表面上，用「包容政治」的手腕，籠絡官僚羣，包括講道學、有名望的在內⑥。堂審是由大臣特擧，不拘常資。而劉不爲這手腕所動。前引「梁氏墓志」接著說：「及奉旨堂審，將以疾辭。」又据〈集〉，卷六，頁一五—一六。二月已奉祠歸。四月降堂審。次年一二〇九，又催赴堂審。而劉「以賤疾形於面，不可復出」，始終不應命。〈宋詩鈔〉，卷三，選有〈漫塘詩鈔〉。頁一云：劉「以浙東倉司幹官告歸，監南岳廟。」對於官職、官銜，說得最簡明。

傳：「黃公度制置江淮，屢言挽之入幕。公曰：君召不往，矧可爲帥府屈？」按：〈集〉，卷四，頁四，有「病鶴吟」，呈黃度。詩前序句說：「怨冒公擧……上玷師門」。所謂師門，是

⑥ 參見註④拙作，全文，卽頁四八三—五〇四，又另一拙作「論南宋的『包容政治』」，見 *Encyclopaedia Britannica* (15 th ed., 1974), Vol. 4, pp. 337-340.

指考官的關係，與學派無關。

傳接著敘述辛巳年（一二二一）的事。按：時間排列不合，應移於下文再敘。傳又云：「名塘曰漫，自號漫塘病叟。……有田數畝。」按：這點需修正。劉在父親死後，將所有田產，分給弟兄爲生。辭官後，「復買田百畝，於是仰以自給」。見〈集〉，卷八，頁二。另一方面，雖然「向叨祠命。……不敢支請俸給。」見〈集〉，卷五，頁七—八。

傳又描寫劉不願意與官往來。按：未免過實。除了隱居的生活方式之外，另有原因。劉得了嚴重的皮膚病，甚至形貌都變壞了，因此不肯多見人。但也仍在地方上有活動，詳見以下各年。（又分見第五、六、七，三節。）

傳又描寫劉在學術方面的活動。如「講學會課」，「與後生……唱和」等等。按：這也稍過實。當於第六節，討論其學術時再敘。

傳接著敘述劉在鄉里的善舉，是綜合言之，而基於事實。茲節錄如下：「置社倉……創義役……。三爲粥，以與餓者。自冬徂夏，日食凡萬餘人。……某橋病涉，某路險阻，……必捐資先倡，而程其事。公生理素薄，而見義必爲，有如此者。他如定折麥錢額，更縣斗斛如制之類，凡可以白於有司，利於鄉人者，亦無不爲也。」按：這段文字很扼要。劉宰這一類型的作風，躍然紙上。他雖然不是富翁，但是有鄉紳地位，和官員有往來。有時也爲鄉人主持公道。主要的是謀福利、辦救濟，而且首先自行捐助。

又按：他重要的舉動傳未細及。現在按照年代，簡略如下。辭官，翌年，即一二〇九，劉宰第一次開辦私人捐助的粥局，先救饑民遺棄的兒童。後來，地方官也撥糧捐助。見〔集〕，卷二〇，頁一三—一五。在一二一四年，上文已及，應太守史彌堅之約，修方志傳記資料。一二一五年，史又約劉參加官辦的賑濟局。劉不願入局，而把他自著的〔荒政篇〕，送去做參考。見〔集〕，卷八，頁四—五。

一二一九年，梁氏夫人去世。見〔集〕，卷三二，頁一一—一四，又頁二六。劉可能因此對於仕途，更趨消極。傳：「辛巳之夏，俄取考功歷，題百餘言，以述其志。」按：這是一二二一年。考功歷是保舉他人，自己敍官資等事，必要的文件。劉自加聲明，從此無意。見〔集〕，卷二四，頁一，又頁八。

一二二四年，第二次私立的粥局，創最高紀錄。在農曆四月初，有一萬五千饑民來吃！見〔集〕，卷二二，頁六—七。更詳於〔江蘇金石志〕，卷一五，頁一五—二〇。

劉的聲望，因此大高。都城杭州，也有傳聞。恰巧次年，即一二二五，理宗即位。其實是史彌遠奪位給他。而應該繼位的濟王，反蒙寃而死。史彌遠爲了消弭怨言惡評，故意延攬正人⑦。劉也在其中。

傳：「上初卽位，渴注名譽。除令籍田，辭。」按：薦他的有往日約他的史彌堅。見〔集〕，卷八，頁五—六。劉知道史彌遠「求靜退之士」，表面上是「以勵薄俗」。見〔集〕，卷一二，頁三。這不過是裝飾門面而已。

---

⑦〔續資治通鑑〕，卷一六二，頁四四二四—四四二八。

傳：「改通判建康府，又辭。除直秘閣，主管仙都觀。」按：參見〔集〕，卷一四，頁一六—一八，致史丞相的謝函。至於宮觀的空銜，却無從擺脫。見〔集〕，卷七，頁三—五。參閱「江蘇金石志」，卷一五，頁三九以下，句容縣學宮的五瑞碑文。劉是否支取俸給，或仍舊不取，無法考明。

又按：一二二八年，劉有第三次私立的粥局。好友王遂也參加捐助。見〔集〕，卷二七，頁一三。五年後，政局又變。史彌遠爲權相達二十六年之久，一二三三死。王遂，洪咨夔同任御史。在〔宋史新編〕，這兩人和劉都在同一列傳。一二三四年，金國亡。理宗親政，改元端平。雖然史嵩之掌權，但眞德秀、魏了翁，也因洪咨夔的建議，被啓用⑧。同時，王遂等六七友人，又推薦劉宰。

傳：「端平元年，升直寶謨。且盡還磨勘歲月，使轉官。」按：參見〔集〕，卷五，頁七—九。卷七，頁五—六。又卷一四，頁二〇—二一。所謂歲月，是指劉辭官以來的時間，都改認爲是資歷，應當進級。此事第五節還要提及。

傳：「未幾，除奉常丞，需章五上。」按：太常丞敕命，見〔集〕，附錄，頁四。需字疑誤。〔集〕，卷五，頁九—一二，有辭狀五則，主要是稱病。「得疾白駁。……自頭面達於四體，强半變白。形容之惡，見者駭異。」傳：「郡太守以朝旨趣行。不得已，勉就道。至吳門，

⑧ 同上，卷一六七，頁四五五〇—四五五一，又頁四五六七，參閱杜範，〔杜清獻公集〕（明刊本），卷五，頁一一。又拙作「南宋君主與言官」，〔清華學報〕，新八卷，一—二合期（一九七〇），頁三四二。

拜疏徑歸。」按：上引五狀，其中第四狀說，到平江（卽吳縣），「精神恍惚」，不能辨識老友，故歸。第五狀則明說，「實已七十歲。」

傳：「一時譽望，收召略盡。」按：〈宋史〉與〈宋史新編〉同。加了兩句：「所不能致者，宰與崔與之耳。」崔，也是洪咨夔等所薦。在〈新編〉，與劉同一列傳。傳：「當寧側席以問御史王遂。」按：當寧，疑有誤字。〈宋史〉作：「帝側席以問」。〈新編〉則謂：「帝猶冀宰一來也」。皆不知是否有據？或是王遂所撰行狀中說的。傳：「除將作少監。」按：劉又四上辭狀。見〈集〉，卷五，頁一三—一五。如此堅辭，更何況年老病重。而友人還希望他出仕，因爲又發生了一件事。

傳：「鎭江防軍作亂。」按：這事在次年，卽一二三五⑨。傳：「闔邑奔避。公……激（縣）尉任事。集近郭隅兵備之，號令調給，皆公主之。事上聞，朝廷援廣東近比，以鄉郡屬公。命出復寢。除直敷文閣，知寧國府，皆不拜。進職顯謨，奉祠王局。」按：必有辭狀，但〈集〉中未見。想是未得收入。傳：「至嘉熙改元，又令赴行在奏事。謂諸子曰：吾本以病棄官，一臥三十年。晚節末路，少有不謹，必爲萬世誚。」按：這是一二三七年。

劉卒於一二三八年。傳：「年七十四，以疾終於家。……鄉人爲之罷市。……走送，袂相屬者五十里。自遠來會者，至無有館。士祠於學……朝廷……賜謚文淸。」按：鎭江府金壇縣兩處先賢祠中，都有劉宰。見〈至順志〉，卷一一，頁五，又頁二六。可是劉的仕途與屢次謝絕薦

⑨〈續資治通鑑〉卷一六八，頁四五七九。

學，主要是權相當政。初則韓侂胄，繼而史彌遠主政，有二十六年之久。死去不久，又是史嵩之得權。權相連續，是南宋的特點。劉宰不能附和權勢，只能退居鄉里。

簡譜到此爲止。劉宰鄉紳類型的輪廓，大致了然。傳統史學，因爲列傳太疏略，往往編年譜。這並不一定必要。現代用分題研究，可以更細密、更深入。下文卽如此。最後，再綜合各方面，加以申論。主要是研究儒家的階級性和社團組織的缺乏。如果研究對象，限於劉宰一人，則意義不大。

四　家世——家館與分給兄弟田產

〈京口耆舊傳〉有劉宰父親的傳。這完全是因爲劉本人的關係。傳中主要有兩點：一是祖先，二是他伯父與父親的孝友。此外，必須用劉的文集才能發現具體史實。

他的遠祖，在宋初從華北遷居丹陽。四代都是平民。按：可能多過四代。他的高祖才做小官，試將作監主簿，娶學士刁約的堂侄女。後代一直到劉的父親，都沒有做官。他的曾祖只是府學內舍人，娶的是樞密使邵亢的侄女。

祖父劉杞的事迹，見劉所撰的墓志，在〈集〉，卷三二，頁二四—二六。其中說出遷移的原因。「從弟有同居而酗酒者，先祖一無所較。密與祖妣謀，遷居金壇以避之。」金壇比丹陽，較爲偏僻。例如〈至順志〉，卷一三，頁三三云：「僻路不置驛。」又可見劉氏祖先，也難維持孝友的關係。劉杞，據墓志說：「有聲場屋。甫中年，卽不屑事科舉。」這是說，雖然曾經考試，但一無功名。家計也不富裕。「屋敝且隘」而「常產僅自給」。但劉杞不惜賣去田產，使兩個兒子受較好的教育。經過是這樣的：姻家湯氏從浙江上饒請來名士，教家館。「須錢三十緡起家。湯氏聚族而謀，僅得六之五。先祖時在座，作而曰，願奉五百緡，以幸教吾子。眾皆愕，皆謂力不仇。退卽鬻常產。五百緡先眾而具。」可是這兩個兒子，都沒有考中科第。

父親劉蒙慶，據劉宰本人的傳中說：「用累舉恩，對策集英。(後) 以公（卽劉本人），贈朝奉郎。」而劉蒙慶的傳中只說，與兄嗣慶，「皆以文行爲鄉先生。」什麼是鄉先生呢？就是教家館。地點可知者有兩處：金壇之河下，見〈集〉，卷三二，頁四。金陵，見〈集〉，卷二六，頁一五。總之，劉說：「吾父爲貧所驅，在家日少。」見〈集〉，卷二六，頁一四。收入也不多，甚至以幼子出繼他姓，卽見下文。

所謂孝友，其實是伯父劉嗣慶的主張。祖先「世葬丹陽」，而祖父劉杞遷家後，葬在金壇。爲了孝思，顧全兩處的祭祀，伯父告訴他父親說：「吾與汝分焉。」伯父歸葬丹陽祖墳，而他父親葬在金壇祖父墳墓的附近。參見〈集〉，卷一二，頁一五—一六。綜合看來，他父親一生，實際上並無可足稱道之處。也許正因爲如此，劉宰有一種補償的心理。爲佛寺做記文，首先說他父親談論寺院興廢，見〈集〉，卷二一，頁一〇。開辦最大的粥局賑饑，特別聲明動機是爲了實現他父親的志願。「宰念先君……每值儉歲，悵無以及人。」見〈集〉，卷二二，頁六。總之，每有善舉，「問之，則曰，先君之志也。」見〈集〉，王遂序文。事實上，他父親是不可能有捐助的財力的。連出繼外姓的幼子，他都並不主動設法收回。

最孝友的其實是劉宰本人。初官江寧，不久就使庶弟歸宗。各傳記未提此事，可能是因爲當初出繼，不太名譽。〔集〕，卷二六，頁一五－一六，祭庶弟文，內容很感動人，值得長引。「唯我兄弟五人，庶出者二，汝實居幼。方汝之生，吾母之死已久。吾父假館金陵，書報得男，吾父且喜且憂。（曰）吾今四子，猶不免於饑寒，又益一焉。……求者予之。會有以陳氏告者，汝之所生（按：卽庶母），幸其家之近……而衣食之可苟也。……故乞與不靳。卽與，而吾父聞之，亦曰，幸甚。後此十有五年，吾始擢第太常。未幾，而汝所生（庶母）物故。又三年，吾（仍）尉江寧，而汝同胞兄又物故。吾念汝生（庶母）撫育之恩，汝兄情義之篤，而吾與汝天倫，終不可泯。遂白吾父，取汝以歸。以陳氏父母老，……使仍家陳氏，而往來兩閑。比陳氏父沒，……始使汝將（陳氏）母而歸。與吾同門而異戶。後有十餘年，而汝（陳氏）母始沒。生事死葬，展而無憾。」次頁又有告家廟文，說弟回劉家後：「爲之娶婦，爲之立家。亦既有子，子又生孫矣。不幸亡沒。」弟仍姓陳，劉家稱之爲外弟。劉宰因爲「後有科役，非異姓親所能庇」，所以在弟死後，「白之宗黨，俾其一家盡還劉姓。惟留已娶之子，爲陳氏世孫。」如此妥貼的安排，面面俱到。

還有一件家事，傳記不提。劉的長兄，與父親繼絕，久在軍隊，身分很低，父親死後，劉也接長兄回家。劉的繼室梁氏，毫不介意，同樣的以兄禮相待。〔集〕，卷三二，頁一一－一四，梁氏墓志銘，也值得長引，「余兄少負不羈之才，投筆從戎。以是，獲戾于先君。絕不復歸。因納婦軍中，時惟一女二子。余官江寧時，已歸其長子，既至儀眞，（卽眞州，劉任法曹）盡取其次子以歸。」梁氏父親，官居侍郎，「來總軍饟，兄猶未去赤籍。」而梁氏對劉長兄之子女，撫養婚嫁，竟「如己出」。「先君既棄諸孤，余始奏兄嫂以歸，妯娌相見。」因爲身分背景，上下懸殊，「眾難其處」。梁氏「曰，長幼有序。……卽趨就下，繼是，往來如一日。」（京口耆舊傳）以及方志，都沿襲列傳的看法，稱揚劉宰的隱逸。其實，就是用一向的舊看法，劉也應當入孝友傳。

劉宰之能孝友，尤其在財產方面，梁氏的內助是不可缺乏的。劉得進士後，娶嘉與陶氏。見（集），卷二六，頁一三。卷二八，頁二〇。又卷三〇，頁一六—一七。三年後，一一九三，卽去世。劉「心折骨驚」。見（集），卷二六，頁一〇。一一九七年，繼娶處州麗水梁氏。父官侍郎，兄弟皆官爲縣丞、主簿等。見（集），卷三二，頁一一—一四。參閱卷二八，頁五—六。結婚二十三年，很和諧。死於一二一九年，又見（集），卷二六，頁一一—一二。卷三二，頁二六。其中卷三二，頁一一—一四，是墓志銘，關於劉家田產的前後經過，論述細節，下文分引。

劉的祖父，上文已提及，賣田使兒子從師。可能所餘田產很少。而他父親任家館，也沒置產。劉官眞州法曹，父親去看他。「自儀眞（卽眞州）歸，買田於金壇」，而向劉要錢，劉「締思無策」。當時新婚不久，而梁氏竟自動以家用盤盂等物件，「畀而鬻諸市」。這樣，才買了田產。一二〇三年，父死。當時他兄弟五人的情形如下：長兄嫂從軍隊接同來。他們的子女，早已由劉宰撫養，劉宰是次子。尚有同母的三弟，有殘疾。見（集），卷二六，頁一六—一七。庶弟兩人，上文提及。四弟當時已死。最幼弟從陳氏取回，也由劉宰供給生活費用。在這情形下，劉決定不如分產，以後兄弟們可以自理，所以一二〇五年，「終先君喪，凡家之現產，悉以分兄弟。」自己不要。梁氏同意。她說：「且君（指劉宰）猶可仕。或伯叔不給，將何仰乎？」其實，所謂家產的絕大部分，可能除了住房以外，全是劉宰買的。梁氏墓志銘未明說。另見〔集〕，卷八，頁二：「一第二十年，銖積寸累，乃得田三頃。……悉舉以授兄弟。」這裏用的字是「授」，送給兄弟。墓志銘用「分」字，是體面說法。

終喪後，劉「佐浙東幕，意有所不愜，……將以疾辭。」雖然已經分家，可能兄弟們還是希望他繼續做官，可以沾光。墓志銘文中云：「惟家人之難於忘貧也，皆從君（指梁氏）卜可否。君曰，此豈謀及婦人者哉？」一二〇八年辭官以後，梁氏「絕肉食，去華飾。有饋者，及餕餘，惟以飫兒女。」因爲劉宰自有的田產不多。〔集〕，卷八，頁二說：「浙東之歸，復買田百畝，於是仰以自給。」分給兄弟三頃，自己後來只另買了一頃。以士大夫生活標準而論，是淸儉的。此外，據〔至順志〕，卷二七，頁七，劉宰在金壇城內有宅。本人有病，另居「漫塘」鄉間。傳云：「結廬三間」。又據傳，劉有四子，未言任官。而〔至順志〕，卷一九，頁二七，另有傳。據此，則長子劉符，見「仕進類」。但校勘記注明，今本「脫去」，無法知道。季子名汝進，即王遂的女婿，也可能是〔京口耆舊傳〕編寫劉宰傳的，却「隱德不仕，以賦咏自娛。」

總論家世，劉家在金壇，自祖父起。曾有田，賣去，得五百緡。父親是用劉宰的錢買田，共五百畝。父死，分給兄弟。劉又另買百畝以自給。他是地主，但與許多官僚相比，不是大地主。

但以鄉里標準而言，他一方面是官僚地主，另一方面是惠及鄉里。

劉宰也注意宗族。「每月朔望，必治湯餅會族。」並且說同族而「情意間隔，……亦相忘於酒杯間。」見〔宋元學案補遺〕，卷七一，引高道淳，〔最樂編〕。劉又撰「勸念祖睦族文」，稱贊有名范氏義莊的精神，勸族人不可因「一己之私」欺壓或不顧同族。見〔集〕，卷二，頁四—五。但此外〔集〕中很少提到族中的事。因爲他祖父始遷金壇，最多不過與丹陽舊族連繫。何況他兄弟情況並不好，也不便多事倡導宗族公益。劉做的公益事，主要的不是宗族，而是鄉里一般人的福利。

以官僚階級而論，只有高祖曾任小官。只有劉宰有科第。而劉宰也僅任州縣幕佐，何以他能成爲有力而且有名的鄉紳呢？下節再說明。

五　鄉紳名位的主要因素

鄉紳的名望，一般說來，原因不一。可能的因素，大致是下列的範圍：望族、門第、財產、科第、高官、有名的政見、和其他士大夫的往來、和地方長官的應酢、以及學術的成就，包括經史哲理、詩文書畫各方面，還有實際上令人敬仰的行爲。以劉宰而論，談不到望族、門第與財產。他的仕途，主要是進士的科第。但至辭官爲止，只是州縣幕職，並非高官。

本節是檢討他的政見和其他士大夫的關係，以及和地方長官的接觸。至於他在學術方面的造詣，留在第六節和信仰等，另行討論。

劉中進士，才二十六歲。「時年少氣銳，視天下事若無足爲。」〈集〉，卷三〇，頁一二。任職州縣，很積極，希望建立「事功」。〈集〉，卷七，頁一。至於國家大計，他也有政見。不肯屈服於慶元黨禁，又反對韓侂冑對金用兵，已見第三節，簡譜。這裏再補充他對於國防的看法，多半見於墓志銘的作品。他批評韓「肆其淫心，以規恢復。」〈集〉，卷二八，頁一六。而「邊臣不善用，間言（間諜）未必實。」見〈集〉，卷二八，頁一〇。在開戰失敗之後，劉引用他人的話，或借用他人的口氣，主張整頓。「高廟（高宗）艱難，三十年，欲靜而不得靜。孝廟（孝宗）積累，二十七年，欲動而不得動。權臣輕動於一朝，陛下（寧宗）唯唯從之。往事已矣，自今……何可不察？」〈集〉，卷三〇，頁一一。而最先需要整飭的，就是一般的邊臣。宋人往往以半文的詩句，作記事或論說之用。劉有一首寄友的詩，其中說：「只今淮上未安集，二虜南望猶睢盱。要知兩淮須保障，保障一撤長江孤。邊臣之慮不及此，但知權利供苞苴。」〈集〉，卷四，頁五。

除了邊臣之外，劉對於多數士大夫官僚，也深致不滿。第三節簡譜，已經提及。他主張廢除漕試及太學補試，而用州縣學的推擧。其中指出考試的各種舞弊。「一曰冒名入試。二曰同場傳義。三曰換易卷頭。四曰記屬暗號。五曰計會分房（考官）。」⑩又論游士與官僚交相利用，影響很壞。「游士……擇其厚己者，則多方延譽。違己者，則公肆詆訾。……爲耳目之官者，幸其

⑩ 關於舞弊與士風，參閱拙作：「南宋考場舞弊端……」，〈慶祝李濟先生七十歲論集〉（一九六五），頁一八九—二〇二。

然也。招徠之，誘進之，採用之。或又畏憚而彌縫之。毀譽不得其眞者，此也。」〈集〉，卷一三，頁八—九。

一二二五年，劉在辭官將近二十年以後，又有朝廷任命，他堅拒。不但向丞相史彌遠謝絕，還對於史氏執行的「包容政治」，⑪有中肯的批評。「咈然異議之來，而幸其同則止。戚然慮變之作，而幸其平則止。縻之以爵祿，而恩意有時而窮。」〈集〉，卷七，頁二。

上述各點政見，並不重要，不拘在官或退居後被薦，劉都沒有發言有效的地位。而且抱有這類見解、地位聲望遠在劉以上的，還大有人在。劉的政見，最有價值的，不在朝廷大計，而在地方行政，基於他自己任官與在鄉的經驗和分析。

劉論法曹權力之大，就說：「以某昔嘗濫巾焉。」這分析很生動，見〈集〉，卷二二，頁一七—一八，值得一引。「（司法）錄事，多典（民政）右獄，則與刑曹均。……法曹差獄之麗（麗人於罪），（刑曹）上於府從事，與守，若貳（通判）曰，未也。法曹則持之堅，辨之力。曰，當是也，乃已。守，若貳雖甚敢，莫能奪。夫以一府之所是，莫能勝法曹之所非，……則法曹之勢張甚。」

劉曾與本縣現任的主簿，詳細談論經驗，不惜長引。〈集〉，卷二〇，頁二〇—二一：「主簿員，介（縣）丞（縣）尉間。……余屏居無事，飯已，卽岸巾捧腹，婆娑漫塘上。歲見吏毆民，過吾門者，踵相攝。問之，則曰，吾產去矣，而稅猶在。否則曰，吾輸竟矣，而征猶故。又

⑪ 包含政治，已見注⑥。例如真德秀不肯再受「包容」式的籠絡，見〈續資治通鑑〉，卷一六二，頁四四二四。

不，則曰，吾稅不加益，而數適增也。以是爲（縣）令長過歟？則曰，計簿因是，咎非余執也。然則執其咎者，非主簿歟？嘗試以諗爲簿者，則顰蹙曰，咎非吾辭，然事莫吾（事之）難也！夫鄉書手，吾隸也。顧以賦役可漁利與典汨（卽淹沒），朱墨不類。常自託於縣。闔門唯諾，未休，卽揚去。一叱咤，輒啓衅。計簿，吾職也。而民戶推收，法委（縣）丞貳。一顧問，且侵官。勾校，有程吏。不爲用，則散編帙庭下。曰聚童丱，及游手無賴數輩，從事其間。其出入勤惰，殆不容詰。奸民挾鏹數十而入，卽更定戶稅，如反掌。幸而事露。（上官）欲誰何之，則左右指曰，彼負吾庸，吾以酬若庸也。噤不敢復問。若是，而欲吾職之修，可不謂難歟？余聞而悲之。」地方政府中，各種勢力，盤根錯節，竟無法建議改善。被壓迫榨取的，只是沒有勢力的人民。

地方政府有時還有軌外行動。例如運河附近舊有爲民用水利的水管，名曰函管。管是木制的，外部以石函封保護。政府竟下令征夫拆去，而將這些木石取去自用。劉有紀事詩，見〈集〉，卷四，頁六—七。「函管由來幾百年，大者用錢且十萬。……州家有令塞函管。……只今掘盡誰取計？但悉民田從此度。半年餘水注江湖，涓滴不爲農畝利。有時驟雨浸民田，水不通流禾盡死。……盡驅壯丁拆函管，更運木石歸城闉。呂城一百二十里，不知被擾凡幾人？」

劉宰深覺地方政府給人民的痛苦。一方面，「州縣間，殆不復見廉平之吏。」（〈集〉，卷六，頁七）而另一方面，卽或是好官，也經驗到「州縣之不可爲」，無從革弊。而「田里之不勝擾，固皆身履而目見之。」（見〈集〉，卷六，頁九）因此，劉只能以鄉紳地位，就其影響所能及的，從側面補救一些。他的政見，不發高論。他的善舉，都是實際的。

劉宰在辭官後，與其他士大夫的交往如何？〔京口耆舊傳〕說：「絕交中朝，及四方通顯。書有先施者，答緘具所自號。」卽漫塘，或漫塘病叟。事實上，大體如此，但因爲偏重隱逸，過於誇張。劉的個性，不喜權貴，他自己說：「賦性疏率」，「多忤」人。（見〔集〕，卷六，頁一五。又卷七，頁一九）。通訊也是「放蕩之餘，筆縱字大。」（見〔集〕，卷七，頁一三）而且有時刪改，不再謄寫。「或塗之，或乙之。」所謂乙，就是鈎去。（見〔集〕，卷八，頁八。）

但是與劉通訊，有文字之交的，其中確有知名之士，以及日後通顯的。例如倪思、葉適、杜範等人。分見〔集〕，卷二，頁一八。卷五，頁二。又卷三六，頁七—八。又有論史學的李心傳。見〔集〕，卷六，頁二。又卷八，頁一四—一五。這都從略。現在只說明劉宰與眞德秀、魏了翁的關係，以見一般。

從早年起，劉、眞二人就通訊。眞任江東漕司，在金陵，離金壇不遠。劉寄詩，稱贊他是「愛民眞學士。」見〔集〕，卷一，頁一四。眞有「救荒曆」，劉加以題跋。（見〔集〕，卷二四，頁一四—一五）眞曾請劉爲忠宣堂與先賢堂作記文，劉也請眞爲劉的父親撰墓志銘。（見〔集〕，卷一〇，頁七，又頁一〇）一二二五年，理宗登位，濟王竑死。眞任侍郎，卽辭去，自願外任。劉有信勸阻，其中說：「先辱手書。手書所不具者，又從友人得之。……今聞一意求去，無乃遽乎？」一二三〇年，眞又任侍郎，劉有信，以諸葛亮、張浚的古今例勉勵。見〔集〕，卷一〇，頁八—一〇。一二三四年，眞參知政事，劉有賀啓。眞不久不幸病卒，劉有「眞西山贊」，見〈集〉，卷一，頁二四。又卷二五，頁一〇—一一。

早在一二〇六年，劉就在眞德秀座上，見過魏了翁。一二二五年，魏入朝任侍郎，路過丹陽，眞有信通知劉宰。劉回信說：「某適以幹在道，亟扣座舟通名。則聞已輕舟前邁，失一見。前此，亦誤玷（魏）薦士籍中，併深愧感。會次，望（眞）爲致謝意。」（見〈集〉，卷一〇，頁九）劉另有信寄魏，信中論李全的兵事，但主要是希望魏能領導思想。當時，葉適（水心）經世之學，爲人敬仰。楊簡（慈湖）則倡導陸九淵的哲學。劉在信中說：「水心之論，既未免誤學者於有。慈湖之論，又未免誘學者於無。」（見〈集〉，卷一〇，頁一一—一二）以上可見劉與眞、魏二人，雖然很少見面，而確是通聲氣的。劉與其他相知的朝士，大體類此。至少，普通的應酢，並未斷絕。例如「回沈秘讀」一信，是「因前京尹趙工部侍郎令嗣到闕，故此謝萬。」沈是史彌遠丞相家的外甥。（〈集〉，卷一二，頁三—四。）趙是趙師睾，也曾通訊。（見〈集〉，卷八，頁六—七。）足見社會關係也並不限於深知的友人。

劉宰與地方官的交往又如何呢？當時金壇以及附近的進士並不多。據賑饑的碑文，鄉貢進士（除了劉本人之外）約有十五家。見〈江蘇金石志〉，卷一五，頁一九。進士身分很高，又與其他士大夫有關係。雖然劉退居，田產也不多，但是地方官還是禮遇的。但是劉有病，面目也受損害，不願多見人。個性也不喜權要。這都是事實。而〈京口耆舊傳〉的描寫，未免過於誇張。原文說：「門……雖設常關。（借用陶淵明有名的『歸去來兮辭』的成語）鄉曲親朋，剝啄得通。郡官行縣求見，有逾墻而後得入者。縣官非數四至，不得見。非數回見，不往報謁。其報謁也，不乘車，不具門狀。惟一仆具，持刺曰，邑民劉某拜見。」其實，見面雖少，文字來往的禮節是維持的。與任鎮江郡官，金壇縣官等，劉都寄給他們賀啓、謝函，以及回信。〈集〉中保存不少，如〈集〉，卷九，頁二——一三。卷一三，頁一——一五。又卷一五，頁一——九。偶然還代現任官寫劄子。同時，劉也借此與官方討論水利等與鄉里福利有關的事項。

劉的交往，不論朝官或地方官，都可以從他與史氏權門的關係，看出當時官僚親友、社會關係的復雜性。史浩的子侄子孫，聲勢極大⑫。久持大權的史彌遠，劉是不贊成的。但劉與史宅之同年成進士。（〈集〉，卷一二，頁三。）史宅之，即彌遠之子。另見〈宋人軼事彙編〉，卷一八，頁九〇五。此人又與史嵩之不和。

史彌堅知鎮江，可能因爲史宅之，而知道劉宰。約劉修方志，劉擔任傳記。又約劉參加賑濟局，劉不去，只呈送自著〈荒政篇〉。已見上文。史請進士們鹿鳴宴，並且派遣「專使」到劉家邀請。劉因病，「形於面目」，屢謝不去。（〈集〉，卷一五，頁四。參見各回信。〈集〉，卷八，頁三——四。）又據劉給沈秘讀的回信中說：「先令舅（按：指史彌堅）典鄉郡時，猶不得一造郡齋。」（〈集〉，卷一二，頁三）。可見劉只爲史做他自己願意做的事，而不願多與史交際。

劉對於史氏其他的人也如此。他與史彌革，經介紹而通訊。（見〈集〉卷一二，頁七——八。）而史時之任鎮江通判，彼此通訊，就發生誤會了。有兩信，值得長引。第一信說：「某伏自大丞

⑫ 參閱拙作：「南宋君主與言官」（見注⑧），頁三四三。

相（史浩）當國，凡三十年。山林閑散之人，間有與大丞相偶同姓氏者，輒辟易趨避。況眞大丞相族耶？惟滄州文昌公（史彌堅）昨典鄉郡，不以愚不肖，先之以手書。某非意望所及，且謂庶人召之役，則往役。……其後溧水大夫（史彌革），介一二士友，惠書敘述平生。有擺脫世務……之意。某謂是吾輩中人，非挾貴以來者，故亦願交下風。今承來翰，似事同而實異。蓋作小楷書，用畫一式。則小官事上之禮，某不敢當。」指摘史時之，不寫手書，而用書吏寫小楷，等於公文。既是公文，劉以退隱地位，就可以拒絕。第二信提及史時之又來信「開曉」，卽解釋誤會。劉更傲然說：「某前……書，實有感於世變而然。不自意其有忤於執事也。」又列舉史氏上代的風度，教訓史時之。「執事遠觀（君家）疇昔……之事如此，近觀今日君家之事又如此，則宜知所處矣。」但劉宰並沒再拒絕見面。「或因還鎭，枉道見過，甚幸。不然，某因謁（吳）季子祠，亦可求見。」（以上見〔集〕，卷六，頁一一——一三。）

總之，劉與各地的士大夫，以及與地方官的交往，雖然不多，而且故意避免，但是還有的。他進士的身分，和這些交往，是他鄉紳名位的主要因素。其次的因素，是他努力善舉的結果。辭官的次年，他就以鄉紳地位，從事各種善舉。一二二四年，有最大的私辦粥局。次年，他被薦升官。已見第三節簡譜。他雖然堅辭任官，但接受主管仙都觀的官銜。當然，他鄉紳的名位更高。但這並非因爲與人交往，然後取得的。

除了善舉以外，劉另有一件特異的事，就是他表示退隱，在考功歷上自己題字的說明。考功歷，又名印紙。〔集〕卷二四，頁一，有一篇「書印紙後」。很有史料價值，所以長引。「余性疏拙。初注官時，鋪吏授一卷書。曰謹視之，此吏部印紙。仕之久速，官之功過，將於是乎考。余曰唯。既棄官，始不加愛重。士之始仕，與仕而再謁選者，須保官人。（他人）憚保官之（事，必須）批（其）印紙，多勤（其印紙）不與（求保者用）。以余之芻狗視之也，因借去。自相鄭爲保。或累月不歸，或迷不知所在。友人……以余爲非。且言，萬一有不實，諉曰不知，可乎？余是其言。因索歸，書卷尾，以謝來者。」這是一二二一年的事。同卷，頁一八，又有「書所題印紙語後」，再度說明劉不再爲人保官，而且他自己根本無意仕進。「諸君子厚意」推舉，大可不必。

這種行徑，就儒家理論來說，雖然不合常規，但是堅決表示退隱，應該令人敬佩。但這事，經過多年，並沒有人提及。劉的聲名，並不因此而提高。直到一二三四年，王遂等六七友人竭力再推薦他，才涉及此事。因爲劉不用考功歷，不計算他自己的年久資深，所以政府特例下令，「盡還磨勘歲月，使轉官。」一承認他居家的年數，等於在官的履歷，照計進級。經過這手續，這事才出名。當然，劉的鄉紳名位因此更高。但其時劉已年七十，名譽再高，也無甚相干了。關於史學，再就便補充一點。〔宋史〕與〔宋史新編〕都曾提及此事。〔京口耆舊傳〕比較稍詳。但所有傳記，同樣的以自題考功歷爲一事。盡還磨勘歲月，時間隔得久，另作一事。不細看文集，實在無法發現這兩事的因果關係。傳統式的傳記，一則按時間排列，二則行文過簡。因此往往有事實而無解釋。再進一步說，修史的往往根據行狀資料，予以節錄，也未必注意到前後的因果關係。這是史籍記載的一個缺點。

六　學術與信仰

鄉紳的名位，並不起於學術本身。但有了科第等等，已經列爲鄉紳，學術上的造詣，是於名望有助的。劉宰就是如此。問題是劉在當時的學術地位，究竟如何？

史籍不一致，令人困擾。（文集）有幾篇序文，每不加細考，輕易著筆。明代王臬的序，說劉「常以不及登朱子之門爲恨」。泛泛一語，未言師承。而明代范崙的序，謂劉嘗從黃榦（勉齋）游。清代馮煦的序公然說，劉「爲朱子再傳弟子」。范序所云，可能是根據元代至順（鎭江志），卷一八，頁一五。其中說王遂「與劉宰，同從黃直卿（卽黃榦）游」。（至順志）何所根據，不詳。疑是黃度之誤。劉有「病鶴吟，上黃尙書度，並序」。其中說：「如某幺麽（按：此乃宋代俗語），加以不可療之疾，分甘屏處。忽冒公擧，豈惟駭聽，上玷師門。」（集），卷四，頁一〇。又有祭黃度文，其中說：「某撰迹雖疏，受知實重。」（集），卷二七，頁一。劉辭官後，黃度曾想挽他再仕。所謂師門，可能是考官相知的關係，並非眞正從師。

其實，劉並無正式的師承。（集），卷八，頁二云：「某總角侍先君，筆耕以糊口。」卷一二，頁三，又云：「某少迫於貧，不克裹糧，從四方宗匠。」又卷三三，頁六——七，記述鄉里張家的盛況：「凡士之有聲於場屋者，……必羅致館下。使與諸子，及鄉之後進游。」而「余時往來郡學，或爲貧假館，不克在弟子列。亦時時登門，竊聽議論之餘。」

劉傾向朱子的理學，是中了進士，與陶氏結婚的時候。陶家家館的教師林復之，劉很敬佩，「由是得師焉」。而林復之與嶽麓，略有淵源。「昔南軒張公寓居長沙，朱文公亦來游。相與以義理之學，訓諸生。」林曾任潭州教授，「命舟浮湘，過嶽麓書院，遡朱張之風。」（〈集〉，卷三〇，頁八——一三。）所以〈宋元學案補遺〉，卷七一，頁四四，以劉列入嶽麓諸儒學案，也可以說稍有理由。但誤稱劉與張栻通訊，年代已不合。劉並不以爲自己屬於嶽麓或任何一派。劉爲吳漢英作墓志銘，詳載吳在嶽麓，當時陳傅良講道，吳以同僚參加。（見〈集〉，卷二八，頁八〇。）文末，劉只說與吳的兒子相識，並無一字提及劉與嶽麓有任何關係。至於林復之的淵源，實在是間接而又間接。〈宋元學案〉，以及〈補遺〉，硬要以每人分屬學派，甚至不惜牽强附會。這是傳統史學，特別是理學的缺點。

劉的思想，不同意葉適和楊簡，第五節已經提及。他希望魏了翁能領導，因爲「天下學者自張（栻）、朱、呂（祖謙）三先生之亡，倀倀然無所歸。」（〈集〉，卷一〇，頁一二。）一二二五年，理宗卽位。不久，朝廷就崇尚道學。其時國勢可慮。對抗外敵，需要加强自信心。因此尊道學爲道統，以示文化的正統所在⑬。一二三〇年，劉有「紹興尹朱二先生祠堂記」見〈集〉卷二三，頁五——六。尹焞是洛陽人，南宋時地已屬金國。但因爲「實歸老於越」，所以紹興地方有祠。劉在文中稱頌朱子：「四書實道之大成，合諸家之說擇焉。……實道統攸繫。」一二三四年，劉再辭薦學，有信道謝鄭清之。（見〈集〉，卷七，頁七。）信中云：「惟大丞相以講學輔

⑬ 參閱注④拙作。

主，上續道統之傳。」

劉贊成以朱子學爲道統，並不因此而忽視陸九淵、袁燮等人。他說：「今二先生之書具在。而晦庵朱先生諸書，其論說益精。」（見〈集〉，卷一九，頁一七。）〈朱子語錄〉，劉以之贈人。（見〈集〉，卷六，頁七。）但後來更喜愛朱熹與呂祖謙合編的〈近思錄〉，「尤切於學者日用。頃得數本，皆轉授學者。」同時，劉也感嘆道統有名，未必有實，「朱氏書年來盛行。今之要津者，多自謂蒙登先生之門，承先生之教。而趨向舛差，尚多有之。」（見〈集〉，卷六，頁一八——一九。）

〈京口耆舊傳〉說：劉「常時以經史大義，授子侄。合里之士友，講學會課，月有成規。」但據〈集〉，卷一六，頁一四：「辭鄉友請主課會。」課會是以文章考試爲重。劉似向來並不主講。〈京口耆舊傳〉續言，遠方也有人來，向劉請教等，也可能是誇張。因爲劉的長處是實行，不重理論。〈至順志〉，卷一一，頁三四云：金壇茅山書院，爲道觀所據。劉在晚年「再創」。但「尋復廢」。劉死後，一二四六年，總領所又下令再建。又卷三，頁二，引〈咸淳志〉云：劉「惟知修身治己，砥節礪行。而詞華，抑其餘事也。」這項記載較可信，〈宋元學案補遺〉，卷七七，說劉「雖博考訓註，而自得之爲貴。」上句又可能是誇張，下句則可能近乎事實。因爲自有心得，才能見諸實行。〈京口耆舊傳〉又說：劉有「語錄十卷，藏於家。」本未刊行，當然不傳。

劉的詩文，在〈文集〉可見，並不是第一流的作品。〈宋詩抄〉，卷三，有〈漫塘詩抄〉。

頁一，有編者評語：「詩亦常調，而五言古（詩）稍優。」劉是常寫紀事詩的。〔江蘇金石志〕，卷一五，頁三九——四一，有劉的句容縣五瑞碑文，是縣令請他寫的。編者的按語，提及〔宋詩紀事〕一書，而提出此書「亦不見錄其遺句」，可見評論是一致的。

總之，劉的學術地位，並不重要，只是在鄉里受到尊敬。對於他鄉紳的名位，學術也是次要的。但劉重視實行。他的學術思想，他的信仰，與他在鄉里的善擧，很有關聯。因此本節，合在一起討論。

儒家有它本身的信仰與祭祀。一二一六年，金壇旱。知府命令節度推官，在靈濟廟求雨。雨至，農產「竟稔」。於是又命令縣官，修葺祠宇，縣尉杜範，「辟蕩地」，供給以後祠費。節度推官，是劉舊日同僚，又請劉宰爲記。（見〔集〕，卷二一，頁四——五。又見〔至順志〕，卷八，頁二四。）此文無甚理論。而劉因梁夫人姻親關係，撰江西新淦縣的「社壇記」，則不但力辟佛老，而且反對民間祭龍求雨。他說：「龍雖靈，物之生者耳。」儒家自古祭神。「其所以祭川澤之神云者，以其神之能使是物（龍）也。今也，不於其神，於其物，……得乎？」神是應該在當地社壇祭的。（見〔集〕，卷二三，頁一。）第七節再補充說明。

儒家的神，是限於經史所載的。民間所信仰的神，不屬此類的，稱爲淫祀。卽濫信，而且數目過多之意。劉宰是反對的。有嘉賢廟，紀念吳季子遜國高節。劉宰與友人往游，見吳的墓碑，又名十字碑，以及碑亭，已早損壞。於是發起重修，並引用歐陽修的「本論」：「當修其本以勝之。」卽提倡儒家的信仰，才能打破民間宗教。嘉賢廟中，「廡間淫祀赫然」。劉宰「遂白府，下（令）縣鎮。撤象之不經者，凡八十有四」。劉於事成爲記，見〔集〕，卷二一，頁一六。又見〔至順志〕，卷八，頁二一。又參見卷二一，頁七——八。

劉反對佛老，主要是因爲這兩大宗教侵犯儒家崇敬祖先的信仰⑭。「自釋氏之徒入中國，與老氏之徒相比。誑惑愚民，至謂喪祭非我不可。」（見〔集〕，卷三〇，頁四。）劉尤其反對佛，是因爲「吳人迷於佛」更甚於老。（見〔集〕，卷二三，頁二二。）他繼娶梁夫人，浙江處州麗水人。「梁氏故奉佛。君之來，猶私以象設自隨，時若有諷誦。余旣與論釋老之害道，及鬼神之實理，怳然若有悟。自是遂絕。」（見〔集〕，卷三二，頁一三。）

如衆周知，宋儒反佛，極少貫徹的。劉也絕非例外。他有「東禪百韵」的詩。（〔集〕，卷三，頁六——八。）又給幾處佛寺寫記文。他自己說明：「余爲儒家者流，口不讀釋氏書。」但平等寺僧是同鄉，又經人介紹，「故不得辭」。而在記文中，劉强調「三綱五常」。（見〔集〕，卷二一，頁五——七。又見〔至順志〕，卷九，頁一三——一四。）慈雲寺的記文類似，說寺僧合乎儒家道德。「持文不倦，……功成不居。至於以其術自售，而不丐於人。以其贏爲費，而不私於己。皆與他爲浮屠者不類，故不辭而爲之書。」（〔集〕，卷二一，頁二四，〔至順志〕，卷

⑭ 參閱人類學家許烺光的著作，指出領導性的親屬關係是父母、夫婦、子女的關係，對於整個文化的各種社會關係，一概都有模式的影響。
Francis L.K.Hsu, "The Effect of Dominant Kinship Relations on Kin and Non-kin Behavior: A Hypothesis," *American Anthropogist.* Vol. 67 (1965), pp. 638-681; and his "Rejoinder." *ibid.* Vol. 68 (1966), pp. 999-1004.

九，頁二二。）

其實，劉的父親向來對佛寺有興趣。劉本人創設粥局賑饑，由道佛幫助管理。主其事者，即劉家認識的僧人師徒。劉「總角侍先君，……省先祖……塋」，見廢寺，僅存茅舍。劉的父親葬於另一地點，而此寺適在兩墓之間。劉掃墓途中，發現該寺重建，知是曾鞏曾布的後人，吏部尚書曾喚家相助。「施財助役，而和者眾。上請（政府）蠲租，而從者輕。」劉家可能也因而參加捐助。這個重建的龍泉布金寺，由曾家選得僧人主持，名曰祖傳。後來其徒慧鑑繼位，皆「自食其力」。（以上見〈集〉，卷二一，頁一〇——一一。）劉於一二〇九年首次賑饑，掌事的有三位鄉人，一個道士，而主要是祖傳。（見〈集〉，卷二〇，頁一五。）最大一次賑饑，一二二四年，監局人即龍泉布金寺僧慧鑑。（見〈江蘇金石志〉，卷一五，頁二〇。）劉又曾爲慧鑑吟詩，呈送知州趙善湘。（見〈集〉，卷二，頁二四。）可見鄉紳與寺僧的交誼，並且助他與官府交結。

劉對道教的態度，大致相同。例如，送僧回寺，送道士回山，都有詩。（見〈集〉，卷一，頁一九。）道教有名的茅山，就在鎮江附近。金壇的地名，即取義於道家。（見〈集〉，卷二三，頁九。）劉也不免與道家有往來。例如，丹陽縣大霄觀，「介余甥蔡天成謁余爲記。余素不爲老氏學，數謝不能，而……二人請不已。因思老氏之道，雖非吾所道，要亦有教焉。……亦省嗜欲，薄滋味，養生全眞，而不爲市道所溺。其於世教，可不謂有功乎？……余故不復辭而爲之書。」（見〈集〉卷二三，頁一八。又見〈至順志〉，卷一〇，頁六。）其實，劉雖然不信道教，但是很喜歡〈莊子〉。曾「以國朝四君子文，易〈南華經〉」。四君子是北宋的司馬光、歐陽修、曾鞏、王安石。(見〈集〉，卷三，頁五。)〈南華經〉即〈莊子〉。

與很多宋儒相同，劉對於道佛，不能完全反對。其中一個主因，是道佛為善，儒家不能否定。而在道佛兩者之間，佛教的善舉顯著得多。劉很淸楚地說：「釋氏之所以興，曰不忘施也。」(〈集〉，卷二一，頁一一。)

劉本人與辦各種善擧，惠及鄉里。其主要精神，也是施捨。

七　各種善擧

劉的善擧，方面不少，遠過〈京口耆舊傳〉的簡要描述。

上節討論信仰，因此本節先說與信仰有關的活動。劉的主張是在社稷壇祈禱天地。遇旱遇雨，都應如此。一二二四年最大的粥局以後，劉的聲望大高，朝廷又給他宮觀的官銜。次年，他就使金壇縣縣尉，用義社的餘糧，修社稷壇。但他自己也捐助錢物。此事〈集〉中未見。而〈至順志〉卷一三，頁八——九有：「以歲旱澇，率鄉人禱雨暘，輒應。(劉)囑縣尉修治之。錢米取之義社(之)庾(即匧，餘糧)。又家出錢，與竹木，相其役。繚以堵墻，表以門道，植松柏數百株。又買民房十間，建齋祭所。」

劉對於醫藥衞生，並不信神。他自己久患嚴重的皮膚病，可能與此有關。他常與醫者來往。一二二四年賑饑，也是醫者首先向劉說明需要。此外，〈集〉中有幾篇，都有社會史的興趣。例如有王姓進士，父「以醫聞」。王本人「少爲士，爲醫，爲賈。旣自力以成其家，而終於爲士。」（見〈集〉，卷三〇，頁七——八。）有醫僧宗可，「故金壇大族，祖……由太學出官。……父……子多而貧。命（宗）可出家，禮故醫僧……爲師。……繼其業。人以醫召，必往，用藥謹審。不以貧富二其心。」（〈集〉，卷三一，頁二三——二四）。另一人，陳姓，也相似。「少孤，與其弟自力以養其母。……知命不偶。囑其弟以學，去而爲浮屠，……非泊然忘世者。曰，吾觀音師……慈悲心，……惟醫乎。卽從浮屠氏之爲醫者游。凡浮屠氏之爲醫者，與俗浮沉，唯利是嗜。君所與偕，汲汲封植，以遺其後。」按：可見劉對於一般醫僧的不滿。而陳某則「有以疾告，貧且下，必盡心焉。」（〈集〉，卷三六，頁一。）

劉竭力提倡醫學常識與公共衞生，很近似現代。〈集〉中未載，而〈至順志〉，卷三，頁三——四，長引其「尊天敬神文」。內云：「或饑寒所侵，或飽暖太過，或起居之無節，或喜怒之失中，……乃成癘疫。……人易傳染，所以不能免者，亦由有以召之。倘感受之初，澄清厥念，擇醫必審，用藥必精。意之所惡，勿置其側，……滌濯洒掃，……何恙不已？」下文又大批評民間信仰，求神治病。「淫祠繁興，其一曰祭瘟。所在市廛皆有廟貌。……其次曰齋聖。又其次曰樂神。晝夜留連，男女混雜。冥頑之童，附而爲鬼，鬼固不靈。腥臊之巫，降而爲神，神亦可耻。……牲十餘，不供一夕之須，……其他誘取脅取，不使聞知。……或典質，……或假貸，……以致資產破蕩，老稚流離。深原其情，有甚於盜。……誣蔑天理，壞亂人倫。」劉反對迷信淫祠，不僅是儒家看法，並且看見實際不重醫藥的流弊。〈集〉中王遜序文說：「禁非鬼」，卽指此。

佛寺常有補路修橋的善擧。劉則以鄉紳地位，領導這類的事。（〈至順志〉，卷二，頁二六——二九，提及劉修建的橋，約有五處，其中兩處是大橋，有跨越漕渠的，「劉宰率眾建」。有的是「皆……（劉）所建」。有的是劉所「倡」建的。〈京口耆舊傳〉說：「某橋病涉，某路險阻，雖巨役，必捐貲先倡，而程其事。」劉的確如此。

宋儒興辦福利，最有名的是宗族的義莊，與鄉里（亦即社區）的倉社。前者有范仲淹的創造，後者有朱熹的榜樣。

劉也注意義莊。他說：「立義莊，以贍宗族，始於文正范公。」表面上，「吳中士大夫多仿而爲之，然必積年而後成。」其實不多。而且可能用義莊名稱免稅，而並不放棄田地的產權。金壇張氏，則「捐所置……良田四百畝，別而爲之。」劉不禁感嘆：「義莊，世所難。」（見〈集〉，卷二一，頁二三——二六。）又有陳氏義莊：「凡所撥田，以畝計，凡一百四十。歲收米，以石計，凡一百二十。」而「收其半之入以贍族，餘以贍塋事。」（〈集〉，卷二三，頁八——九。）至於劉本人的宗族，第四節末段已提及，只有聚會，並無義莊。他祖父始遷金壇，族人不多。劉氏父子兄弟，也少餘力，兼顧宗族。

劉重視社稷壇，還有一個原因，就在社壇同時可以辦社倉。劉因梁氏姻親，記述江西新淦縣的事。壇傍「築候館。（知縣）與邑之好事者，謀儲粟千斛於兩廡，爲平糴倉，以權市估之高下。……且因社而有倉。故助米者，皆列名碑陰。」（〈集〉，卷二三，頁一○。）

社倉的辦法，並不一致。劉論之頗詳：「社倉之法，仿於隋。詳於近世朱文公之奏。……酌今之宜，行之於所居之建陽。今社倉落落布天下，皆本於文公。……其本或出於官，或出於家，或出於衆，其事已不同。或及於一鄉，或及於一邑。或糴而不貸，或貸而不糶。吾邑貸於鄉，糴於市，其事亦各異。」（〔集〕，卷二二，頁九——一〇。）

〔京口耆舊傳〕說：劉「置社倉而糶佐平，創義役而爭訟息」。過於簡略。〔集〕，卷六，頁四，提及：「近懇平使者，得錢，創社倉於里中。」但年代不詳。所可知者，劉時常討論社會的事務。〔集〕，卷三二，頁二一：「與鄉之士，會於社倉。」〔集〕，卷二二，頁九——一〇，又詳載友人胡伯量自南康來。胡曾學於朱熹，劉請教他南康社倉的方法。胡答稱：「所及有遠近，所行有糴貸。隨事之宜，要不必計。」關鍵在經辦人的責任。「所當知者，體欲統一，責任欲分。……責任不分，則意向偏曲。今吾里之事，所以行之久而無弊者，其始，會吾家積歲之贏，得穀六百斛以貸。蓋吾兄弟合謀爲之。……故其體統歸一。越二十年，迄於今，合本息二千斛。……吾兄弟出處不齊。」按：胡某無科第，而有弟四人，皆進士。「而吾兄弟之子，若孫，有時不能勝其責也。故各以其地之所比，而屬諸其人。使散之，必按其實。而多寡不得私斂之。」南康胡氏社倉，是私家的。兄弟子孫各分產權，而同時分擔責任。原是社倉的米糧財產，仍舊用作公益，而由各人自己負責辦理。但不得收爲私用。劉宰不贊成這方法，以爲「責任分，而體統不一」。然而劉本人也沒有更好的方法。他只是深感人事困難，社倉的前途可慮。原文云：「狡者欺之，頑者負之，强者奪之。吏之無識者，侵漁之。社倉欲存，得乎哉？」

劉創置社倉，大約繼續主持。成績好，而反受批評。〔集〕，卷六，頁一七指出大小官僚的貪妒：「某鄉間社倉，稍稍整齊。聞朝路中，時有議者。今現在米，本不能數千石，而論者已謂其多。深恐小遇水旱，必有科擾之患。」

社倉之外，另有義役莊。以其收入，補助鄉里間承當政府差役的人。〔集〕，卷二一，頁二〇—二二有史料價值很高的記述。據劉說，役法苛待人民：「見當役者，不勝箠楚，沿道呻吟。其未役者，前期，百方以求苟免。餘則畏懼戚縮，至不敢名其先人之丘墓。」因此，「數十年來，所在推行」義役，以分任負擔。而各地方法，則「名同實異」。

劉本鄉的義役，原由各戶攤派捐助，而時有爭執。劉另加一法。同上一文內云：「吾鄉計產入田，或計田入租，或計租入錢。而人心不齊，率一二歲，輒不承於初。」其中最大困難是入田的，有產權關係，人多不願割讓。「余俾入田者，立典賣契約，歲收租爲永業。入田者，視田之值，歲出貸，收息。以租若息，爲役之庸，而儲其贏。始若其難，而久甚裕。」此法不移讓產權，只作爲典押。義役莊收租付息，以補助役戶，尚有餘裕。經劉如此變通之後，「今兩行之」。但他也覺得終不如義役莊自有產業，更爲穩固。

劉的祖父，葬於二十一都境內。因此他另又主持該處的義役莊。在一二一三年，買田分給役戶，情形較好。吳興張姓，在金壇有田產，而「僅足以輸官，且以逋租。余曰，胡爲不售？曰，人憚役。雖乞與，不屑。余聞之益悲。靖思歲夏秋（兩稅）募役，直不過一二百緡。張家惟地遠，……故地利有遺。若役戶得之，……（兩稅）常賦之外，辦此不難。乃以鬻田之事啓張，而以買田給戶之利，曉眾戶。皆驚喜過望。市人呂宗恪首捐金以倡，其侄啓，宗琛等和之。旬日間，得錢二百六十緡，以酬張。又得八百緡有奇，以買地之犬牙相入者。」

次年，劉又擴充這義役莊的田產。「旱，頗窘庸值。會有以傍都下田，求售於余者。余命之莊（即義役莊）評其值，三百九十五緡有奇。質劑（即典賣文件）已具，而田主有訟，官沒入之。時今右司郎中王君塈，實宰吾邑。幸是都義役之成，以所沒田爲助。」由官撥給，無須付價。「余謂田雖官給，而經始有費，不可不酬。且以評之值，不可虛也。」劉以爲依賴政府勢力不可靠。其他與義役莊有關的鄉人，只好尊重他的意見。「眾不慊余，不爲同。未幾，田之沒於官者，皆復。惟此以酬值，不與。」已經付款收買，不能再還給原主。「衆方知其慮遠」。增加田產以後，劉撰有記文。「乃書其略，而疏義戶姓名於下方。又列山與田之號段，晦角疆畔所至，檻於莊之壁。使來者皆知其父祖，嘗從事於此，不敢厥承云。」劉深知義役莊難於管理，但他也想不出能垂於久遠的制度。他的希望只是寄託於家庭道德、孝敬祖先，因而繼續祖先所行之事。關於這方面，第九節再加申論⑮。

劉的善舉，多數限於民間。晚年，他聲望既高，於是爲人民出頭，向地方官長代言，革除額外收稅的弊端。〔集〕，卷二三，頁一六，有「鎮江府減秋苗斛面記」，一二三四年所作。內云：「州縣受常賦之輸，有耗有費。未免取贏於正數之外。乾道間（一一六五——一一七三），……始於正苗一石之外，定爲三斗八升之數。」即正稅外，州縣法定附加三八%。不僅如此，年久更非

⑮ Brian E. McKnight, *Village and Bureaucracy in Southern Sung China* (1971), pp162-169.

法多加。「斛斗更易，官吏並緣增加，視正數幾倍蓰。上官問視，常歲數如何？曰，如舊。則諉不問。」韓大倫知鎮江，劉宰等人建言，「乃盡索府縣倉斛斗。一準文思院所頒（尺寸）更新之。」

劉有各種善擧，可見其方面之廣。下節專論賑饑，又可見其規模之大。

八　各次與最大的私人賑饑

劉初次任江寧縣尉，在一一九四年，就有奉命辦理救饑的經驗。他辭官在鄉，除向政府提供意見一次以外，私人主動賑饑共三次，而一二二四年第三次，規模最大，歷史上極少見的。劉辭官不久，在一二〇九年，卽與其他鄉紳合辦私人粥局，救濟飢餓被遺棄的兒童。後來地方長官相助，又擴大救濟範圍。〔集〕，卷二〇，頁一三——一五，「嘉定己巳金壇粥局記」，內容最細，值得長引。

「邑士張君汝永，侯君琦，語某，及新相州湯使君。……相與謀，糾合同志。用（北宋末）大觀年間，（金壇）洮湖陳氏，及紹興張君之祖，（徽宗時蔡京等所定）八行故事。爲粥以食餓者，而洊饑之餘。中產以上，皆掣肘于公私。雖僅有倡者，亦寡於和。旣力弗裕，則惟欲收養孩（稚）之遺棄者。凡老者，疾者，與孩之不能去母者，雖甚不忍，皆謝未遑。」所以，初辦時等於是棄兒收養所。

不久幸得浙西常平使，移文金壇縣。收穉倉米二百石相助，情形立卽開展。「比常平使者符下，而傍郡他邑，（公私）亦有喜爲助者。乃克次第收前之遺，而並食之。」本地長官，原來並不幫助。「會有以其事白郡太守，守給米三百石。郡博士勇於義者，亦推（府學）養士之餘，贍之。而用以不乏。」遠地的上級官，眞是遠水不救近火。「及江淮制置使給平江府米二百石，則已後矣！」

原文接續描述這私人粥局的細節，「事始于其年十月朔，而終于明年三月晦。經始之日，孩稚數不盈十。後以漸增，閱月，登三百。」按：管理三百兒童，已非易事。「乃十有二月，合老者，疾者，婦人之襁負者，逾千人。比月末，倍之。開歲，少壯者咸集，則又倍之。間以陰晴異候，增損不齊。其極也，日不過四千，槩以大觀（年間）所紀（先例）成數，僅增五之一。」原文語氣謙虛，實際上，每日救濟四千人，已打破歷史紀錄！人如此多，如何安排呢？原文說明：「始置局於縣之東偏，廣仁廢巷，中於嶽祠，終於慈雲寺，爲其隘也。就食者，先稚，次婦人，後男子。俾先後以時，出入相待，爲其擁也。孩稚之居養者，朝暮給食。非居養而來者，日不再給，爲其難於繼也。」

劉是很注意衞生的。「居養之人，聽從去來。疾病者，異其寢處。至自傍邑與遠鄉者，結屋以待之，而不限其必入。裹糧以歸之，而不阻其後來。慮積久，而疾疫熏染也。」

費用的紀錄，更詳細：「最凡用之數，米以石，凡九百六十有二。錢以緡，凡二千二十有二，而用（錢）糴米者過半。薪以束，大者，三千九百。小者，一萬四千二百。葦席以藉地，障風雨，及葬不幸死者，凡三千四百六十。食器三百，循環給食。中間隨失隨補，凡一千三百九十。（以上）皆有奇。草荐，（死者）紙衾，與花費，瑣瑣不載。」

鄉紳並不親自管理。「掌其事，布金寺主僧祖傳。」按：祖傳已見第六節。又有「茅山道民石元朴。石以私計歸。祖傳實始終之。左右之者，張君昻、徐君椿。而主張經畫，入（慈雲）寺之初，則鄧君允文也。」

功成不居，是儒士美德。而鄉紳作風，每歸功於長官。原文結語云：「是舉也，微常平使者，無以成其始。微郡太守、郡博士，無以成其終。故疏其凡有助者於石，而於三者，加詳焉。」目的是「使來者有考」，卽希望後來的地方官，能同樣的救助饑民。

第一次賑饑後六年，卽一二一五年，史彌堅知鎭江。除約劉修方志傳記外，又請劉擔任官辦賑饑局，劉稱病不就。〈集〉，卷八，頁四——五，給史的回信說：「伏拜臺翰，以某寓居之邑，開賑饑局。不鄙委令，與（縣）令佐，講求利病。」但劉自覺因病，而「形容改變，……那能出入公門，參予荒政？……謹以所著〈荒政篇〉一册上獻。其間自始至末，纖毫備具。蓋其少壯所蒙親歷。」按：卽指一一九四年的經驗等。「非道聽臆說者。比乞付局討論。其間預計一條，別紙錄出。」按：大約是預算計劃之類，「須特關崇覽。」〈荒政篇〉，〈集〉中未載。官辦賑饑局是否將用劉的意見，或成績如何？文集、方志等，均未提及。

一二二四年，二次賑饑，規模其大無比。記文見〈集〉，卷二一，頁六——七。而〈江蘇金石志〉，卷一五，頁一五——二〇，「金壇縣嘉定甲申粥局記」，在記文之後，有捐施人身分、姓名、與所捐數目。這記載，並不重複上一次粥局記文的內容，而另有其歷史價值，也應該長引。

一二二三年，「暴不勝寒，穀入大減，菜亦不熟。越明年春，啼飢者載道。……二三醫生過門，始爲（劉）宰言之。宰念先君……塋所薄田，歲豐收穀，可百斛。輸官，給守（塋）者之餘，不半在。且十年。……因與醫生謀，載以歸。……即嶽祠廡，舂而糜之，以與饑者。其始來者，才數百，……可無乏事。盡三月，乃盈萬人。宰始窘於無繼，議所以止。」這兩次粥局的開辦，完全是劉一人捐助。他的力量，無法繼續。幸好「友人趙若珪玉甫聞之，瞿然踵門」，熱心相助。按：〔集〕，卷三一，頁三——五，有趙的墓志銘。趙在知安吉縣時，平定米價。而「士失其養，君捐良田十五畝」。退官後是鄉紳，仍注意鄉里福利。

　　粥局記文續文：趙若珪「乃自振廩。且爲書，環封之。又爲書，博封之。以請於鄉之好事者。未幾，錢穀沓至。」可見，趙的幹才，實勝於劉。

　　續云：「乃四月朔，……增灶……增員。……又所用米皆精鑿。自平時中下之家不能有，乃今以食饑者。以是遠近流傳，來者至萬有五千！……必擧首仰天，三扣齒，而後取食。迄（四月）十有五日，大麥實，乃已。」按：〔集〕，卷二七，頁一二——一三，另有「甲申粥局謝嶽祠祝文」，內云：粥局「歷日五十有六，役工數十。」但管理良好，所以「聚食之人，日以萬數，而無紛爭蹂躪傷殘之患。」天氣也尚好，「朝暮之雨，至辰巳（時）而晴，民免於泥濕。」

　　記文末云：「謹以施之先後，序列下方。」〔集〕內未載，而碑文因〔金石志〕得傳。人名次序，與劉記文內所說不同。第一名是金壇知縣。其次是附近的官，與本地人士在他處任現職官的。再其次是其他有統治階級身分的。最後是「邑人」與一名和尚，一名道士。劉所謂「施之先後」，可能大體先以身分排等級，而身分同等者，則以捐助先後列名。

現在分析碑文中類別與人數。㈠金壇知縣及附近句容平江的官，共三人。㈡鄉人而任他處現任官的四人。㈢有官銜退職官，以及已故官員由其子或孫出面的十人。㈣鄉貢進士四人。㈤國學進士一人。㈥國學待補生九人。㈦宗室玉牒二人。㈧府學學諭一人。㈨邑人共十五人。㈩僧道，各一人。

捐助的數量，舉例說明。金壇知縣助官會（紙幣）五拾阡，即五萬，又米十五石。而句容縣尉只助米二石七斗。將仕郎高某助官會，多至十五萬。向各處發信勸人捐助的趙若珪，歷任他地知縣，已退職居鄉，自己捐助米四十三石。高與趙所捐最多。各進士之中，捐助最多的，有一人助官會三萬，另一人助米二十八石。最少的助米五石。邑人之中，最多的有三人，各助官會一萬。又有三人，各助米十四石。最少的助柴一千束。有一位邑人助柴二千束，加上「措置一行鍋金」，即代買一套鐵鍋之意。僧一人，助米十一石七斗。道一人，助米六石九斗。碑文最後一行說：「監局人乃龍泉布金寺僧慧鑒」。此人已見第六節。劉第一次的粥局，主事是僧祖傳。慧鑒是他的徒弟。

總計碑文所列官會數目共六十四萬六千。碑文說：「本局收到錢，除雜支外，糴到米八十三石。」所謂雜支，想是支付器用與員工等費。但餘錢買米不多，可見紙幣貶值，米價高漲。又碑文所列米數，計四九一石有奇。加上糴到八十三石，共五七四石有奇。私人粥局因此而能在農曆四月的前半月，救濟饑民，多達一萬五千人，創造最高的歷史紀錄！

饑民每日需要多少，才能維持生命呢？碑文未說。但據〔至順志〕，卷二〇，頁一一——一二，有元代一三二九年的估計，可以參考。每人日食半升，「以延殘喘」。半升卽一石的〇•五%。劉的粥局，也許不及此數。但姑用此數，而大略以一萬人計算，則每日約用米五十石。合計捐助五七四石，只能維持十多天。幸好不久新麥已熟，不必再救濟。否則饑民的情形更慘痛！

劉宰最初獨力開辦粥局，用米數目，碑文一字未載。大約不足五百石。後來各人捐助，合計也不過五七四石有奇，可見劉出力之大。而五七四石之中，趙若珪一人，就捐助四十三石，可見此事主要是靠私人自動出頭，做榜樣，所謂以身作則。然後再勸其他統治階級的士大夫協助。最可怪的是鎭江知府，並未提及，可能是旣未撥米，也不捐助！劉宰等人的努力，更顯出南宋政府，以及一般官僚，忽視人民，一至於此。

最大的粥局，對於劉的鄉紳名位，是轉捩點。政府得知此事，任以官職。但劉堅決不再出仕，只接受宮觀官銜。詳見第三、五兩節。以後，在一二二八年，劉又舉辦第三次私人粥局。所有傳記都忽略了。劉〔集〕中也沒記文，但卷二七，頁一三，有「戊子粥局謝岳祠祝文」。這次是因爲鄰縣雨量過多，加以救濟，並得知府捐助。文內云：「舊歲夏秋積潦。吾邑幸半熟，已而傍郡潦甚。……祠宇之在吾邑者，廣深足以容衆，乃用甲申故事。」甲申卽一二二四年，最大的粥局。

祝文續云：「始二月丁卯，期以旣月止。旣月而民未食麥。邑之士大夫，朝奉郎新知建康府溧水縣知事王遂……等。」按：王卽劉的好友。「復合衆力以續。又郡太守馮侯，特捐百斛以助。迄四月丙午乃止。」經過是同樣的，劉獨力先辦，然後其他鄉紳士大夫接續協助。

劉爲鄉里盡力，鄉里也感念他。送葬情形，已見第三節。〔至順志〕，卷一一，頁五，記述鎭江先賢祠。一室是所謂道統的思想家，後又加陸九淵、楊簡。一室是有名的地方官，如范仲淹等。另有一室，是鄉人先賢，蘇頌、陳東等四人，後又加劉宰、王遂。又同卷，頁二六，記述金壇縣先賢祠，則在周敦頤、程顥、程頤、朱熹、張栻之後，加上劉宰、王遂。其實，劉以鄉紳身分，私人興辦賑饑等事，根本上是另一種類型。

九　申論——南宋儒家的階級性限制社團發展

本文的目的是評價，並不是頌揚劉宰。更重要的目的是通過他，看透背後有些什麼因素。引言中提出問題：劉宰這一類型的南宋儒家何以不從社區公益事業，再進一步，發展社會團體？僅有一個個案，如何能對大問題輕易作結論？不應該多做個案研究，再來歸納嗎？其實並不如此。假定沒有一種看法，個案盡管過多，成果不過是大同小異。自然科學的方法，就是做實驗，建立一種看法。用這看法，進一步實驗，再修正或充實這看法，再深入，再擴大。歷史研究，應當同樣做。看法是申論，不是結論。看法是達成結論前，必要的前提，必要的研究工具。

個案的價值，決不僅只是例證。應當配合已知的各方面的知識，闡明歷史的大潮流，取得通盤的看法。從所謂窄而深的研究，走向較寬的，也是較深的申論。現在從個人性格、思想、制度三方面看，並且注意這些方面之間交織的關連。

先從個人性格看。當代有的學者，採用心理學分析，有娓娓動聽的解釋。這是無以憑信的，因爲史料根本太少。並且也沒有必要用心理學的分析。在實際生活中，衡量性格，用常識也够了。看歷史人物的性格，正可如此。

劉宰的性格，過於潔身自好。從早年任官起，他已經立志堅拒所有上官的薦擧。固然濫擧很多，但是未嘗沒有少數公正合理的應得的薦擧。又何必一概否定？劉宰的白斑病，形於容貌。因此他絕少在官府露面。可是他和少數的官吏士大夫，還是見面，還是出游。足見他稱病，不免過於顧惜體面。

劉宰朋友很少。王遂是好友，又是兒女親家，但好像並非密友。也許劉宰沒有密友。自比病鶴，是顧影自憐的情調。詩文中也常表現類似的情調。不僅劉宰，他這類型在失意之中，往往如此。這種情調，是否和思想格式有關連聯？劉宰在飯後往往在漫塘邊上散步。（見〔集〕，卷二〇，頁二〇。）這種情景，也類似許多文人山水畫的呈現。畫中往往只有一個人。就是另有兩三個人，好像略解寂寞，還是不免孤獨之感。這一類的情緒，和思想格式，是否也有關聯？

劉宰倔强自信。他中進士，任官，研究儒學，都是自力上進。退官以後，自給自足。宮觀名銜應得的俸給，他不願支取。與辦善擧，救濟饑民，多半是實現自己的理想，有心理的滿足。用心理學名詞，說劉宰是自我中心，未必妥當。但至少可以說，他的性格偏向自立⑯。

⑯ Wm. Theodore de Bary and the Conference on 17th Century Chinese Thought, *The Unfolding of Neo-Confucianism* (1975), pp. 27ff.

自立的性格，表現在他業務的作風。開辦救濟很好，但又何必獨力支撐？他自己的捐助用完，他並不另外設法繼續，而考慮結束粥局。幸好趙若珪聞訊，主動前來，自動捐助，又由他向各處寫信增募。劉宰何以沒有與人合辦，找人合作的開朗作風？

一般正直士大夫的作風，也常近似劉宰。在政府任官，與同事不合。社區中或社會團體，簡稱社團，有公益的需要，由他們以鄉紳身分領導。他們各人常常喜歡以己意行之。極少有幾個鄉紳，用共同或集團的方式，合作辦理。他們這一類型，屬於統治階級，本來已經有優越感。性格又自以爲是，更有優越感。他們是正直的，也是孤僻的。換言之，他們不願意受官府或機構的束縛。而他們自己，也未必有設立團體、改進團體的興趣或能力。

這類性格和思想格式有關聯。從思想方面看，南宋理學，自居道學，偏重修身。他們的理想是求自悟、自覺、自發的言行。這是內向的重點。雖然如此，南宋理學，沿襲儒家傳統，也重視倫理經世等項，並不放棄外向的重點。把這兩項重點，內向與外向，合起來看，儒家基本的思想格式是「重人」。所謂「重人」，在理學的主張，是首先著重自己本「人」。用語文作簡單的例證，就是文言所謂「爲人」，現代語文所謂「做人」。然後推己及人，把外向的重點，放在「人與人」的關係上。按照彼此身分，敬重倫理關係。這就是「仁」字的本意，儒家的中心道德。

因爲重人，所以儒家看待團體，重在人羣，而不重視團體本身，自成一個整體的單位。理學家還以爲有的團體，是不必要的。不合道義的，尤其有害。至於團體的機構，他們是比較輕視的。

理學首重本人，未免偏重。劉宰這一類型就是如此。而以理學爲宗的史評，避免批評。相反的，史評所表示的希望是這類型的人更多，人與人的關係以及社會一定更好。換言之，史評同樣的比較輕視，甚至忽視社團。

近來有的學者，指出明代少數思想家的特色。他們從理學的修身，發展一種個人主義，類似近代西方格式的個人主義。他們主張個人應當自己選擇方向，爲人羣謀福利⑰。這個看法，很難成立。中國思想和西方思想，當然有一部分符合。但這部分的符合，至多也許可能看作個人主義的萌芽。並且這是偶合。西方思想和中國思想，在基本格式上，絕不相同。明代少數的思想家，並沒有衝破重人的格式。他們也並沒有看到社團的重要性。

再回到南宋理學家。他們批評王安石，偏重制度，偏重法律，偏重機構，因此變法失敗。他們深信改進的關鍵在人，事在人爲，不在任何其他事物。有好人，就會有好事。他們以爲事實證明這信念是對的。有劉宰這類型的人，就能救濟社區。有這類型做榜樣，就能導致後代，見義勇爲，負責社區福利。在他們的信念中，制度很難完美，並且弊病很多。唯一可靠的途徑是不斷教育，使人心世道向上。既然如此，何必注意社團，加强他們的機構？

關於制度，儒家的思想格式，始終注意修身、齊家、治國。換言之，身——家——國的串連。

⑰ Wm. Theodore de Bary and the Conference on Ming Thought, *Self and Society in Ming Thought* (1970), pp. 146-148, and 183-223. *cf.* Ronald G. Dinbery, *The Sage and Society in the Life and Thought of Ho Hsin-yin* (1974).

甚至國，也叫做國家。在這格式中，並沒有家族以外的社團。而宋代社會有變化。產業、科技、貿易、城市、鄉鎮都在發達，表現中下層的擴展和活力。但是南宋理學，沒有注意反映中下層的生長。只抱定身——家——國串連的格式。並不另加一節，改爲身——家——社團——國的串連。

從劉宰的個案，以及其他所知的一般情形，明明有社會、義役莊等類的社團。劉宰自己深知這些社團，管理困難，不容易經久不衰。他想不出方法來加強社團的機構，他只希望後代孝敬祖先，因而維持祖先們已經設立的社團。其他的理學家同樣的束手無策。所以社團的制度是極有限度的。

從賑饑，劉宰最大的貢獻，看得更清楚。三次救災，都是臨時設立粥局，並不成立長久的制度。荒災是大害。宗族的力量不足應付。政府推諉責任，往往毫無救濟。這不是明明缺乏社團來幫助嗎？儒家的身——家——國的串連，不是有極大的漏洞嗎？劉宰和這類型的鄉紳，有時盡些私人力量去救助，並沒有塡補這漏洞。從南宋到淸初的大思想家如王夫之、黃宗羲、顧炎武等，一直沒有想到改變串連。這大漏洞，也就是缺乏有力的社團，始終是儒家制度中一貫的缺陷。

從制度本身看，還有聯關的因素。如眾周知，君主和政府，獨霸獨占統治權，絕對不容許社團，分去任何一小部分。他們更深怕，有人利用社團的力量起來反抗。地方官吏並不贊成由鄉紳來領導，幫助社區，除非事非得已。有荒災，劉宰賑饑，地方官吏並不眞感謝他。鎭江防軍兵變，劉宰幫同籌畫社區安全，也只是臨時權宜。事情過去，地方官是不要鄉紳來主持任何社區或社團福利的。鄉紳自動要做，至少需要官吏的默認。

鄉紳有官銜，還是屬於統治階級。鄉紳臨時賑災，等於是代官行事，用私人力量，去做官吏應該做而不做的事。鄉紳對政府不滿，很少公然批評，竭力避免摩擦。他們只有名望，沒有權力。只有遇見好的地方官吏，才能去情商，爲社區福利盡點力。劉宰晚年，和朋友去呈請，取消法外增收的稅額，就是如此。這一類型的鄉紳，如同好官一樣，只能站在統治階級的立場上，照顧一些社區福利。他們絕不可能幫助社團，起來爭取福利。

總結申論，南宋儒家的階級性，重重限制社團的發展。劉宰這一類型的性格，是統治階級中不滿意分子常有的。他們的思想格式，既不反映中下層的生長，也不想改變社會制度。他們雖然批評這制度的若干弊病，而整個來說，還是擁護的。性格、思想和制度三方面，關聯在一起，對於發展社團，是莫大的限制。

這並不是說，中國社會因此完全膠着，完全停滯。內部有許多矛盾。統治階級之中，有不滿意的分子，就是矛盾之一。有矛盾就有掙扎，要求生長。這都是動態。

從個案，配合各方面知識，提出申論。這看法還需要用新的研究去考驗。

原載〔北大學報〕三期（一九七九）

附錄

中國式的信仰——用類別來解釋

解釋中國文化，尤其是向西方人介紹中國文化，最不容易說清楚的是「教」——信仰和宗教。但這題目，非講不可。不但西方人興趣大，問來問去，就是反躬自省，也會覺得重要。假定弄不懂一個民族信仰些什麼，又怎能明白它文化的重點和特性呢？

中國式的信仰和宗教，很難講清，至少有三點原因。第一，從唐宋開始，朱明盛行的，有三教歸一，或三教合一的傳統。儒家的教導也稱爲教。它和佛教道教性質上本不相同，但竟並列在一起。這當然自有理由（且聽下文分解）。可是不明白何以如此，就不免導致觀念上的混淆。

第二，受了近代西方的影響，往往輕易的採用他們關於宗教的定義。用這種定義來看中國式的信仰，總不對頭，有時還感到莫名其妙。西方主要的宗教，有他們的特點，強調單一性和排他性。例如信猶太教的就不是基督徒。基督教又分三大支：東正教、天主教，和所謂新教。屬於某一支，就絕不會皈依任何其他支派，在新教之中，又有各式各樣的不同教會。雖然可以退出這裏，再參加那裏，但不可能同時隸屬於兩個教派。例如聯合長老會和南方浸禮會，儘管局外人看來，無非大同小異，但是他們自己分得很清楚，因爲他們各自强調自己的單一純正，不能按照任何其他的規定。因爲這種單一性和排外性，從他們的眼光來看，中國式的信仰，既複雜，又奇怪。怎樣會在瞻仰孔廟之後，又請了和尚道士都到家來做法事？有的中國人已經領洗，做了基督徒，可是又怎會堅持要繼續祭祖？

須知中國式的信仰體系和西方式的宗教，不能劃等號。

第三個原因，中國學人太不重視這方面的研究。舊日的士大夫或專崇理學或熱心科擧，或醉心詩詞。儘管有時也在燒香拜佛，甚至急來抱佛脚，誰也不去深究信仰體系是怎麼同事。少數學人，查考歷史，做考據，只限於所謂正經的學問。他們認爲朝山拜廟，都是愚夫愚婦的陋俗，何必管它？近代知識分子對於舊文化，本來就不滿意，覺得太落伍。至於信仰和宗教，更是不合科學的一些老套，甚至是早就該破除的迷信，那值得研究？

中國人自己不去搞清楚，難怪西方不明白。但是用什麼方法來簡明的解釋中國式的信仰體系呢？主要是兩層，一是基本的觀念，二是類別。

中國文化關於「教」的觀念，是指一切應該信服實踐的教導。教包括不以超世的神爲主的信仰，也包括崇拜神的宗教。教字從孝從文。用老話說，就是家長老輩給子弟年輕人講的道理。用現代話說，就是代代相繼，文化傳統的延續。凡是敎，都該信，是通過訓導而具有的信念。

因此，這觀念很廣，方面很多。古代重視政敎的理想，要以使人信服的良好政治來推化敎行。所謂化，或風化，就是廣義的敎育，並不專指學校或唸書。舊式最要緊的啓蒙書是三字經。開頭幾句就說：「養不敎，父之過。敎不嚴，師之惰」。這幾句話，很能說明敎的觀念。甚至孕婦，還有胎敎。更可以證明敎字在中國文化裏，從不限於信神的宗敎。

簡捷了當的說，中國以往的敎，也就是信仰體系，整個來說，是多種的。因爲是多種，所以又成爲複合的。大體上可以分爲四大類。（一）社會的禮敎。（二）團集的崇敎。（這是創立的新名詞且待下文說明）。（三）少數人的別敎或個別宗敎。（四）大衆的宗敎，不但是上下都盛行的大宗敎，還有許多民間繁雜的宗敎。

前兩類，禮敎和崇敎，都不以超世的神爲主，當然這不是通常用西方定義所謂的宗敎。但是中國人信服的很深，同樣是信仰。後兩類是宗敎和西方所謂宗敎，性質相同，但是信法不同，因爲同時有其他的信仰，相互複合。

先說第一類。禮敎是態度，關係行爲，和儀式的規範。這在中國人，深有體驗，不必多說。但是這種社會規範，包括一些哲學和倫理道德，能算信仰嗎？在其他許多文化裏，哲學和倫理道德，雖然和他們的宗敎也有關係，可是不心悅誠服，普遍深入，不算信仰。而在中國文化裏，這是基本的信仰，因爲全社會都信服，都遵行，不容懷疑。禮敎的內容，在歷史過程中，時有部分的改變。但是絕對不能沒有這種規範，而且這規範的主旨，永遠不改變，相信人與人之間應該有互助，互處，互安的秩序。

儒家本身是哲學，不是信仰，它是禮教的理論基礎。正如同神學支持宗教，佛學闡明佛教。可是擴大而稱謂儒教，就絕非僅止於儒家的哲學理論。實際上等於禮教，因為除了思想之外，還有各種制度和習俗，大家都信仰，不能違反，不許破壞。

為什麼這是基本的信仰呢？人們可以用複合的方式，同時信奉其他的信仰，其他的宗教。但有一項絕對的限制，必須要以禮教為準則。至少，不能和禮教有大衝突。

中國的回教徒，基督教徒，和開封殘存的幾千個猶太教的後代，都沒有例外。一概和其他人一樣，共同遵守這社會的禮教，而且相信這是對的。又例如佛教最初傳入中國，帶來一些印度習俗，和中國禮教有摩擦。久而久之，佛教不得不中國化，改變這些習俗，使它們合乎禮教，至少要說得通。也可以從另一角度來說，是中國禮教，融會貫通，把這些習俗調和，以利互處互安。

這籠罩全社會的禮教，所有人都相信，怎能不算基本信仰？它和整個中國文化的持久延續，有不可分的密切關係。就是討論以超世的神為主的宗教，也絕離不開這個基礎的原則。

第二類，是新創立的名詞，叫團集的崇教。它是禮教的擴展，也是輔助禮教的。指的是些什麼呢？中國文化一向重視家族的血緣。家庭和家族團體都祭祀祖先。這觀念又伸延到職業行會的團體。在集會的時候，供奉崇尚個別行道的祖師爺。例如木匠家具行，以魯班或公輸班為他們的祖師。沒有一種行業，沒有祖師的。舊時代的衙門書吏，也找始祖，沒有更好的典據，就硬把傳說中發明文字的倉頡，當作崇敬的祖師。

舊時代的士人，不是團體，而是階層。但他們也和職業行道一樣，以孔子爲至聖先師，儘管儒教代表整個的禮教，連不識字的人，甚至於孩子，都知道有個孔子，是聖人。但是崇敬孔子，不是大眾化的，只有够資格的士人才能參加孔廟或文廟的集會，以孔子爲崇敬的對象，團結或集會當地的優秀階層。

地方上還有先賢祠，也是紳士們設立的，目的在增進團集的精神和道德。這些祠堂所崇敬的有三種人。一是中古以來的名儒，多半是宋明的理學家。二是本地的傑出人物，公認爲值得追念的好榜樣。三是外地人而曾在本地做過好官，或曾經在本地落籍，或在本地書院敎過書，培養過本地的人才，值得感念的。

還有類似先賢祠，而崇敬別類人物的，不必枚擧。扼要的問題是他們崇敬對象是不是神？囘答說，不是宗教的所謂神，而有時加以神化。因爲這些對象都只是過去傳說中的或歷史上的眞有的人物，並不是超世的。因爲崇敬，不免有人覺得他們超越常人，迥非凡俗，彷彿接近了超世的神。但這只是近乎而已，並不眞是神。同時，因爲中國式的信仰是複合的，也就有人把信宗敎的態度轉移到這種崇敬的信仰來。以爲旣是祖先，祖神，至聖，先賢，他們可能有神靈，可以向這些神靈祈求。

無論如何神化，這些崇敬的信仰，和通常所謂崇拜的宗敎不同。從來沒有人把家裏的祖先看做和菩薩一樣。也沒有人把孔子或一批先賢當作神仙那樣看待。縱然有人相信他們有靈，也還不是大家都公認的神。

第三類是少數人所特信的別教，或個別宗教。最大的例子是幾千萬人的回教。其次是人數少得很多的基督教。而且他們主要限於某些地區。歷來回教分播在大西北、雲南，以及幾個海港，如廣州、泉州（厦門）等地，明清時代的基督教集中在上海的徐家滙。這些別教，不起源於中國文化，也不像佛教，來自鄰區的南亞。他們來自西亞，甚至歐洲、西亞文化，另有特性。他們那裏起源的宗教，信超世的神，都具有單一性和排他性，傳到歐洲也是如此。

這類少數民族移來的宗教，以及經過傳教而得少數人信奉的宗教，怎樣在中國文化裏生存呢？這要分正負兩方面分析。從正面來說，中國式複合的信仰，通常包容他們。唯一的條件，是他們也同時信仰社會的禮教。此外，他們和其他中國人一樣，可以參加團集的崇教，並不干涉，或禁止他們所信的單一性的和排他性的宗教。從負的方面來說，他們也就不願意接受，或相信其他另有超世神的宗教。甚至他們對於民間宗教，也只是小部分的接受。這些都屬於下文要討論的大衆宗教。

未討論之先，正好做一個關鍵性的小結。

剛才所說的別教，已經說明中國式的信仰是複合的，禮教、崇教、宗教在不同的層次上，複合的兼存並行，正因爲如此，這複合性又再擴大一層，認爲除了禮教之外，這些崇教就是多元的。所以相信超世神的一些宗教，同樣是多元的。至於民間宗教，相信許多互不相干的神，更是很多元的。可是複合起來，並沒有衝突，何妨兼存並行？更何況這些宗教本身，也不像西亞式的那些別教，並不堅持單一性和排他性。相反的，他們普遍的歡迎大衆去接近，並不一定要求大衆放棄其他的信仰和宗教。因此他們成爲大眾的宗教，這就是第四類。

如眾周知，佛道兩大教並立。西方人看來奇怪。其實西方自己，近幾千年來，也有類似的趨向。美國從二次大戰起，隨軍的教士、天主教、基督教、猶太教都有。近年總統宣誓就職，也請各教參加儀式。原因不難理解。各教人數都相當多，具有大眾性共存久，彼此體會到並行不悖。這樣說來，東西信仰，彷彿有點相似。其實兩者根本不同。西方式的各教，都相信只有一個上帝，而信法不同。在中國式，禮教勝過宗教，多元盛於單一，複合性遠超排他性。即以神學而論，佛學講很多的菩薩，不攻擊道教所信奉的各位神仙。道教的典籍也不去指摘菩薩。

兼信並行，還不只有名的佛道兩大教。實際上，中國絕大多數，平常最熟悉慣行的是民間宗教。例證太多了，隨便舉一些吧：城隍、土地、關公、財神、壽星、門神、灶王爺、馬祖、天妃、瘟神、牛王……說不完的。

知識分子，從古到今，都看不起民間宗教。有時因爲大眾這樣相信，也將信就信。假定有人追問，又推說這是愚民的習俗，不必深究眞假。其實，這是錯誤的。這些民間宗教，各有各的功能，特別是心理上的功能。在沒有希望時，可以多一層希望，多一層安慰。最重要的例子是求雨求晴。中國基本靠農業，而農業一向靠天吃飯。不下雨，大眾著急怎麼辦？大雨成災，眼看水淹，又怎麼辦？這例子就足夠說明，具體的生活之中，有不少切身的各項需要，牽動情緒，自然會傾向宗教。

值得注意的是民間宗教，遠早於其他宗教。從早就是多元式的兼信並行。禮教和崇教是平日的教導。民間宗教是針對平日以外的需要。這都加强了中國式信仰複合的體系。少數別教和佛道兩大教的並立，不過是這複合體系的擴大和延長。

其實，歐洲也有不少民間的地方性的宗教。普通的教科書裏不大提，較詳的記載就說到信山神，信水神，有巫術，有方士，禱神問卜，甚至和其他洲的土人一樣，祈求生殖。教會不肯公開承認有這些多元式並存的宗教。可是事實上教會所堅持的正式宗教，並不能滿足村落裏，市鎭上的各種具體的需要。換言之，歐洲至少在近代以前，上面是單一性的宗教，底下是各種民間宗教。有些複合，但是不甚糅合。

再進一步說，天主教從中古傳下來。還保留一些這樣的傳統。在單一的上帝之下，還有其他的崇拜對象。這裏不能詳論，只擧幾個例子。歐洲以及拉丁美洲，許多城鎭，許多行業，也都各有保佑的神靈。這不是和中國式團集的信仰，異曲同工嗎？如果還懷疑這說法，請到紐約城外甘廼廸國際機場找一下。那裏有一個小型禮拜堂，供的是「空路女神」。好些天主教徒，在汽車前窗上掛一個保佑神像，都是很好的證明。

基督教中的新教，幾乎沒有這些傳統，但也還不是完全沒有。他們信唯一的上帝，但也相信有安琪兒，或是天使。這不也是神靈嗎？這原是西亞從上古就有的民間宗教。另一個最有名的例證就是聖誕老人。他其實不是基督徒，而是北歐民間流行的偶像。因爲他所代表的慈祥態度，樂善好施，惠及平民，很合天主教基督教的教義，就用糅合的方式，變成宗教的一部分，配合耶穌的生日。

比較中外，稍可幫助知彼知己。一方面可以知道西方文化也並不很單純。有的地方，可以供中國人的參考和借鏡。有別的地方可以變通採用。可是用在中國，都得配合中國自己原有的文化基礎。另一方面，中國文化，其實不僅只在中國。例如日本、韓國、越南的信仰體系，都是中國式的，多種而複合。他們怎樣在改變，而不放棄原有的若干特色，同樣值得中國人注意的。

也許可以推論兩項原理。第一，中國地大人多，歷史久，延續長，可能要儘量沿用多種複合的方式。儘管進行現代化，還是力求複合，不強求一元化。第二，從前統一這些多元的因素是禮教。既不是政治，也不是宗教，而是共有共守的社會道德。在打破舊禮教之後，努力推行現代化，更迫切的需要新舊複合的社會道德。重達和加強社會的信仰，一定有助於進步。

原載〔漢學研究通訊〕四卷四期（一九八五）

二十畫

二十一畫

二十四畫

索　　引

二　　畫

三　　畫

四　　畫

五　畫

六　畫

七　畫

八　畫

九　畫

十　畫

十一畫

十二畫

十 三 畫

十 四 畫

十五畫

十六畫

十七畫

十八畫

兩宋史研究彙編

2022年2月二版
2022年11月二版三刷
有著作權・翻印必究
Printed in Taiwan.

定價：新臺幣680元

著　者　劉子健

副總編輯　陳逸華
總編輯　涂豐恩
總經理　陳芝宇
社　長　羅國俊
發行人　林載爵

出版者　聯經出版事業股份有限公司
地　址　新北市汐止區大同路一段369號1樓
叢書主編電話　(02)86925588轉5305
台北聯經書房　台北市新生南路三段94號
電　話　(02)23620308
台中辦事處　(04)22312023
台中電子信箱　e-mail:linking2@ms42.hinet.net
郵政劃撥帳戶第0100559-3號
郵撥電話　(02)23620308
印刷者　世和印製企業有限公司
總經銷　聯合發行股份有限公司
發行所　新北市新店區寶橋路235巷6弄6號2F
電　話　(02)29178022

行政院新聞局出版事業登記證局版臺業字第0130號

本書如有缺頁，破損，倒裝請寄回台北聯經書房更換。　ISBN 978-957-08-6224-9 (精裝)
聯經網址 http://www.linkingbooks.com.tw
電子信箱 e-mail:linking@udngroup.com

國家圖書館出版品預行編目資料

兩宋史研究彙編 / 劉子健著．二版．新北市．
聯經．2022.02．416面．14.8×21公分．
ISBN　978-957-08-6224-9（精裝）
[2022年11月二版三刷]

1.CST：宋史　2.CST：文集

625.1007　　　　111001287